ESG
迈向高质量发展的投资评估工具

王盈盈 等 著

清华大学出版社
北京

内 容 简 介

基础设施的高质量发展对理念创新、质量提升、能力提高等提出了迫切需求。ESG（环境、社会和治理）作为一种全球新兴投资理念，近年来受到了广泛关注和应用。本书内容涵盖 ESG 理念兴起背景、相关理论基础、全球发展情况、中国发展情况和投资项目 ESG 等方面，从公共治理的视角出发，构建了适用于中国国情的 ESG 投资评估理论体系。首先，本书从宏观层面构建了 ESG 政策工具的分析框架，对全球典型国家进行比较研究，提炼不同类型的 ESG 政策模式及其形成机制。其次，从中观层面建立了公共投资项目 ESG 的概念框架，对我国基础设施建设投资规制中的 ESG 表现进行了深入的调查研究，并评估了我国应用 ESG 投资评估工具的成熟度。最后，从微观层面，尝试构建基础设施项目的 ESG 投资评估框架和关键评价指标体系，以基础设施 REITs 项目为研究对象，验证了评价框架的可行性和有效性。

本书从公共政策与管理学科的视角出发，综合运用公共政策和项目评价相关理论，从多个层次、多个角度深入探讨了 ESG 作为我国公共投融资领域迈向高质量发展的投资评估工具的必要性和重要性。本书具有新颖的研究视角、敏锐的问题意识、系统的研究方法和深入的研究结论。

本书适合基础设施等公共投融资领域的学生、公职人员以及企事业单位从业人员学习参考。

版权所有，侵权必究。举报：010-62782989，beiqinquan@tup.tsinghua.edu.cn。

图书在版编目（CIP）数据

ESG：迈向高质量发展的投资评估工具 / 王盈盈等著. -- 北京：清华大学出版社，2025.4.
ISBN 978-7-302-69009-2

Ⅰ. F830.59

中国国家版本馆 CIP 数据核字第 2025833DX2 号

责任编辑：张占奎
封面设计：陈国熙
责任校对：薄军霞
责任印制：曹婉颖

出版发行：清华大学出版社
网　　址：https://www.tup.com.cn，https://www.wqxuetang.com
地　　址：北京清华大学学研大厦 A 座　　　邮　编：100084
社 总 机：010-83470000　　　　　　　　　邮　购：010-62786544
投稿与读者服务：010-62776969，c-service@tup.tsinghua.edu.cn
质量反馈：010-62772015，zhiliang@tup.tsinghua.edu.cn

印 装 者：三河市龙大印装有限公司
经　　销：全国新华书店
开　　本：185mm×260mm　　印　张：12.25　　字　数：277 千字
版　　次：2025 年 6 月第 1 版　　　　　　　印　次：2025 年 6 月第 1 次印刷
定　　价：88.00 元

产品编号：107655-01

作者简介

王盈盈 清华大学公共管理学院助理教授、清华大学投融资政策研究中心助理研究员

黄小芸 浙江省宁波市妇女联合会三级主任科员、清华大学公共管理学院学术硕士

朱一晨 清华大学公共管理学院学术硕士

李晓凡 山西省工业和信息化厅干部、清华大学公共管理学院学术硕士

前　言

党的十九大报告指出,我国经济已由高速增长阶段转向高质量发展阶段,这表明我国经济发展的关注点已不止于经济增长,还包括社会、环境及多方有序协调等方面,更加重视可持续的高质量发展。ESG是一套落实绿色、可持续发展理念的工具体系,既可以评估一个企业的环境、社会、治理实践情况和可持续发展能力,也可以评估一个项目或金融产品在环境、社会、治理方面的表现情况,从而为投融资创新与改革提供新的路径。

ESG是以国际通用的市场化方式来引导投融资高质量发展。研究公共投融资领域的ESG路径,是为了在投融资领域更好地贯彻落实党中央、国务院关于高质量发展的要求,具有十分重要的意义。一是有助于引导投融资向绿色发展转型,更好地促进资源节约,降低碳排放总量和强度,推动实现碳达峰和碳中和目标。二是有助于保护劳动者权益,提升劳动就业水平,完善社会福利,提高人民福祉,满足人民美好生活需要,实现共同富裕。三是有助于促进投资项目合规管理,推动投资、建设、运营规范化,完善项目信息披露机制,敦促项目各方遵守社会行为准则,推动投资管理和治理能力现代化。

目前,我国有关部门已经开始研究推动ESG发展的相关政策。2022年5月,国务院国有资产监督管理委员会(以下简称"国资委")发布了《提高央企控股上市公司质量工作方案》,推动央企控股上市公司ESG专业治理能力、风险管理能力不断提高,鼓励更多央企控股上市公司披露ESG专项报告。同时,国资委还成立了社会责任局,以指导推动国有企业积极践行ESG理念。同月,中国证券监督管理委员会(以下简称"证监会")发布《上市公司投资者关系管理工作指引》,规定投资者关系管理中的上市公司与投资者沟通主要内容应包括公司的环境、社会和治理信息。2019年12月,中国银行保险监督管理委员会(以下简称"银保监会")发布《关于推动银行业和保险业高质量发展的指导意见》,明确提出"银行业金融机构要建立健全环境与社会风险管理体系,将环境、社会、治理要求纳入授信全流程,强化环境、社会、治理信息披露和与利益相关者的交流互动"。此外,上海证券交易所、深圳证券交易所、香港联合交易所对上市公司ESG信息披露提出了具体要求。

可以看出,我国ESG政策主要集中在国有企业和上市公司两大领域。在更加宏观的投融资领域,截至本书定稿,有关政策仍在研究过程中。2021年,受国家发展改革委投资司委托,本书作者承担或参与了ESG相关课题,对完善支持社会资本参与政策,推广责任投资(ESG)理念,激发民间投资活力等内容进行了深入研究。在大量研究基础上,形成了投融资领域ESG的路径和思路,并在此基础上进一步研究形成了本书。

在投资项目ESG课题研究过程中,我们先后得到了国家发展改革委投资司相关负责同志、国家发展改革委宏观研究院相关专家、清华大学投融资政策研究中心及公管学院相关学者,以及中国国际工程咨询公司研究中心相关领导、专家等的悉心指导,前辈们求真务实的研究、治学精神给作者团队留下了深刻印象。在此,对领导、专家和学者们的帮助与支持表示衷心感谢!

限于研究水平,编写时间仓促,所以书中错误和不足之处在所难免,恳请广大读者批评指正。

王盈盈
2024 年 12 月
于北京清华园

目 录

第一章 绪论 …………………………………………………………… 1

    第一节 问题提出 ………………………………………………… 1

    第二节 研究内容 ………………………………………………… 4

    第三节 研究方法 ………………………………………………… 5

    第四节 研究资料 ………………………………………………… 7

    第五节 研究意义 ………………………………………………… 10

    第六节 研究安排 ………………………………………………… 12

第二章 核心概念 ……………………………………………………… 15

    第一节 ESG 理念 ………………………………………………… 15

    第二节 ESG 整合 ………………………………………………… 19

    第三节 ESG 政策 ………………………………………………… 25

    第四节 ESG 评估 ………………………………………………… 29

第三章 全球实践 ……………………………………………………… 32

    第一节 理念缘起 ………………………………………………… 32

    第二节 信息披露 ………………………………………………… 33

    第三节 评级机构 ………………………………………………… 37

    第四节 投资体量 ………………………………………………… 45

第四章 我国概况 ……………………………………………………… 47

    第一节 发展概况 ………………………………………………… 47

    第二节 政策基础 ………………………………………………… 48

    第三节 信息披露 ………………………………………………… 54

    第四节 评级体系 ………………………………………………… 55

    第五节 市场情况 ………………………………………………… 59

第五章 全球 ESG 政策模式的分类框架 …………………………… 60

    第一节 理论依据 ………………………………………………… 60

    第二节 分类维度 ………………………………………………… 61

    第三节 分类过程和结果 ………………………………………… 62

第四节　四类政策模式特征 …………………………………………… 65
　　第五节　本章小结 ……………………………………………………… 72

第六章　全球 ESG 政策模式的形成机理 ……………………………………… 73
　　第一节　理论依据 ……………………………………………………… 73
　　第二节　解释框架 ……………………………………………………… 74
　　第三节　案例选择 ……………………………………………………… 77
　　第四节　四类模式形成机理 …………………………………………… 77
　　第五节　本章小结 ……………………………………………………… 85

第七章　我国投资规制政策的 ESG 表现调查 ………………………………… 87
　　第一节　分析框架 ……………………………………………………… 87
　　第二节　我国投资项目评估历程回顾 ………………………………… 89
　　第三节　规制政策的 ESG 表现调查 …………………………………… 93
　　第四节　可研报告的 ESG 表现调查 …………………………………… 96
　　第五节　本章小结 ……………………………………………………… 99

第八章　投资项目 ESG 概念框架 ……………………………………………… 101
　　第一节　投资项目外部性相关研究 …………………………………… 101
　　第二节　投资项目的利益相关者识别 ………………………………… 102
　　第三节　基于外部性的投资项目 ESG 概念框架 ……………………… 108
　　第四节　本章小结 ……………………………………………………… 115

第九章　投资项目 ESG 评估框架：以基础设施 REITs 为例 ………………… 117
　　第一节　评估内涵 ……………………………………………………… 117
　　第二节　评估模块 ……………………………………………………… 120
　　第三节　评估指标 ……………………………………………………… 122
　　第四节　评估方法 ……………………………………………………… 135
　　第五节　本章小结 ……………………………………………………… 138

第十章　投资项目 ESG 评估应用：以基础设施 REITs 为例 ………………… 139
　　第一节　案例概况 ……………………………………………………… 139
　　第二节　指数测算 ……………………………………………………… 146
　　第三节　E 表现分析 …………………………………………………… 158
　　第四节　S 表现分析 …………………………………………………… 161
　　第五节　G 表现分析 …………………………………………………… 164
　　第六节　本章小结 ……………………………………………………… 167

第十一章　结论与展望 …………………………………………………… 169
　　第一节　主要结论 ……………………………………………………… 169
　　第二节　理论贡献 ……………………………………………………… 171
　　第三节　未来展望 ……………………………………………………… 173
参考文献 ………………………………………………………………… 175

图目录

图 1-1　ESG 研究演进及本研究空间示意图 ………………………………………… 2
图 1-2　本书的理论价值示意图 ……………………………………………………… 12
图 1-3　本书的研究模块及其相互关系 ……………………………………………… 12
图 2-1　可持续发展理念兼顾社会、环境和经济要求 ……………………………… 16
图 2-2　联合国可持续发展目标 ……………………………………………………… 16
图 2-3　ESG 整合活动示意图 ………………………………………………………… 20
图 2-4　GRI 标准的模块构成 ………………………………………………………… 22
图 2-5　PRI 参与结构数量和管理资产规模 ………………………………………… 24
图 7-1　基础设施建设投资规制的分析框架 ………………………………………… 88
图 8-1　基础设施投资项目全生命周期过程示意图 ………………………………… 104
图 8-2　基础设施投资项目利益相关者效用分析示意图 …………………………… 106
图 8-3　投资项目外部性的利益相关者矩阵 ………………………………………… 108
图 8-4　生态环境在生成过程中的投入-产出过程示意图 ………………………… 109
图 8-5　投资项目的利益相关者差序格局示意图 …………………………………… 114
图 8-6　基于利益相关者的投资项目 ESG 概念结构 ……………………………… 114
图 8-7　投资项目 ESG 概念的圈层结构 …………………………………………… 115
图 9-1　基础设施 REITs 项目交易结构 …………………………………………… 117
图 9-2　基础设施 REITs 项目的利益相关者矩阵 ………………………………… 119
图 9-3　基础设施 REITs 项目的 ESG 评估模型 …………………………………… 121
图 9-4　主维度编码分析情况 ………………………………………………………… 127
图 9-5　主题编码分析情况 …………………………………………………………… 127
图 9-6　环境责任(E)维度指标 ……………………………………………………… 129
图 9-7　社会责任(S)维度指标 ……………………………………………………… 131
图 9-8　治理责任(G)维度指标 ……………………………………………………… 132
图 9-9　层次分析法的基本流程 ……………………………………………………… 136
图 10-1　基础设施 REITs 行业分布情况 …………………………………………… 139
图 10-2　基础设施 REITs 项目的所有权情况 ……………………………………… 140
图 10-3　中金普洛斯 REIT 项目交易结构 ………………………………………… 143
图 10-4　建信中关村 REIT 项目交易结构 ………………………………………… 144
图 10-5　华夏合肥高新 REIT 项目交易结构 ……………………………………… 146

表目录

表 1-1	G20 国家 ESG 政策文本概况	8
表 1-2	英中美日四国 ESG 政策文本概况	8
表 1-3	针对公共投融资 ESG 评价的半结构化访谈概况	9
表 1-4	针对公共投融资 ESG 评价的资料统计	9
表 1-5	已发布 ESG 报告的 REITs 情况	10
表 1-6	参与项目打分的专家情况	10
表 2-1	环境责任的概念界定	18
表 2-2	社会责任的概念界定	18
表 2-3	治理责任的内涵识别	18
表 2-4	常见的 ESG 指标设置	20
表 2-5	主流的 ESG 信息披露标准	21
表 2-6	国际组织发布的 ESG 信息披露框架、指引和标准	21
表 2-7	OECD 的 ESG 政策分类	28
表 2-8	PRI 的 ESG 政策分类	28
表 2-9	CASVI 的 ESG 政策分类	29
表 3-1	ESG 标准机构的信息披露标准体系	34
表 3-2	ESG 评级机构的指标体系	35
表 3-3	ESG 评估标准（融资端）	36
表 3-4	ESG 指南文件的对比分析结果	37
表 4-1	地方层面的 ESG 政策梳理	52
表 5-1	G20 国家 ESG 政策的价值表达统计和差异分析	63
表 5-2	G20 国家 ESG 政策的监管工具统计和差异分析	63
表 5-3	G20 国家 ESG 政策变量赋值与模式归类	64
表 5-4	G20 国家政策模式类型划分	65
表 5-5	英国 ESG 一级政策工具类型分布统计	65
表 5-6	英国 ESG 二级政策工具类型分布统计	65
表 5-7	英国 ESG 一级政策价值维度分布统计	66
表 5-8	英国 ESG 二级政策价值维度分布统计	66
表 5-9	中国 ESG 一级政策工具类型分布统计	67
表 5-10	中国 ESG 二级政策工具类型分布统计	67
表 5-11	中国 ESG 一级政策价值维度分布统计	68
表 5-12	中国 ESG 二级政策价值维度分布统计	68

表 5-13	美国ESG一级政策工具类型分布统计	69
表 5-14	美国ESG二级政策工具类型分布统计	69
表 5-15	美国ESG一级政策价值维度分布统计	70
表 5-16	美国ESG二级政策价值维度分布统计	70
表 5-17	日本ESG一级政策工具类型分布统计	70
表 5-18	日本ESG二级政策工具类型分布统计	71
表 5-19	日本ESG一级政策价值维度分布统计	71
表 5-20	日本ESG二级政策价值维度分布统计	72
表 5-21	ESG政策模式分类框架	72
表 6-1	ESG政策模式形成的解释框架	74
表 6-2	ESG政策模式的案例比较结果	86
表 7-1	基础设施建设投资的ESG表现清单	88
表 7-2	基于适用范围的基础设施建设投资政策统计	94
表 7-3	基于效力层级的基础设施建设投资政策统计	94
表 7-4	基于发文主体的基础设施建设投资政策统计	95
表 7-5	典型基础设施建设投资政策的完备性分析结果	95
表 7-6	自由节点汇总(局部)	97
表 7-7	三个案例的可行性研究报告词频统计	98
表 8-1	利益相关者类别划分方式	104
表 8-2	基础设施投资利益相关者主体	105
表 8-3	不同利益相关者效用需求分析	107
表 8-4	基础设施投资项目各方利益相关者识别	107
表 8-5	投资项目ESG概念框架	112
表 9-1	基础文本数据情况	122
表 9-2	原始数据指标开放式编码	122
表 9-3	主轴编码形成的指标体系	124
表 9-4	投资项目ESG评估的指标体系	133
表 9-5	层次分析法标度赋值表	136
表 9-6	矩阵平均随机一致性指标RI值判断表	137
表 10-1	已发布ESG报告的REITs情况	141
表 10-2	中金普洛斯REIT项目的底层资产情况表	144
表 10-3	建信中关村REIT项目的底层资产情况表	145
表 10-4	华夏合肥高新REIT项目的底层资产情况表	146
表 10-5	赋值对应说明	147
表 10-6	ESG三个维度两两比较表	147
表 10-7	E1、E2、E3的两两比较表	147
表 10-8	E1三个指标的两两比较表	147
表 10-9	E2两个指标的两两比较表	148
表 10-10	S1、S2、S3的两两比较表	148

表 10-11	S1 三个指标的两两比较表	148
表 10-12	S2 三个指标的两两比较表	148
表 10-13	S3 三个指标的两两比较表	149
表 10-14	G1、G2、G3 的两两比较表	149
表 10-15	G1 两个指标的两两比较表	149
表 10-16	G2 三个指标的两两比较表	149
表 10-17	G3 三个指标的两两比较表	149
表 10-18	专家 1 的维度层判断矩阵	150
表 10-19	专家 1 的维度层指标权重计算结果	150
表 10-20	所有专家的维度层权重矩阵	150
表 10-21	维度层指标权重	150
表 10-22	环境责任(E)维度主题层的权重矩阵	151
表 10-23	环境责任(E)维度主题层的指标权重	151
表 10-24	ESG 维度层及主题层的综合权重	151
表 10-25	资源利用(E1)主题的具体指标层集成权重矩阵	152
表 10-26	园区基础设施 REITs 项目 ESG 评估的指标权重	152
表 10-27	模糊评价法的隶属及含义	153
表 10-28	基础设施 REITs 项目的环境责任(E)模糊评价	153
表 10-29	基础设施 REITs 项目的社会责任(S)模糊评价	154
表 10-30	基础设施 REITs 项目的治理责任(G)模糊评价	156
表 10-31	基础设施 REITs 项目的 E 维度评估结果	157
表 10-32	基础设施 REITs 项目的 S 维度评估结果	158
表 10-33	基础设施 REITs 项目的 G 维度评估结果	158
表 10-34	案例 1～案例 3 的环境责任(E)维度分值比较	158
表 10-35	案例 1～案例 3 的社会责任(S)维度分值比较	161
表 10-36	案例 1～案例 3 的治理责任(G)维度分值比较	164
表 10-37	案例 1～案例 3 的 ESG 评估结果分值比较	167

第一章

绪 论

第一节 问题提出

一、ESG 投资理念正流行

ESG(environmental-social-governance,环境、社会、治理)是一种关注环境保护、社会责任和治理三方面责任的投融资理念,已成为可持续发展理念在投融资领域应用的重要工具。由于投资通常伴随着融资行为,因此投融资是对投资行为及其相应资金筹集活动的统称。ESG 特别强调投融资行为对生态环境、社会发展以及相关利益主体权利保障和价值实现程度的影响。相较于传统的财务理念,ESG 更加强调"义利并举",主张实现财务回报与外部效应均衡的投融资行为,因而认为应用 ESG 工具有助于推动投融资高质量发展。

2004 年,联合国全球契约组织(UN Global Compact)首次正式提出 ESG 概念,鼓励全球投资者运用 ESG 理念开展投融资活动。这引发了投融资界的一次革命性转型。目前,ESG 已成为具有全球影响力的概念体系。截至 2024 年,全球已有超过 5500 家机构签署了负责任投资原则(principles for responsible investment,PRI),承诺支持 ESG 投资,这些机构共同管理的资产规模已达约 130 万亿美元。近年来,随着全球性风险的蔓延和《巴黎协定》的签订,ESG 投资理念愈加深入人心,成为各国政府推动可持续金融发展转型的重要手段,并成为当前可持续金融的代表和先锋。

随着 ESG 投融资市场的不断壮大,它已成为各地政府不可忽视的重要市场存在。为了回应市场对规制的呼声,通过出台 ESG 政策来完善市场已势在必行。ESG 政策是指公共部门为规范 ESG 投融资市场所采用的一系列政策工具。根据联合国责任投资原则组织(UNPRI)的统计,全球纳入统计的 86 个国家 ESG 政策数量从 2010 年的 300 余项,到 2013 年后高速增长,并于 2019 年达到爆发性增长,累计出台 750 余项 ESG 政策,且政策数量仍在不断上升。根据明晟(MSCI)数据库的统计,美国已颁布 80 余项 ESG 政策,欧盟已颁布 60 余项,日本已颁布 20 余项,中国也已颁布 80 余项 ESG 政策。

当前,国际主流 ESG 评级主要针对上市企业,根据上市企业公开披露信息进行评价。由于投资项目往往缺乏公开信息,专业评级机构很少针对单个投资项目开展 ESG 评级。ESG 研究演进历程归纳起来有三个阶段,传统场域阶段以秩序引导的市场监管为研究视角,衍生场域阶段以代际公平的发展观念为研究视角,新兴场域阶段正是本书所关注的研究场域,即以城市公用事业投融资为主要场景。这一场景的主要特点是投资项目兼具公共属性和商业属性,通常由政府和企业跨组织合作投资的形式来实施。由于既有的 ESG 评级研究主要以企业为研究对象,缺乏公共投资项目中多元主体合作的 ESG 规则,因此,有必要开展项目 ESG 评级嵌入城市公用事业投融资政策研究。在 ESG 研究演进示意图中,可以看到当前的研究空间及本书可能的研究贡献,如图 1-1 所示。

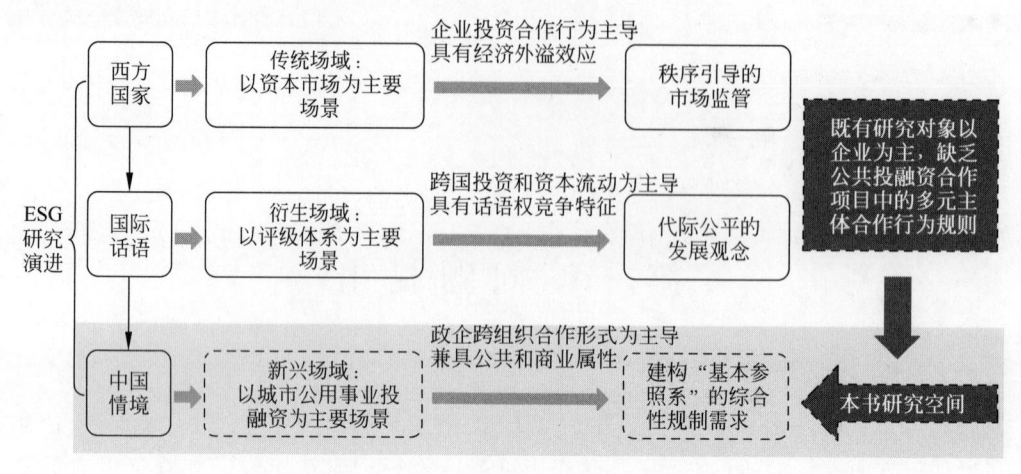

图 1-1　ESG 研究演进及本研究空间示意图

二、公共投资规制正转型

投资历来是我国经济增长的重要支撑力量,也是"三驾马车"的关键组成部分,对我国经济社会的快速发展具有重要贡献,其中公共领域的投资尤为重要。公共投资是指用于提供基础设施和公共服务、维护宏观经济稳定、赋能长远发展的行为和活动,通常还伴随融资活动。公共投资概念可追溯到"social overhead capital"一词,即"社会先行资本",其核心产出对象是基础设施。根据《中国大百科全书》的定义,基础设施是"服务企业和居民的生产、流通和生活的各项事业"。

1994 年,世界银行的发展报告阐述了基础设施与发展的联系,并将基础设施分为经济基础设施和社会基础设施两类。其中,经济基础设施是指直接参与生产过程,有益于提高社会生产能力进而加快经济增长的永久性基本公共设施,包括交通运输、邮电通信、能源供给等,也称为"硬设施";社会基础设施是指调整优化社会结构、促进社会公平,有利于形成人力资本、社会资本和文化资本的永久性公共设施,包括科技平台、教育设施、文体设施、卫生设施等,也称为"软设施"。

改革开放以来,增加公共基础设施投资是积极财政政策的重要组成部分(朱建文,2005)。1998—2018 年,中国公共基础设施投入年均增长速度达到 12%。2008 年,"4 万亿投资"缓解了全球金融危机对我国经济的冲击,其中基础设施建设投资占比超过 40%,中国国内生产总值年均增速保持在 9% 以上。2012 年,我国经济进入新常态,经济增长有所放缓,政府再次扩大铁路、水利等基础设施投资规模,基础设施投资在总投资中的占比持续上升。我国的实践经验表明,基础设施的超前发展具有"乘数效应",通过直接和间接的方式促进产出增长、优化经济结构,有力推动经济增长(李涵 等,2015)。2021年,全国财政会议指出,政府要从基础设施着手,适度开展超前投资,发挥投资引导作用。

近年来随着房地产投资增速骤降,地方土地财政收入骤减,我国投资结构发生剧烈变化,亟须建立新的投资增长点和融资支撑极。另外,随着我国经济的整体转轨,公共投资也需要适应新的发展要求。在过去经济快速发展阶段,公共投资的目标是"越快越好",因为基础设施越早互联互通,经济就能越早实现快速增长。因此,为了基础设施能够尽早建成并投入运营,国家就会集中力量投入资金、人力、物力等各种资源。然而,在经济高质量发展阶段,公共投资的目标不再是"越快越好",而是要关注投资活动所产生的外部影响,强调公共投资的外部效应责任。

2020年,"双碳"目标的提出是中国对世界的庄严承诺,倒逼我国产业绿色转型加速,高耗能、高排放产业重组步伐加快;因此绿色投资需求增加,投资结构亟待改善。而基础设施绿色转型正是推动"双碳"目标实现的重要举措之一。此外,随着社会人口结构的变化,大量公共设施需要更新扩建或升级改造,例如,老龄化对公共设施提出了适老需求。因此,公共投资规制的转型形成了对ESG作为投资评估工具的应用需求。

三、迈向高质量发展的ESG投资评估工具

ESG关注实现长期可持续回报和促进社会可持续发展,主张投资回报与其外部性之间的均衡关系,具有推动迈向高质量发展的功能。ESG具体涵盖环境责任、社会责任和治理责任三方面:环境责任强调投资活动对生态环境的负外部性约束,社会责任关注投资活动对社会发展的影响,治理责任则强调投资活动中利益相关者的组织、利益和道德等影响。ESG正被越来越多的国际投资者和金融机构所采纳。

ESG在中国大陆起步较晚,但受到国际资本市场投融资理念转型的影响,发展态势迅猛。相应地,国家层面积极出台了一系列与证券业相关的ESG政策,如2016年中国人民银行等多部委发布的《关于构建绿色金融体系的指导意见》和2020年生态环境部和国家发展改革委发布的《关于促进应对气候变化投融资的指导意见》,致力于妥善规制我国ESG责任投资和金融市场。从社会责任投资、绿色金融、新发展理念、生态文明建设等政策的发展来看,ESG发展理念与我国发展方向高度契合。此外,伴随中国"碳中和"目标的提出,ESG在中国得到大力推广,正从上市公司层面迅速向更多投资领域扩散。

2022年,国家发展改革委发布了《关于进一步完善政策环境加大力度支持民间投资发展的意见》,首次前瞻性地提出了探索投资项目ESG评价。这一导向掀起了理论和实践界对投资项目ESG评价的探讨,例如,探索将项目前期的可行性研究工作与ESG理念融合,从源头上优化投资项目前期工作质量。在推动新型基础设施绿色低碳发展、适度超前开展基础设施建设等政策背景下,将ESG率先引入基础设施项目投资领域,通过政策引导作用促进基础设施投资迈向高质量发展,能增强我国在国际资本市场ESG领域的话语权。此外,当前我国基础设施投资正面临地方政府投资能力下降、财政预算吃紧、社会投资吸引力降低等多重因素的影响。在基础设施领域推行ESG有助于引导更加优质且注重可持续发展理念的资金进入,促进资源优化配置。

诚然,ESG概念近几年才在我国流行起来,但在已有的项目评价体系中可以窥见ESG的影子。例如,1979年我国颁布法律正式实施环境影响评价制度,2002年《投资项目可行

性研究指南》修订中纳入了居民生活、文化、教育、卫生等社会影响相关内容。可见，ESG 对于我国基础设施投资项目来说并不是全新的概念，环境影响评价、节能评估审查、重大项目社会稳定风险评估等为推进 ESG 评价在基础设施领域的应用奠定了基础。然而，在现行投资项目评价体系中各个模块已经形成了相应的制度和程序，短期内难以用 ESG 将所有相关评价环节统领，但从长期看，有望通过 ESG 形成对投资项目前期工作各模块零散化、程序繁杂等情况的改善，从而推动迈向高质量发展。

第二节 研究内容

一、各国 ESG 政策体系的比较与分类

当前，ESG 政策研究正处于探索阶段，但对 ESG 政策概念的理解还存在混淆。例如，一些文献将 ESG 政策等同于信息披露政策，忽视了投资者法规、公司治理守则、尽责管理守则、养老金法规等其他类型的政策；有的将 ESG 政策狭义地理解为文本中出现的"环境、社会、治理"字眼的政策，从而将绿色债券、绿色信托等单因素政策排除在外；还有的将 ESG 政策泛化到所有涉及环境、社会和治理议题的政策，使得 ESG 政策的范畴过于宽泛，并忽视了 ESG 作为一个投资概念的原意。而且，目前对于 ESG 规制政策的理解缺乏一致性的框架。以 UNPRI 和 MSCI 为代表的许多组织建立了世界 ESG 政策数据库，提供了 ESG 政策的筛选标准，但这些标准具有较强的实践属性，随着时间推移可能会发生较大变化，其原因在于对各国 ESG 政策模式缺乏深入理解以及建立在这种理解基础上的穿透性解释框架。

本书的第一项研究旨在总结当前出现的 ESG 政策模式，并尝试提出解释性的框架，以更深入地理解各国 ESG 政策模式的形成机制，并展望未来学术研究的方向。我们试图回答：各国为何形成不同的 ESG 政策模式？可将这一问题拆解为如下子问题：什么是 ESG 规制政策？世界各国 ESG 政策模式的差异性何在？不同政策模式的形成原因是什么？找到上述问题的答案，是将 ESG 规制政策研究引向深入的突破口，也是当务之急。

二、我国公共投资规制中的 ESG 表现

ESG 能够为公共投融资规制带来新的理念，但我国现行政策和项目中的 ESG 表现情况尚不明确，因此有必要开展调查研究。作为一种社会先行资本，基础设施建设投资是经济增长的重要前提条件，具有外部溢出效应或正外部性（Barro，1990）。基础设施建设投资在我国获得了极大重视，并推动了我国经济的高速增长（范欣 等，2017）。基础设施建设投资是公共投融资的典型领域。

本书的第二项研究以规制政策和项目报告为研究对象，采用文本分析方法，对我国基础设施建设投资规制中的 ESG 表现进行调查研究。试图回答的问题包括：基础设施投资项目的 ESG 责任内涵是什么？从基础设施投资外部性的角度出发，环境、社会、治理三者的互动关系结构是什么？主流的 ESG 评价体系关注哪些具体内容？我国已开展多年的基础设施投资可行性研究内容与 ESG 内容是否有所重叠？相应的重叠深度和广度如何？通过上述研究，本书将揭示我国基础设施建设投资规制政策中的 ESG 表现情况，为我国在以公共投融资为主导的基础设施领域引入国际流行投资理念提供决策依据。

三、投资项目 ESG 评估的指标与测算

由于评价层次、维度发展和基础内涵等方面的差异,现有 ESG 评价体系无法直接应用于基础设施投资项目层面。特别是基础设施 REITs 近年来在我国投资项目领域反响积极,截至 2023 年 3 月已累计发行 27 只,总规模达到 900 亿元,涉及交通、产业园区、保障性住房租赁和新能源等领域。据相关机构和学者测算,未来我国基础设施 REITs 市场规模将达到数万亿元(李雪灵 等,2021)。尽管实践中已经尝试探索基础设施 REITs 项目申报时提供 ESG 信息披露报告,但目前尚无权威或官方的 ESG 评价制度体系。

本书的第三项研究将以基础设施 REITs 项目为例,构建投资项目 ESG 评价的理论框架,并尝试提出指标体系以供测算应用,具体聚焦于解决以下三个问题:投资项目 ESG 评价框架应该如何建构?与现有的 ESG 评价框架有何相同与不同之处?投资项目的 ESG 评价具体指标应该如何设定?以基础设施 REITs 投资项目为例,ESG 评价框架应该如何应用?该应用范式对于基础设施 REITs 投资项目是否具有参考价值?通过上述研究,本书旨在为基础设施 REITs 投资项目的 ESG 评价提供理论支持和实践指导,以促进基础设施 REITs 投资项目的高质量发展。

第三节 研 究 方 法

研究方法需要兼顾研究内容的特点和研究结论的可靠性,一般遵循"问题提出—历史回顾—理论建构—现实印证"的思路进行研究。本书结合三项研究内容和特点,分别采用了案例比较、文本分析和指数分析等研究方法。

一、案例比较法

案例比较法是一种研究方法,通过深入分析特定实例或事件,以揭示其内部机制、动态关系和关键因素,从而理解和解决复杂现象或问题(Anderson,1971)。本书采用多案例研究法(multi-case study)对每个类别中的典型案例进行对比研究,并结合类型学(typology)研究,对研究对象进行分类,逐一研究或比较各个类别,以构建 ESG 规制政策的分类框架。核心思路是从现有的 ESG 政策实践中提炼出一套分类框架,以便对复杂现象进行抽象化的理论概括。

类型学研究的核心是归纳逻辑,即根据特定维度将经验事实抽象为不同的理想类型,并通过类型间的比较发现共性与差异。本书采用矩阵类型学方法。现有的 ESG 政策分类方法主要有三种:①地理区域划分。在统一司法辖区内,ESG 政策法规一致,各地 ESG 发展水平不同,地理划分有助于保留更多经验信息。②经济发展水平划分。经济发展水平相近的国家或地区,其资本市场和公共政策目标相似,如划分为发展中国家与发达国家。③政策整体特征划分。通过抽象政策的总体特征来概括规律性知识,常见的特征维度包括多元性、强制性、公私关系和激励程度等。

研究者的目标是认识和解释各国制定实施 ESG 政策这一真实现象。该现象在世界不同国家呈现出不同的模式。首先,通过对 G20 国家的样本分析,选取每个类别中最具代表性的四个案例,进行多案例比较,挖掘其内在联系,对理论模型进行逐条复制。其次,验证

各国政策模式选择的解释性理论框架。核心思路是根据已有理论提出一套假定存在的因果关系和多组预测结果，然后通过多案例研究对预测结果和真实现象进行模式匹配，以验证前期假设的因果关系是否显著。

二、文本分析法

文本分析法是国内外政策研究中应用广泛的一种研究方法，在社会科学研究中具有独特的地位。通过文本分析，可以帮助人们了解无法直接观察的社会交往和发展过程，揭示其中的重要意义。对于大多数难以接触政策过程"黑箱"的研究者来说，政策文本分析提供了一种"黑箱技术"（black box techniques），即通过分析政治活动产出的文本，观察并理解难以直接观察的长时段政策演变过程。这种方法不需要大量的研究人员和特殊设备，所需的数据资料大多可通过公共渠道（如图书馆、互联网等）方便获取，且可以低成本重复进行，几乎不必考虑如何与研究对象互动，也不会对其产生干扰。

本书通过文本的描述统计，呈现我国基础设施建设投资政策的发文主体情况、ESG 表现及其结构差异等。需要说明两点：①自改革开放以来，我国先后经历了 8 次政府机构改革，平均 5 年一次，涉及机构调整、职能转变、编制配备、制度建设等方面。部分政策文件的发文部门已被裁撤、重组、合并或更名，所以在统计发文主体时，应当使用最新的机构名称来统一编码政策文本。②虽然不是所有政策的规制对象都是单一维度的，比如个别政策会同时涉及环境、社会、治理中的 2~3 个维度，但是对政策的主要规制对象进行分类，将有助于清晰展现我国基础设施建设投资政策的结构特征。

本书还将选择基础设施建设投资可行性研究报告进行文本编码和分析，作为基础设施建设投资项目政策的 ESG 规制回应评价对象。基础设施建设投资项目的决策、实施和评价均以可行性研究报告为对象，结合实地调研，从社会发展各方面对其必要性、可行性进行论证。虽然我国并未出台相应的项目绩效标准，可行性研究报告内容也因编制机构、项目类别不同而有所差异，但是在当前的项目可行性研究报告中也涉及 ESG 相关内容。通过对我国可行性研究报告的文本分析，探讨我国在投资项目开展 ESG 评价的现实基础，可以为推动基础设施投资项目 ESG 评价提供参考。

三、指数分析法

指数分析法是一种通过构建综合指标体系，量化和评估对象特征或行为的研究方法。这种方法常用于社会科学、经济学和管理学等领域，通过整合多个相关变量，构建一个或多个指数，以便更直观、系统地分析和比较对象的状态与变化。指数分析法能够有效减少数据的复杂性，提高研究结果的解释力和可比性，从而为决策提供有力支持。

首先，本书采用层次分析法（analytic hierarchy process，AHP）来确定指标权重。鉴于投资项目 ESG 评价的指标体系中既有定性指标又有定量指标，由美国运筹学家萨蒂（Saaty）提出的层次分析法，具有系统性和结构化的优势。与专家打分法、两两比较法和熵值法相比，层次分析法能够将评价指标分块进行分析和评估，通过构建层次结构模型和两两比较矩阵，计算权重并进行一致性检验，得到分析结果。此外，层次分析法结合了专家的经验，有效性和一致性得到了验证，保证了主观判断的合理性和科学性。由于基础设施 REITs 项目方兴未艾，进行 ESG 信息披露的项目较少，数据样本较小，相比之下使用层次分析法更为恰当。

其次，本书采用模糊评价法对各项指标进行分值计算。研究者手动获取并整理基础设施REITs项目案例的ESG相关信息，包括中国股票市场与会计研究数据库（CSMAR）、万得（Wind资讯）、同花顺等权威数据库，以及项目官网、年度财务报告、可持续发展报告、ESG报告、社会责任报告、环境报告等专项报告，还有投资者公告、招募说明书、媒体采访等。针对项目的ESG争议事件，研究者从监管机构、权威网站和权威媒体披露的关于上市项目的争议事件进行检索，这些权威来源包括国资委、证监会、生态环境部、上交所、深交所等官方网站和政府部门网站，以及各大数据库。然后，向选定的专家发送项目相关信息，请专家对照各个具体指标项进行模糊评价，评价分为五个档次，依次为5=表现优秀，远超行业标准；4=表现良好，略高于行业标准；3=表现一般，与行业标准持平；2=表现较差，略低于行业标准；1=表现不佳，远低于行业标准。研究者收回数据后，将构建隶属度矩阵，然后计算得分。

最后，针对每个基础设施REITs项目案例，结合层次分析法得出的指标权重和模糊分析法得到的指标数值，计算得出综合评价得分。

第四节　研究资料

研究者为了增强文本资料和研究结果的可信度，通过多元化渠道和多种手段收集所需研究资料和数据，以满足"三角互证"研究准则。"三角互证"是增强定性研究信度与效度的重要方法（张炼，2014）。具体而言，本书的研究资料主要来自三方面，分别是国际ESG政策文本库、中国基础设施建设投资规制政策文本和基础设施REITs项目的相关指标数据。

一、全球的ESG政策法规文本库

目前国际上较为权威的ESG政策法规文本库是UN PRI数据库（简称"PRI ESG数据库"）。PRI ESG数据库于2016年建成，是目前世界上最权威、最新的ESG政策数据库。使用该数据库的原因包括：①能够在较大程度上避免关于如何认定各国ESG政策所属统一范畴的争议。根据官网声明，该数据库包含的ESG政策法规内容源自对已有数据库的审查、PRI政策小组的初步研究和对20多个市场利益相关者（包括投资者、证券交易所、监管机构和行业协会）的采访。②可以在较大程度上提升所分析ESG政策文本的时效性。该数据库最新的更新日期是2024年11月，资料数据非常新，并且实时更新，这有助于后来者采用同样的方法复制并检验本书的研究结论和观察动态演进。③可以获得较为全面的ESG政策信息。PRI政策小组对每一项政策都标注了政策类别、实施年份、颁布机构、自愿或强制属性、面向ESG单一或整体要素，还提供了有关ESG因素的关键条款的评论。我们针对国内外ESG政策模式比较的资料主要来自PRI ESG数据库，选取资料的时间范围为2004年6月—2022年1月。

为了提高研究信度，本书的跨国比较资料主要来自PRI ESG数据库，并同步通过与MSCI ESG政策法规数据库的比对来提高研究信度，形成三角验证关系。为了检验分类框架的适用性，本书共收集G20国家政策文本共计359份，并进行了分类标记，其中澳大利亚35份，占比9.7%；中国32份，占比8.9%；英国31份，占比8.6%；美国29份，占比8.1%；法国28份，占比7.8%；欧盟24份，占比6.7%；印度尼西亚24份，占比6.7%；韩国22份，占比6.1%;加拿大20份,占比5.6%。G20国家的ESG政策文本概况如表1-1所示。

表1-1 G20国家ESG政策文本概况

成员国或地区名称	政策总数	成员国或地区名称	政策总数
中国	32	美国	29
英国	31	加拿大	20
印度尼西亚	24	韩国	22
印度	22	法国	28
意大利	9	俄罗斯	5
土耳其	9	德国	11
沙特阿拉伯	1	巴西	15
日本	16	澳大利亚	35
欧盟	24	阿根廷	6
南非	13	总计	359
墨西哥	7		

为了进行案例分析,本书还通过其他渠道收集了更多资料,共计225份,其中包括英国46份、中国87份、美国61份和日本31份。这些资料的主要来源为UN PRI数据库与MSCI ESG政策法规数据库,并通过对比各国有关部门官方网站公开的政策文件进行筛查。MSCI ESG政策法规数据库是由摩根士丹利资本国际公司(MSCI)下属子公司MSCI ESG Research开发的ESG政策法规数据库。该数据库利用如美国联邦公报、欧盟出版物办公室、劳工组织等发布的数据作为信息来源,是全球大型机构投资者公开的ESG政策法规数据库中最为完整的。增加资料来源的目的是提高资料的丰富度和完整性,从而对单一国家的ESG政策体系进行更为准确的分析。英中美日四国ESG政策文本概况如表1-2所示。

表1-2 英中美日四国ESG政策文本概况

国家名称	政策总数	投资者政策 数量	投资者政策 占比/%	被投资者政策 数量	被投资者政策 占比/%	政府发布 数量	政府发布 占比/%	非政府发布 数量	非政府发布 占比/%
英国	46	18	39.1	28	60.8	42	90.5	4	9.5
中国	87	19	21.8	68	78.2	62	71.3	25	28.7
美国	61	14	23.0	47	77.0	24	39.3	37	60.7
日本	31	10	32.3	21	67.7	18	58.1	13	41.9
总计	225	61		164		146		79	

注:由于某项政策可能同属于投资者政策与被投资者政策,因此两项占比加总可能超过100%,也属于正常范围。

二、我国基础设施投资规制资料

本书针对我国公共投融资领域ESG评价的研究,主要通过三方面的资料进行研究,包括:①焦点小组访谈、半结构化访谈获得的纪实记录文本;②数据库检索、网络搜索等途径获取的政策文本;③官方网站检索获得的ESG信息披露标准及ESG评级体系资料。

首先,关于基础设施投资规制采用ESG评价的一手资料收集,主要依赖于清华大学投融资政策研究中心承担的国家发展改革委基础设施项目 ESG 评价研究任务。2021 年 12 月—2022 年 3 月,通过微信、腾讯会议等线上交流方式,作者与基础设施、投融资域的专家进行多次线上讨论,共针对 5 位项目咨询专家及 3 位环境、可持续发展领域的研究生实施了半结构化访谈,并通过相关课题研讨会进行了 3 次焦点小组访谈,访谈总时长约 15 小时,整理形成的访谈笔录超过 8 万字。本研究的半结构化访谈人员名单及访谈情况如表 1-3 所示。

表 1-3　针对公共投融资 ESG 评价的半结构化访谈概况

编号	单位及职务	主要访谈日期	访谈编码	访谈时长	笔录文字
A1	专家:王	20211228	20211228A1	1 小时	6000 字
A2	专家:刘	20211230	20221230A2	1 小时	6000 字
A3	专家:徐	20220110	20220110A3	2 小时	13000 字
A4	专家:罗	20220111	20220111A4	1 小时	5000 字
A5	专家:王	20220113	20220113A5	1 小时	5000 字
B1	研究生:杨	20220114	20220114B1	0.5 小时	3000 字
B2	研究生:胡	20220118	20220118B2	0.5 小时	3000 字
B3	研究生:左	20220212	20220212B3	1 小时	5000 字
C1	焦点小组访谈	20211018	20211018C1	1 小时	5000 字
C2	焦点小组访谈	20211210	20211210C2	4 小时	20000 字
C3	焦点小组访谈	20220310	20220310C3	4 小时	20000 字

其次,对于基础设施投资规制采用 ESG 评价的二手资料主要由项目书面文件和相关的法律、行政法规等政策文档组成,这些资料根据其内容可以被归纳为以下几种类型:①主要的 ESG 信息披露标准、评级体系文件;②与建设项目密切相关的管理条例、管理方法等;③基础设施投资项目的可行性研究报告等。本研究所涉及的一手及二手资料的情况如表 1-4 所示。

表 1-4　针对公共投融资 ESG 评价的资料统计

资料类型	资料渠道	资料数量
访谈资料	访谈纪实	5.5 万字
项目资料	访谈获取	3 份
ESG 相关标准	官网检索	10 份
基础设施政策文件	北大法宝	660 篇

三、基础设施 REITs 项目案例资料

针对已发行的 36 个 REITs 进行案例选取作为分析对象,在行业咨询和数据搜索的基础上,共收集到 4 个项目的 5 份社会责任及治理(ESG)报告(表 1-5)。依据 ESG 评价的通用准则,应当针对同一行业或相同类型的项目选择指标及确定权重。本书选取的三个案例均属于园区类基础设施 REITs 项目,主要通过租赁等方式获取收益。同时,这些运营类项目在运营过程中对环境责任、社会责任及项目治理的关注点基本相似,故可将它们作为类似案例进行对比分析。对选中的三个特定园区相关的 REITs 案例进行深入分析,即中金普

洛斯仓储物流 REIT（案例 1）、建信中关村产业园 REIT（案例 2）和华夏合肥高新创新产业园 REIT（案例 3），依托这些 ESG 报告文本，并参考年度报告、招股说明书等公开披露资料，对所选三个案例实施 ESG 评价。

表 1-5 已发布 ESG 报告的 REITs 情况

项目名称	ESG 报告发布年份	项目类型
华夏越秀高速公路 REIT	2021、2022	收费公路
建信中关村产业园 REIT	2022	园区类（产业园区）
华夏合肥高新创新产业园 REIT	2022	园区类（产业园区）
中金普洛斯仓储物流 REIT	2022	园区类（仓储园区）

结合前文所述的 ESG 评价框架，针对建信中关村产业园 REIT、中金普洛斯仓储物流 REIT、华夏合肥高新创新产业园 REIT，对 ESG 报告文本、年度报告、招股说明书等材料进行文本分析和数据分析。参与本研究进行模糊评价的专家情况如表 1-6 所示。

表 1-6 参与项目打分的专家情况

编号	专家情况	工作单位或类型	工作年限
1	专家 W	高校	10～15 年
2	专家 W	高校	5～10 年
3	专家 C	高校	20～30 年
4	专家 Z	高校	5～10 年
5	专家 W	高校	5～10 年
6	专家 L	项目管理和咨询	5～10 年
7	专家 P	项目管理和咨询	3～5 年
8	专家 X	项目管理和咨询	20～30 年
9	专家 W	项目管理和咨询	3～5 年
10	专家 W	项目管理和咨询	10～15 年

第五节 研究意义

一、现实意义

在全球资本市场的推动和引领之下，ESG 的相关实践已经深入中国，对中国的资本市场造成了深远和显著的影响。在这种背景之下，系统性和深入性地进行 ESG 规制政策的分类研究，对中国乃至全球 ESG 的发展，均具有重要的理论与实践价值。从全球视野出发，加强和完善中国在 ESG 相关领域的规制政策和研究，不仅能够促进中国资本市场的绿色转型和可持续发展，同时也能够提升中国在全球资本市场中的竞争力和影响力。通过深层次、系统性地开展 ESG 相关政策的分类与研究，旨在探索和构建一个更为全面和细致的 ESG 政策体系，以便更好地引导和促进中国乃至全球的资本市场健康、持续、绿色发展。此外，这样的研究还将为全球 ESG 发展的理论创新和实践探索提供宝贵的参考和借鉴，有助于全球资本市场在促进经济发展的同时，更好地履行对环境保护、社会责任和良好治理的承诺。

具体到公共投资，特别是基础设施投资领域，尽管当前在环境影响评估、节能审查及重大项目社会稳定性风险评估等方面的存在表明基础设施投资领域的规制体系已部分映射ESG相关评价要素，但对于如何将现有的基础设施投资规制体系与ESG理念有效融合，仍需进行更为深入的探讨与研究。尤其是在我国基础设施REITs投资项目领域，ESG评估框架和应用研究的确匮乏。本书着眼于填补这一空白，首先从理论上界定基础设施REITs投资项目的ESG评价内涵、构建评价框架与具体指标，进而从ESG的视角出发，对基础设施REITs项目进行了实证评估。此举不仅具有理论创新价值，还提供了一套对基础设施REITs项目进行高质量评估的实证范式。

进一步来说，尽管我国的ESG评估体系正在不断完善之中，但在适配性方面与我国基础设施REITs投资项目领域的管理体制仍存在诸多不一致性，导致现有研究成果无法直接移植应用。评价层次的不一致性是一大问题，现有ESG评价体系主要面向企业等市场主体，而我国基础设施REITs投资的管理主要以项目为单位。此外，目前中国在环境（E）方面的政策和监管力度最为严格，相应的绿色金融政策已相对成熟，但社会（S）与治理（G）两个维度的责任政策体系的构建则明显滞后。最后，由于缺乏国家层面的制度设计，各ESG评级机构对ESG的内涵理解存在较大差异，不同领域内ESG的内涵也不尽相同。本书旨在为我国项目投资及其可持续发展提供ESG视角，对于促进基础设施REITs投资项目领域的ESG评价框架和评价体系的构建与发展，具有深远的理论意义和现实指导价值。

二、理论价值

（一）ESG评估研究的学术延伸价值

既有ESG评级更多是对企业行为的规范、约束和引导，是一种市场秩序的维护和监管，实质上属于"社会契约"；而中国场域下适配的项目ESG评级更多是对政府和企业在公共产品和服务项目投资合作中多元主体行为的规范、约束和引导，是一种风险控制，实际上属于"自然契约"。本书具有从社会契约拓展至自然契约的学术延伸价值。

（二）投融资政策应用的工具创新价值

2022年年底，国家发展改革委发布了《关于进一步完善政策环境加大力度支持民间投资发展的意见》，首次提出探索开展投资项目环境、社会和治理（ESG）评级，引导民间投资更加注重环境影响优化、社会责任担当、治理机制完善。开展投资项目ESG评级，既是主动对标高标准国际规则的尝试，又是对全球ESG评价实践的丰富和延伸，对于激发民间投资活力、促进经济高质量发展和助力实现中国式现代化具有十分重要的意义。本书具有"从无到有"构建基本参照系的工具创新价值。

（三）城市公共投资管理的秩序重构价值

项目ESG评级研究并不是为企业行为提供准则，而是为包括但不限于"市场秩序"的政府和企业投资合作活动提供科学准确的基准。"计量事关国计民生，兼具自然科学和社会科学双重属性，是确保社会、经济持续稳定发展的基础"。政府对所有基本参照系施以管理，其目的当然也并不仅仅是为了维护"市场秩序"，而是为了保证所有基本参照系的良好维护与健康发展。本书具有揭示我国城市公用事业场域特征并提高投资项目前期工作质量和全过程管理的秩序重构价值。

（四）资本市场投融资行为规范的锚定价值

ESG 责任投资理念强调环境责任，契合"双碳"目标和"两山"理论；强调社会责任，有利于推动投资主体关注三次分配、推进共同富裕；关注投资相关主体的权利保障和价值实现，有利于提升投资透明度、抑制资本消极作用、防止资本无序扩张。项目是我国城市公用事业投融资管理的基本单元，构建项目 ESG 评级体系，有利于引导政府和企业负责任的投融资行为，并在宏观上有助于扩大有效投资、优化资源配置、推动高质量发展。本书具有阐释我国资本市场投融资行为特征及行为内驱规范的锚定价值。

本书的理论价值如图 1-2 所示。

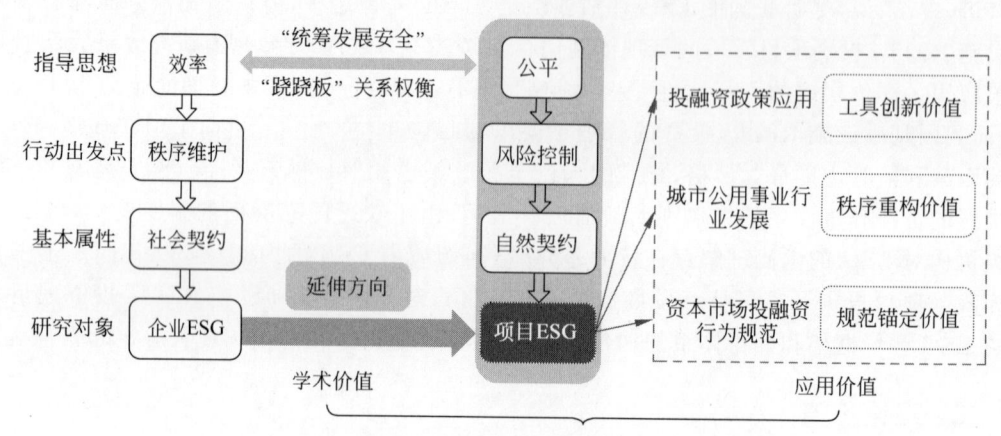

图 1-2 本书的理论价值示意图

第六节　研究安排

本书共安排三个研究模块，其相互关系如图 1-3 所示。

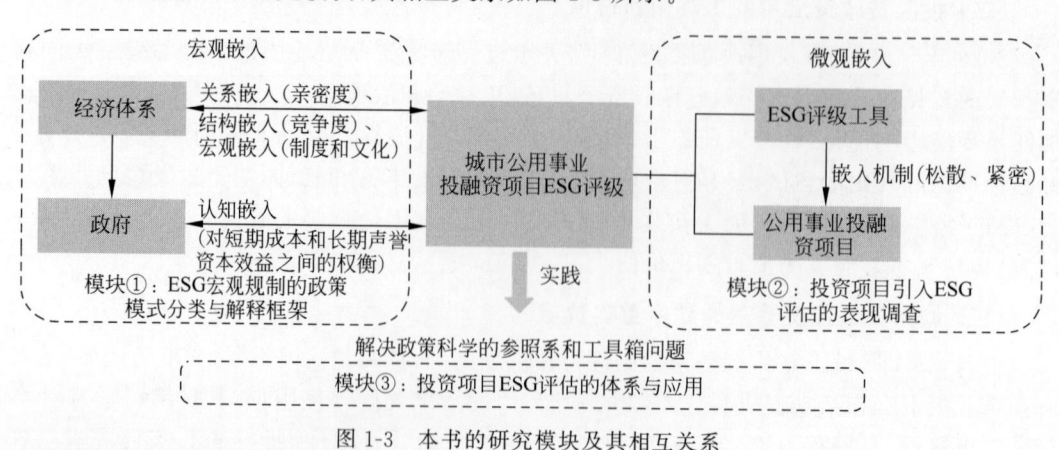

图 1-3 本书的研究模块及其相互关系

（一）ESG 宏观规制的政策模式分类与解释框架

一是对比分析了英国、中国、美国和日本四个国家的 ESG 政策模式。英国的 ESG 政策在价值表达上协同性强,并且具有较强的监管约束,其政策网络中多元参与主体的力量对比较为均衡,议程设置的传导方向为自上而下。中国的 ESG 政策在价值表达上协同性较弱,但监管约束较高,政策网络中多元参与主体的力量对比均衡性有所欠缺,议程设置的传导方向同样为自上而下。美国的 ESG 政策表现出价值表达协同性强,但监管约束相对较低,其政策网络中多元参与主体的力量对比较为均衡,议程设置的传导方向为自下而上。日本的 ESG 政策则表现出价值表达协同性弱,监管约束也较低,政策网络中多元参与主体的力量对比均衡性不甚均衡,议程设置的传导方向同样为自下而上。

二是建立了基于"主题-议程"视角的 ESG 政策模式形成机制解释框架。在主体视角下,观察了议题网络中支持多元主体之间力量对比的影响。当议题网络中三类参与主体的力量对比较为均衡时,ESG 政策的价值表达协同性更强。同时,议程视角刻画了政策议程的传导方向,即从政策社群向下传导至议题网络,或从议题网络向上传导至政策社群。如果自上而下是主要的传导方向,则该议程更易在政策社群中达成高度一致,从而实施高位推动,政策的强制性程度也较高。

三是进一步分析了四个类型 ESG 政策模式的适用场景和现实动因。当自上而下的议程主导政策社群,并且多元主体参与议题网络中力量均衡时,国家往往采取"强制协同模式"。当自上而下的议程主导政策社群,但议题网络中多元主体参与力量不均衡时,国家可能采取"强制非协同模式"。当自下而上的议程主导政策社群,并且议题网络中多元主体参与力量均衡时,国家通常采取"非强制协同模式"。当自下而上的议程主导政策社群,同时议题网络中多元主体参与力量不均衡时,国家可能采取"非强制非协同模式"。

(二)投资项目引入 ESG 评估的表现调查

一是首次运用 ESG 视角来分析基础设施投资的外部性,为加深对其理解提供了结构化框架。本书分别对 ESG 责任内涵进行了概念界定,在此基础上,详细阐述了基础设施 ESG 责任如何影响各利益相关者的行为,进而提炼了我国基础设施投资中 ESG 的关键议题,提出了基础设施投资外部性 ESG 框架的概念构想。这为未来结合我国国情和战略导向,进一步具体化 ESG 评价内容奠定了基础,以保持理论的前沿性和实践的适用性。

二是试图梳理 ESG 三个维度之间的关系,构建了 ESG 圈层结构。本书基于利益相关者理论和"差序格局"理论,描绘了项目利益相关者之间的差异格局,并以此为基础,通过逻辑推演建立了基础设施 ESG 圈层结构。该结构从治理、社会、环境三个视角呈现了基础设施对外部环境、社会及治理影响的层级关系。本书为 ESG 理论的构建提供了初步探索,但其科学性和普适性还需进一步验证和讨论。本书的理论建构指明了未来 ESG 理论研究的方向,但受到了历史性的限制,随着对基础设施投资外部性 ESG 概念认知的深入,ESG 理论还需进一步的探索和实证研究。

三是从监管层面和对象层面两个角度分析了我国建立基础设施投资外部性 ESG 评价的实践基础。首先,通过对基础设施投资政策的描述统计和政策案例研究,发现虽然 ESG 概念尚未完全引入基础设施投资领域,但我国现行的基础设施政策管理体系已部分涵盖了 ESG 评价的相关内容。其中,环境评价的发展程度相对较高,社会评价次之,而治理评价则相对薄弱。其次,从投资端和融资端两个角度总结了国际主流的 ESG 评价体系,并通过可行性报告案例文本分析,分析出我国实施基础设施投资 ESG 评价的基础。综上所述,本书建立了基础设施投资 ESG 相关政策的文本库,并根据环境、社会、治理等对 660 篇基础设施投资政策文献进行了分类。

(三) 投资项目 ESG 评估的体系与应用

一是首次将 ESG 评价理念创新性地应用于基础设施 REITs 投资项目领域。在以往的研究中,ESG 评价主要集中在企业层面,而针对投资项目尤其是基础设施 REITs 项目的探讨相对缺乏。本研究开创性地将 ESG 评价从企业层面扩展至基础设施 REITs 项目层面,为填补该领域研究的空白提供了新的途径。通过针对基础设施 REITs 项目的 ESG 评价,本书为促进项目的可持续发展提供了新视角及方法工具。

二是构建了针对基础设施 REITs 项目的 ESG 评价框架。本书结合了国内外 ESG 评价体系的最新进展,考虑了中国基础设施 REITs 项目的特殊性,明确了基础设施 REITs 投资项目的 ESG 内涵,并提出一个围绕环境(E)、社会(S)和项目治理(G)三个维度的评价框架。该框架既为评估基础设施 REITs 项目的 ESG 表现提供了一种系统化手段,也为项目管理者与投资者提供了指导和参考。

三是提出了基于层次分析法与模糊综合评价法的 ESG 评价方法论。本研究采用层次分析法来确定评价指标权重,运用模糊评价方法对各项指标进行打分,然后计算得出指数及其对应的综合评价结果,并运用实际案例进行演练,形成了一套操作性较强的 ESG 评价方法。通过所构建的 ESG 评价框架的实证测试,验证了其在不同类型基础设施 REITs 项目中的有效性和适用性,证明了评价框架和方法论的实践可行性,并为未来研究提供了宝贵经验。

总而言之,本书在理论上拓展了 ESG 评估在基础设施 REITs 投资项目中的应用,丰富了项目评价的理论内涵并为推动基础设施 REITs 项目的可持续发展、促进中国 ESG 评估体系建设和基础设施的高质量发展提供了新的研究视角和实践路径。

第二章

核 心 概 念

第一节 ESG 理念

ESG 理念,即环境(environmental)、社会(social)和治理(governance)的综合考量,已在现代企业管理和投资决策中扮演着越来越重要的角色。这一理念被广泛应用于公司治理、资产管理、项目评估等多个领域,其中尤以投资领域最为突出。当前,投资者正积极推动 ESG 研究,将其视为评估企业长期价值和可持续发展能力的重要指标。

一、ESG 理念源于可持续发展理念

可持续发展思想可追溯至中国古代的"天人合一"理念,强调人与自然的和谐共生。现代可持续发展概念起源于环保问题,它的提出最早可以追溯到 1972 年召开的斯德哥尔摩世界环境大会。为了应对日益严重的环境和经济问题,探寻破解之道,联合国于 1983 年 12 月成立了世界环境与发展委员会(World Commission on Environment and Development, WCED)。WCED 于 1987 年发布了《我们的共同未来》(亦称"布兰特报告"),报告一经发布,便在世界上产生了热烈反响,标志着可持续发展理论正式诞生。WCED 在报告中将可持续发展定义为"满足当代人的需要而又不对后代人满足其需要的能力构成危害的发展"。可以看出,WCED 是从代际公平(intergenerational equity)的角度对可持续发展进行定义的。随后,经济学家皮尔斯(Pearce)等提出了关于资本存量的三个原则,科斯坦扎(Costanza)等则强调了生态系统承载力与人类福利的平衡。这些理论为 ESG 理念的形成奠定了坚实的基础。

WCED 的核心思想体现了包容性发展(inclusive development)的理念,要求统筹兼顾社会、经济和环境的可持续发展问题(图 2-1)。强调不得以环境保护为由无视经济增长,也不得以牺牲生态环境为代价片面追求经济增长,这样才能确保经济发展的活力。此外,高质量的经济增长应当是一种低碳、绿色的发展模式,评价经济发展质量的方法应当适当改变,把耗能、排放和污染等环境成本考虑在内。

WCED 的主张得到联合国、世界银行、欧盟等国际组织和大多数联合国成员国的广泛认可,成为可持续发展理论的重要基石。得益于 WCED 和其他国际组织的研究成果,联合国于 2015 年 9 月在纽约总部召开了可持续发展峰会,193 个成员在峰会上通过了《联合国

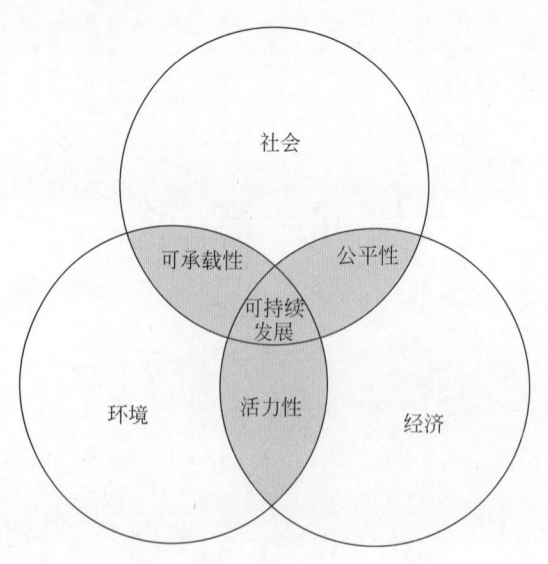

图 2-1　可持续发展理念兼顾社会、环境和经济要求

2030年可持续发展议程》,提出了旨在指导各成员解决2015—2030年环境、社会和经济问题的17个可持续发展目标(sustainable development goals,SDGs),如图2-2所示。

图 2-2　联合国可持续发展目标

ESG评价体系是可持续发展理论在企业层面的具体应用,它将抽象的可持续发展理念转化为可操作的评估指标。纵观不同国际组织提出的ESG信息披露框架、指引和准则,它们在设计思路上汲取了可持续发展理论的思想精髓。在全球报告倡议组织(GRI)的四模块准则体系中,经济议题、环境议题和社会议题等三大模块,在设计理念上与社会、经济与环境三位一体的可持续发展思想一脉相承。在可持续发展会计准则委员会(SASB)的五个维度报告框架中,环境保护、社会资本和人力资本等三个维度的17个指标中有11个指标蕴含着社会和环境可持续发展的理念。可见,不同的国际组织和评级机构,都基于可持续发展理论构建了各具特色的ESG评价体系,致力于全面评估企业的可持续发展能力。

二、ESG 理念革新投资理念

ESG 理念及其相关的社会责任投资、可持续投资、影响力投资等概念,正在颠覆传统的投资理念。这一变革将投资目标从单一的财务绩效扩展到包含非财务绩效在内的多重目标。研究表明,ESG 因素对投资组合的绩效表现有着关键影响。尽管对 ESG 与财务绩效关系的研究结果存在分歧,但越来越多的证据支持 ESG 对企业长期价值创造的积极作用。目前,ESG 理念被使用最频繁的领域是投资领域,投资者也是当前对 ESG 研究最积极的推动者。ESG 理念及其相关的社会责任投资、可持续投资、影响力投资理念,都是对长期占据主流地位的投资理念的扬弃,是一场从以财务绩效为单一投资目标,到以非财务绩效与财务绩效相结合为多重投资目标的颠覆性变革。在"价值"的概念中,这场变革加入环境、社会和公司治理(ESG)因素,并认为它们对于投资组合的绩效表现有着关键性影响。现有研究指出,ESG 对于企业财务绩效的正面影响是稳定的(Friede et al.,2015;Auer et al.,2016),ESG 披露发挥着至关重要的调节作用(Fatemi et al.,2018);也有研究提出了反对意见,表明 ESG 评级与投资回报率之间并未存在显著的差异(Halbritter et al.,2015);还有研究区分了不同投资策略下 ESG 表现与投资回报之间的关系,分析了投资者使用 ESG 投资的动机。

作为经济体的微观单元,项目的可持续发展直接关系到整个社会的可持续发展。从微观单位来看,企业社会责任理论是最早跟 ESG 理念兴起直接相关的理论。该理论探讨了企业在追求经济利益的同时,应当承担的社会责任和义务。企业社会责任理论的雏形可以追溯到 20 世纪 20 年代。当时,一些学者开始关注企业在谋求利润最大化过程中的道德问题(Berle,1931)。学界对企业社会责任理论的内涵有着不同理解。一种观点认为企业社会责任理论是企业对股东之外的利益相关方所承担的责任,如保护环境、维护员工权益、参与社区建设等(Jones,1980;McGuire et al.,1988)。另一种观点则强调企业社会责任理论是企业的自愿行为,是出于道德驱动而非法律强制(Matten et al.,2008)。还有学者从更广泛的视角看待企业社会责任理论,认为它涵盖了企业的社会、环境和经济责任。尽管观点各异,但学者普遍认为企业社会责任理论是企业积极回应利益相关方诉求,并将社会和环境因素纳入决策过程的管理理念。因此,企业社会责任理论也被认为是 ESG 发展的基础,ESG 报告是对企业履行社会责任的更高要求。

学者从不同理论视角,对于企业承担社会责任的动因进行了解释。基于利益相关者理论,企业履行社会责任是为了获得利益相关方的支持,从而获取关键资源、应对外部压力。基于资源依赖理论,履行社会责任有助于企业获取社会资本,增强企业声誉,提升竞争优势。基于制度理论,企业通过履行社会责任来获得社会认同,以此提高合法性。此外,一些学者强调伦理在推动企业履行社会责任中的重要作用(Carroll,2016)。而企业通过战略性地投资于所在社区,可以创造共享价值,实现企业和社会的双赢,从而履行社会责任(Porter et al.,2006)。

关于企业社会责任的环境、社会和治理三方面内涵界定研究已非常丰富。例如,在我国政策文件中,1979 年,《中华人民共和国环境保护法(试行)》第五条要求,"一切企业、事业单位的选址、设计、建设和生产,都必须充分注意防止对环境的污染和破坏"。2014 年,《中华人民共和国环境保护法》修订,规定了"保护环境是国家的基本国策""企业事业单位和其他生产经营者应当防止、减少环境污染和生态破坏,对所造成的损害依法承担责任",确立了环境责任的法律地位,即政府、各经营单位、个体均负有环境责任。现有文献也对环境责任的概念内涵作了界定,如表 2-1 所示。

表 2-1 环境责任的概念界定

层次	概念界定	文献来源
企业	企业为了减少对生态环境的影响(主要是环境污染),改变产品、管理、企业行为规范的行为,即伦理约束作用于企业产生的生产和管理自律行为	Bansal 等(2000)
企业	企业减少生产经营过程中的废弃物和碳排放,并实现资源利用率和生产力的最优化	Mazurkiewicz(2004)
政府	领导干部在使用国家资金或相关经济活动中,所有能对生态环境产生影响的政府行为	牛鸿斌等(2011)

落到 ESG 的社会责任层面,是否符合社会规范,能否满足大众需求,对实现人的全面发展有益与否,就是衡量社会责任履行程度和效果的根本标准。国际标准化组织 2010 年发布的 ISO26000《社会责任指南》中,认为企业履行社会责任的行为包括促进社会可持续发展、关注包括社会福利在内的安全健康和福利、尊重法律法规、考虑其他利益相关者需求等(孙中瑞等,2012)。对于社会责任的定义,不同学者、研究机构尚未达成一致,如表 2-2 所示。

表 2-2 社会责任的概念界定

概念界定	文献来源
道德和慈善责任是企业社会责任的核心,企业承担社会责任应当为改善社会福利做出贡献	Andrews(2003)
强调企业不仅对股东负责,还对员工、消费者、社区、自然环境等各利益相关者负有社会责任	金立印(2006)
企业在对股东承担经济责任的同时,还基于一套制度安排对政府、债权人和环境等负有法律或道德责任	张兆国等(2012)

治理是一种由共同的目标支持的活动,通过协商、合作处理公共事务,实施这些活动的主体可以包括政府、社会组织、私人机构、企业、项目等。在不同对象视角下,治理的概念和内涵有所差异,如表 2-3 所示。

表 2-3 治理责任的内涵识别

对象	内涵	文献来源
公司	用以协调公司和利益相关者关系的一种制度安排,包括正式的或非正式的、内部或外部的,其有助于实现决策的科学化,从而保证各利益相关者的利益最大化	李维安(2009)
项目	项目治理是一种制度框架,用以解决项目中的交易冲突,形成良好秩序	Turner(2000)
项目	项目治理以建立和维护不同利益相关方的规制关系为目标,通过这些规制关系提高制定项目目标、过程风险控制、绩效管理等项目工作的效率和可靠性	丁荣贵等(2013)

第二节　ESG 整合

现如今，在谈论 ESG 时，经常使用"ESG 整合"一词，它是英文词组"ESG integration"的中文翻译。PRI 将 ESG 整合定义为"将 ESG 问题明确、系统地纳入投资分析和投资决策中"。换句话说，ESG 整合就是在投资分析和投资决策中分析所有实质性因素，包括环境、社会和治理（ESG）因素，它是 ESG 理念在实际投资活动中的映射和具体表现。

这意味着领先的实践者是：分析财务信息和 ESG 信息；识别重要的财务因素和 ESG 因素；评估重大财务因素和 ESG 因素对经济、国家、行业和公司业绩的潜在影响；作出投资决策时考虑所有重要因素，包括 ESG 因素。根据黑石的官方网站报道，他们认为最重要的一点是，为了执行 ESG 整合技术，需要一定程度上牺牲投资组合的回报。

ESG 整合的一个关键要素是降低风险/产生回报。许多投资者已将 ESG 因素作为发现和尝试规避单个公司或行业风险的另一种方式。从业者还可以使用 ESG 数据寻找投资机会。例如，一些从业者分析汽车公司，了解它们如何应对汽车电气化趋势，并将这一评估纳入其收入预测。另一个例子是从业者投资 ESG 管理强大的公司，这些公司从长远来看可能会表现出色。实质性 ESG 整合的另一个关键要素是重要性。ESG 整合仅涉及整合被认为极有可能影响公司业绩和投资业绩的重大 ESG 问题：如果 ESG 问题被视为重要问题，则会对其影响进行评估；如果分析后发现 ESG 问题并不重要，则不会进行评估。重要性评估需要了解影响特定国家或行业的重大 ESG 问题。从业者从各种来源（公司报告、文件、互联网、ESG 研究提供商等）收集 ESG 信息，以确定每个公司或行业最重要的 ESG 问题。然后，他们参考和评估每项投资的重大 ESG 问题清单，定期审查清单以了解重大 ESG 问题的变化。

从理论层面来看，ESG 整合包含三个环环相扣、相互促进的环节：ESG 信息披露、ESG 绩效评级和 ESG 投资实践（操群 等，2019）。而根据当前国际实践情况，ESG 整合是一个全面的过程，涵盖了三个主要环节，即信息披露（disclosure）、评价评级（evaluation and rating）、投资融资（investment and financing）。①信息披露是指企业或投资机构在政府强制要求下或按照企业自愿公开与 ESG 相关的企业经营信息或者投资信息（徐雪高 等，2022）。ESG 信息是 ESG 评级必不可少的原材料，是开展 ESG 投资的基础。②评价评级是指评级机构或者数据公司对企业 ESG 信息进行分类、量化、整合，并且按照一定的指标体系对企业 ESG 绩效进行打分的过程。ESG 评级帮助投资者判断公司的 ESG 绩效，是 ESG 投资的中间环节（Berg et al.，2022）。③投资融资：这里是指狭义的 ESG 投资，特指投资者在进行投资决策时，根据企业的 ESG 绩效表现和评级机构对企业的 ESG 评级打分进行投资活动的行为。ESG 投资是最终目的也是手段之一，其对企业具有引导激励作用，激励企业提升 ESG 绩效表现从而降低融资成本（邱牧远 等，2019）。以上三个环节形成了从信息披露到绩效评级再到投资引导的正向循环（李井林 等，2021），从而促进 ESG 投资体系的不断发展。ESG 投融资活动体系如图 2-3 所示。

从实践层面来看，ESG 整合所涉及的是一个更加复杂的投资生态系统，在投资体系的

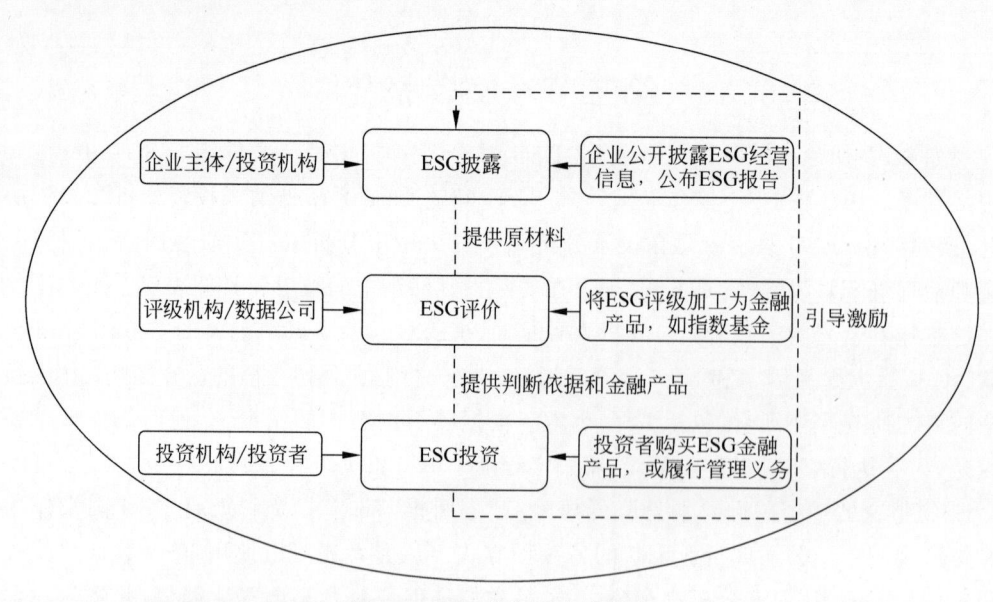

图 2-3　ESG 整合活动示意图

基础上包含更多元的行为主体,具体包含以下八类(俞建拖 等,2021;Gillan et al.,2021;O'Leary et al.,2020)。①投资者:包含资产所有者及资产管理机构,通过 ESG 信息进行企业评估并且进行投资。②实体企业:一方面通过经营活动、技术创新、优化治理,创造 ESG 效益;另一方面通过披露 ESG 与财务信息供投资者评估,为投资者提供投资回报。③各国政府:制定 ESG 政策法规,激发主体参与积极性,推动金融基础设施建设。对于投资者通过政策法规引导资金流向,对于实体企业通过奖惩机制激发企业可持续发展的活力。④国际组织、非政府组织:促成 ESG 国际准则和政府间倡议的形成,推动 ESG 理念在全球的推广和普及。⑤交易所与金融机构:提供交易平台与金融产品。⑥金融产品认证机构:提供 ESG 产品标准及认证。⑦ESG 服务机构:提供评级、咨询与信息服务,构建 ESG 指标体系并进行计算,常见的指标设置如表 2-4 所示。⑧披露标准组织:提供 ESG 信息披露的通行标准,目前主流的 ESG 信息披露标准如表 2-5 所示。

表 2-4　常见的 ESG 指标设置

	环境(E)	社会(S)	治理(G)
具体内容	环境污染 清洁制造 绿色建筑 可再生能源 温室气体排放 能源效率 水资源管理 土地资源管理 生态多样性	社区关系 供应链劳工标准 人力资本发展 员工福利与关系 工作环境 多元化与包容性 慈善活动 产品安全与包容性 数据安全与隐私	贪污腐败 风险与危机管理 治理结构 贿赂与欺诈 股东权益保护 薪酬制度 税务 反垄断行为 商业道德

注:结合俞建拖等(2021)的资料整理。

表 2-5 主流的 ESG 信息披露标准

名　称	开　发　者
GRI 标准	全球可持续标准委员会
ISO26000 标准	国际标准化组织
SASB 标准	可持续会计准则委员会
TCFD 标准	全球金融稳定理事会
UNGC 标准	联合国全球契约组织
CDP 标准	碳排放信息披露项目
CDSB 标准	气候披露标准委员会
IIRC 标准	国际综合报告委员会

注：结合俞建拖 等(2021)的资料整理。

一、ESG 信息披露

ESG 信息披露标准是用于开展 ESG 评价评级和投资的基础依据。目前，全球超过 30 个经济体对企业 ESG 信息披露提出要求，包括欧洲、美国、日本、新加坡、南非、巴西、加拿大、印度等。各国逐步从"鼓励自愿性披露"向"不遵守即解释"的半强制，甚至完全强制性信息披露过渡。

- 美国证券交易委员会颁布的《92 财务告示》，要求上市公司及时、准确地披露现存或潜在的环境责任，对于不按要求披露或披露信息严重虚假的公司，将处以 50 万美元以上的罚款并通过新闻媒体进行曝光。
- 伦敦证券交易所要求上市公司不仅披露定性的环境治理情况，还要披露定量的碳排放指标。
- 澳大利亚证券交易所对上市公司的公司治理原则中是否考虑了可持续性因素，采取"不遵守就解释"的要求。
- 巴西证券期货交易所和马来西亚股票交易所则要求不发布可持续性报告的上市公司给出解释。
- 印度证券交易所和孟买证券交易所对市值最大 100 家上市公司在其社会责任报告中要求强制披露 ESG 信息，其他上市公司可以自愿发布。
- 我国大陆地区和香港地区也都有相应的 ESG 信息披露指南发布并在持续更新。

此外，许多国际组织也发布了大量 ESG 信息披露相关的框架、指引和标准，如表 2-6 所示。

表 2-6 国际组织发布的 ESG 信息披露框架、指引和标准

机构或组织	文件或标准	发布/修订时间	主要内容和宗旨
联合国责任投资原则机构(UN PRI)	联合国《责任投资原则》(UN PRI)	2006	首次提出 ESG 理念和评价体系，帮助投资者作投资决策时遵循 ESG 议题的相关标准，鼓励企业在经营过程中遵循并践行 ESG 要求，创造企业长期价值
联合国环境规划署金融行动机构(UNEP FI)			
联合国全球合约机构(UN GC)			

续表

机构或组织	文件或标准	发布/修订时间	主要内容和宗旨
国际标准化组织(ISO)	ISO26000《社会责任指南》	2010	首次将社会责任纳入企业标准,为组织履行社会责任提供指导原则
全球报告倡议组织(GRI)	GRI标准	2018	为企业可持续发展报告的披露内容和形式提供一套标准体系
经济合作与发展组织(OECD)	OECD《国有企业公司治理指引》	2015	为各国评估和改进本国公司治理法律制度和监管框架提供原则性指导
可持续发展会计准则委员会(SASB)	相关会计准则	2018	针对特定行业代表性企业的可持续问题造成的财务状况提供针对性指导,帮助企业实现长期的价值创造,帮助投资者作出明智的投资决策

联合国《责任投资原则》(principles for responsible investment,PRI)和全球报告倡议组织(GRI)的《可持续发展报告标准》(GRI standards,GRI 标准)是全球范围内使用较广的 ESG 信息披露框架。以 GRI 标准为例,1997 年,联合国环境规划署(UNEP)和美国非营利环境经济组织(CERES)共同发起成立了 GRI,历经多年的修订和完善,于 2016 年发布了最新版 GRI 标准,以取代之前的 GRI 指南 4.0 版本。GRI 标准由相对独立但又相互关联的四大维度组成,涵盖 36 项准则,细分为通用准则(universal standards)和具体议题准则(topic-specific standards)两个层次,如图 2-4 所示。

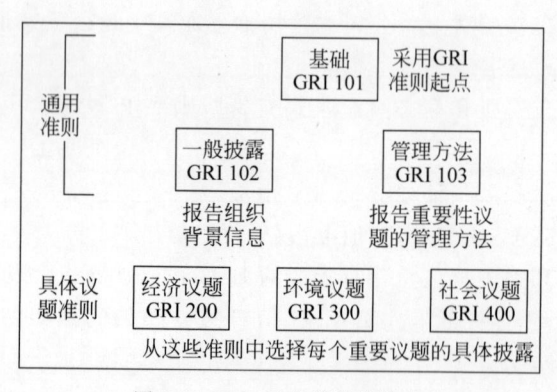

图 2-4 GRI 标准的模块构成

通用准则包含"GRI 101 基础""GRI 102 一般披露""GRI 103 管理方法"三个模块,具体议题准则包含"GRI 200 经济议题披露""GRI 300 环境议题披露"与"GRI 400 社会议题披露"三个模块。在 GRI 准则体系中,具体议题准则为企业报告其经营活动产生的经济影响、环境影响和社会影响提供了参照和遵循。

这些国际组织发布的 ESG 框架和指引等标准为企业在 ESG 信息披露方面提供了明确的指导,成为企业建立 ESG 体系的重要参考。但上述框架和指引也存在一些问题,如不同标准的制定机构间缺乏协调机制,导致不同标准各有侧重,这既加大了编制者的报告框架选择难度和成本,也导致不同的报告间缺乏一致性和可比性。同时,大部分标准为不同行业的通用标准导致与具体行业的结合度不足,难以反映行业差异和特色,对特定行业存在指标不适用或指标缺漏等情况。此外,现有标准大多偏重环境和社会两个维度,对治理维度关注不足,部分机构已意识到该问题并不断提升对治理维度的重视程度,例如,国际金融公司和亚洲开发银行都对治理维度有较明确的规定,但仍然缺乏系统性、完整性的框架体系。

二、ESG 评价评级

ESG 评价评级是 ESG 应用的第二个环节,由评级机构收集企业环境、社会、治理相关的绩效表现信息,并根据相应的评价方法,对企业的 ESG 表现进行评级。

从机构类型角度,ESG 评级相关的咨询机构可以分为投资服务机构、信用评级机构和专业研究机构三种类型。国际投资服务机构主要有明晟(MSCI)、汤森路透、富时罗素(FTSE Russell)、机构股东服务集团公司(ISS)、晨星及彭博社等。国内投资服务机构主要有商道融绿(美资)、润灵环球责任评级(安永子公司)等。国际信用评级机构主要有标普、穆迪和惠誉等。国内信用评级机构尚未涌现出有影响力的 ESG 评级机构,但是国内专业研究机构在 ESG 方面的影响力正逐渐形成,主要有中央财经大学绿色金融国际研究院、国务院发展研究中心金融研究所、社科院中国企业管理研究会企业社会责任与可持续发展专业委员会,北京融智企业社会责任研究院等。

按照所在地划分,国际评级机构主要位于欧洲和美国。其中,欧洲评级机构主要包括英国的富时罗素、惠誉(Fitch Ratings)、全球环境信息研究中心(CDP)和汤森路透(Thomson Reuters Corporation);德国的机构股东服务集团公司(ISS);瑞士的荷宝公司等。美国的评级机构主要包括明晟、标普全球、晨星等。

从整体上看,ESG 评价评级方法以综合打分为主。具体而言,评级机构首先收集企业自主披露以及第三方机构提供的各种定量和定性相结合的基础数据和信息;其次针对各项评价内容调研现有的行业"最佳实践",对比企业在各方面与"最佳实践"的差距并进行打分;最后对各项分值赋以权重,计算综合分值。由于不同机构对 ESG 指标应包含的具体内容、行业"最佳实践"以及分项权重的设定存在差异,ESG 评价评级方法没有统一标准。

1. 明晟

明晟的 ESG 评级基本遵循"行业归类、个股基本面分析、相对排序、综合评分、编制指数"的逻辑展开,根据短期、中期、长期的影响时间和重要性进行排序以确定各风险系数权重,同时逐步列出二级和三级指标,并对其风险管理能力及风险敞口进行量化评估得到各细项评分,最终加权得出综合评分。总体来看,在明晟的评级体系中,所有公司均需进行多达 90 余项的全面细致的公司治理评价,其中,公司治理这一方面对最终评估结果影响较大,是判断潜在风险的主要因素。

2. 汤森路透

汤森路透的 ESG 评级体系中包含了定量指标和可以转换得到量化得分的定性指标,同时还包括对公司争议项的最终评分。争议项包括对于人权、管理、劳动力、资源利用、产品责任、企业社区关系等 23 个指标的综合评价。

3. 富时罗素

富时罗素的评级体系只采用公开资料,在 ESG 评级体系基础上,还利用绿色收入和低碳经济(LCE)数据模型以评价和界定公司从绿色产品中产生的收入。该模型对公司绿色收入的评价和界定可以作为 ESG 评级体系的补充。

4. 道琼斯

道琼斯体系与上述三个体系较为不同,其采用 EES 评级体系,即从公司经济、环境和社会三方面进行评价,其他机构通常使用的公司治理则大部分被包含于公司经济中。

5. 中央财经大学绿色金融国际研究院

中央财经大学绿色金融国际研究院是国内首家以推动绿色金融发展为目标的开放型、国际化的研究院,其数据覆盖范围超过 4000 家中国公司。该研究院的 ESG 评价指标体系包含 3 个一级指标:环境(E)、社会(S)和公司治理(G),37 项二级指标以及近 300 项三级指标,能够从定性和定量两个层面全面考量企业 ESG 表现以及潜在的 ESG 风险。

6. 商道融绿

商道融绿是美国穆迪投资的绿色金融及责任投资服务机构,其 ESG 评级主要针对沪深 300 指数。商道融绿评价指标分为通用指标和行业特定指标。通用指标适用于所有上市公司,行业特定指标是指各行业特有的指标,只适用于特定行业分类的上市公司。

三、ESG 投资融资

国际上越来越多的投资机构采用 ESG 理念作为投资指导。以 2006 年发布的联合国《责任投资原则》(PRI)为例,截至 2021 年,全球已有 50 多个国家约 3826 家投资机构作为合作伙伴参与该协议。这些机构管理的资产总规模超过 120 万亿美元,包括多家国际知名投资机构和养老金机构,如图 2-5 所示。

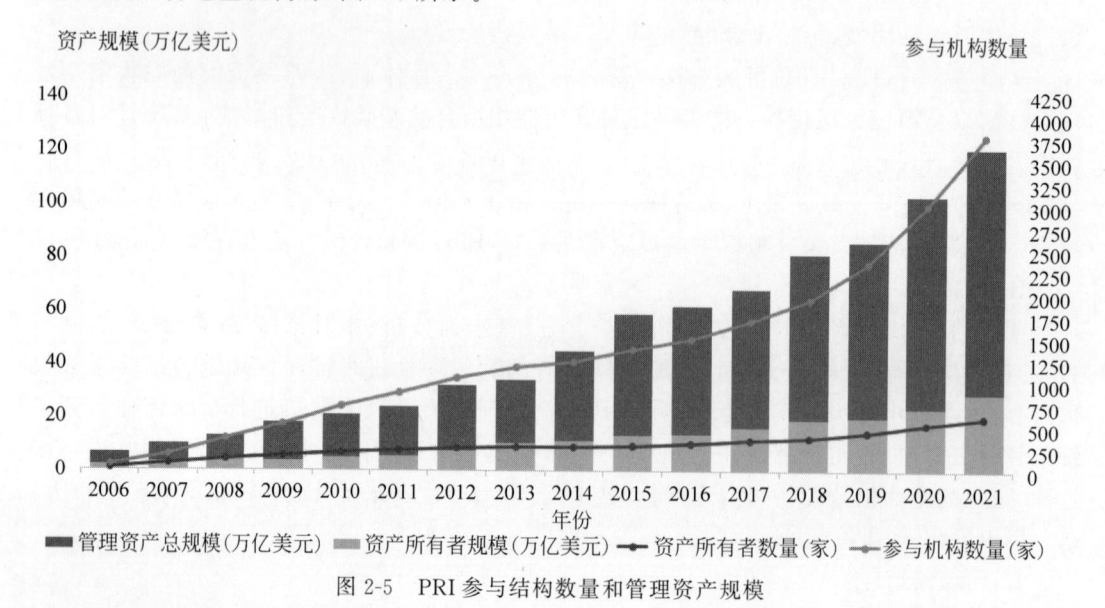

图 2-5 PRI 参与结构数量和管理资产规模

ESG 投资的本质是以风险评价换取长期收益。从应用角度看,投资者可通过两种方式来实践 ESG 投资,即主动投资和被动投资。在主动投资方面,可在自营组合中加入 ESG 因素，也可在选聘基金管理人的尽职调查过程中，加入ESG指标作为筛选条件；在被动投资方面，主要运用剔除法和指数优化投资。

1. 主动投资

ESG筛选是运用最为广泛的ESG主动投资策略。其中个股筛选包括ESG稳定性筛选、ESG趋势性筛选和行业筛选等多重因素。

ESG稳定性筛选是指选择ESG评级较高且近年来ESG评级未被下调，或公司始终属于某一ESG指数成分股，未出现被剔除的情况。ESG趋势性筛选是指选择ESG评级在当年获得提升，或在当年被纳入某一ESG指数的公司作为备选投资标的。ESG行业筛选是指对产业结构变动中风险较高的行业，在选择ESG公司时应进行规避。

2. 被动投资

被动投资应用较多的一个方式为剔除法，即剔除与自身使命或价值观不符的企业或产业。传统的风险投资模型和投资组合中很少能够考虑到ESG因素，这就导致投资人对企业ESG风险缺乏监督意识和管理措施。通过将ESG元素纳入到投资决策的流程中，将有效降低投资组合中极端风险事件发生的概率，以及在投资组合中排除"不道德"的企业。例如，2015年9月18日，美国环境保护署（EPA）指控德国大众汽车集团在所产车内安装非法软件，故意规避美国汽车尾气排放规定，从而面临超过240亿美元的罚金。这起事件对大众乃至汽车行业产生了较大影响，大众汽车股价连续两天暴跌20%，市值缩水约250亿欧元，首席执行官辞职；同时，欧洲与美国汽车制造商的股价也随之大跌。这起事件暴露了现金流折现等传统估值模型的缺陷，凸显了以ESG指标对目标公司进行监测、"排雷"和风险防范的重要性。

被动投资的另一个方法叫"ESG指数投资"。目前各大指数提供商均提供有ESG指数，市场中ESG指数产品种类众多。国际上典型的ESG指数产品有多米尼400社会指数、富时社会责任指数、道琼斯系列指数、罗素1000指数、明晟新兴市场ESG指数和明晟所有国家世界指数等。A股可供选择的ESG指数有上证公司治理指数、上证社会责任指数、中证财通中国可持续发展100指数、中证ECPI ESG可持续发展40指数、深证公司治理指数、深证责任指数、国证南方报业低碳50指数、上证180碳效率指数等。

第三节 ESG政策

一、ESG政策概念

ESG政策这一概念虽然已广泛使用，但学界尚未对其形成统一的定义。UN PRI对ESG政策的定义为"促进ESG投资于可持续金融发展的政策法规"。MSCI对ESG政策的定义是"涉及环境、社会与公司治理议题的监管法规"。本书试图给出ESG政策的概念界定：在广义上，ESG政策指公共部门为了促进ESG投资所采用一系列政策工具；在狭义上，ESG政策特指公共部门应用具体的ESG框架的政策工具。

ESG政策有如下三方面属性：

第一，从政策主体来看，包含立法机关、行政机关（尤其是金融监管部门）、行业自律机构三类。立法机关通过制定具有法律效力的政策实现强制性较高的规范。行政机关可以使用较多元的手段，既可以利用税收、补贴、信贷等工具激励市场主体，又可以通过规章、调查、监管对市场主体施加惩罚。金融监管部门则可以利用专业知识,通过建设信息平台,释放政策信号引导市场风向,提供技术指引和标准设定,提供给企业合规的辅助工具等。行业自律机构也可以通过多种手段施加影响。

第二,从政策目标群体来看,主要包含实体企业和投资者两类群体。在实体企业中,有的指明面向所有上市公司,有的指明面向员工超过 300 人的公司,有的指明面向特定行业(如新能源、汽车、建筑、物流、木材、矿产、石化等)的实体企业。在投资者中,有的指明面向资产管理公司,有的指明面向养老或退休基金,有的指明面向共同基金,有的针对银行业、保险业,有的针对具有某一特性的金融产品(如绿色债券、绿色信贷、绿色信托等)。

第三,从政策工具类型来看,可使用的工具类型十分丰富。根据强制性程度,ESG 政策既可以使用强制型工具,如温室气体、污染物和公司内部治理信息的强制披露;也可使用自愿型工具,如涉及产业发展、信贷投资的指引和指南;还可以使用混合型工具,如设立强制性程度阶梯式上升的行动计划、增加政府采购的可持续性等。ESG 政策工具的选择范围十分广泛,组合使用也十分灵活。在近两年的发展中,具有创新性的 ESG 政策工具层出不穷,可以预见在未来的发展中还将有更多新形态不断涌现。

本研究使用广义的 ESG 政策概念,这一概念有以下三方面内涵。①元素维度:既包含单因素也包含多因素,在统计时,不要求 ESG 整体纳入相关政策,只要关键要素纳入,也视为 ESG 政策。②时间维度:既包含 ESG 概念出现之后也包含 ESG 概念出现之前的有关政策。③主体维度:既包含政府部门颁布的政策,也包含半官方机构或者行业协会颁布的自律条例。

二、ESG 政策模式

政策模式是政策主体行为的一般方式。一旦政策主体的行为呈现出某一规律性的特点,则可以将其归纳为一种政策模式。政策模式的内涵包含以下几点:①政策模式是政策主体行为的表现形式而并非造成这一表现形式的根本原因。形成政策模式的根本原因可能是多种多样的,不能用模式替代原因。②政策模式是政策主体行为规律的抽象概括而并非经验事实。抽象概括是对经验事实的提炼与升华,政策模式必然省略了政策主体行为的诸多细节,但是凸显出了政策主体行为的规律性特质。③政策模式对政策主体行为具有预测性作用。正因为在过去政策主体行为呈现出某种规律,在其他条件不变的情况下,有理由相信在未来政策主体行为仍将符合这种规律。因此加深对于政策模式的认识,有助于对政策主体行为进行预测。

学术中经常使用"政策模式"这一概念,它既可以用地区来冠名,以描述某一地理区域内呈现出的规律性的政策行为,比如"北美模式""东亚模式""欧洲模式";也可以用政策行为的规律性特点冠名,以凸显出不同模式之间政策行为规律的差异,比如"政府主导模式"与"市场主导模式"等。

ESG 政策模式是指政府在 ESG 政策实践中形成的具有固定特征的政策集合。ESG 政策模式的内涵包含以下几点:①ESG 政策模式是 ESG 政策主体行为的表现形式而非根本原因,在 ESG 政策模式的研究中,不能以模式本身的归纳替代形成机制的研究,因此本书在模式归纳的基础上,进一步探究了形成机制,这是目前的研究中鲜有人关注和涉及的部分。②ESG 政策模式是 ESG 政策主体行为的抽象概括而非经验事实。本书在对 ESG 政策模式进行归纳时也省略了诸多细节,但意在凸显ESG政策行为的规律性特质,同时通过案例研究的方法进行深入剖析,还原经验事实当中的细节,以便挖掘出背后的形成机制。③ESG政策模式对未来的ESG政策行为具有预测性作用。ESG政策主体的行为规律在今后依然具有稳定性,这意味着加深对于ESG政策模式的认识,有助于我们对ESG政策主体的行为进行预测,同时也能够在此基础上更好地讨论不同ESG政策模式之间的差异。

三、ESG政策研究回溯

2004年后,国际组织和投资界首先组织力量投入ESG政策研究,并在很长一段时间内扮演着ESG研究的主力军角色,它们通常将目光聚焦在描述ESG市场的基本情况、梳理ESG监管政策法规和研制ESG量化指标体系上。这些描述性的研究,为我们全面了解ESG投资实践提供了丰富的素材。主要内容包括:①根据国别进行整合,即对世界主要地区资本市场的ESG政策法规进行梳理汇总,如UN PRI编写的《影响法律框架》汇总了11个司法管辖区的监管机构对ESG投资的观点。②根据政策分类进行整合,即按照一定的划分标准对ESG政策法规进行分类标签,如强制性程度、政治主体性质、目标群体性质、政策工具性质等。

2007年后,少数学者敏锐地感知到了ESG研究的现实需要,最早将ESG引入学术领域。因此,ESG早期学术研究往往从公司管理的视角出发,与企业管理的学科理论联系密切,逐步形成了ESG研究的管理学派。研究主题主要有:①ESG信息披露政策与企业价值之间的关系(Brooks et al.,2018;Fatemi et al.,2018)。②外部政策因素与企业ESG绩效之间的关系,发现政治制度、法律框架、劳动失业率等因素会显著影响企业的ESG信息披露水平(Baldini et al.,2018)。还有研究探讨了国家政策环境可持续性与企业ESG表现之间的关系。比如,一个国家的ESG表现与企业ESG信用风险具有显著负相关关系。

2019年后,国外ESG研究驶入快车道。这主要得益于ESG在投资界受到热捧,一些国家和地区的ESG投资市场已经发展至较为成熟的阶段,也引起了监管部门的关注,因而出现了金融学派与监管学派。典型的研究主题包括:①金融产品投资回报率与ESG监管风险之间的关系。有研究显示,机构投资者认为气候变化的监管风险会对投资组合的经济效益产生影响(Krueger et al.,2020)。再如,受托人ESG投资的法律与经济风险。②ESG政策的监管效果。比如研究不同地域监管差异与ESG绩效之间的关系。有研究显示,国际地域多元化对企业ESG绩效与企业财务绩效之间的关系具有缓和作用(Duque-grisales et al.,2021)。再如,对单项重要ESG政策市场效果的评估,有研究调查了罗马尼亚上市公司在实施欧洲指令前后的披露水平差异。

国内ESG研究自2016年起步,2021年后进入快速发展阶段。这与国际投资者进军中国市场、"双碳目标"的设立、政府监管的推动不无关系。主要研究问题基本与国外一致,值得关注的是国内部分ESG研究呈现出中国特色:①ESG与可持续金融体系构建之间的关系,主要探讨中国如何构建绿色金融体系(操群 等,2019)。②中国特色因素与ESG绩效之间的关系,如地方政府债务对ESG绩效的影响(张曾莲 等,2022)、ESG投资对银行流动性创造的影响(宋科 等,2022)等。③地方政府ESG评级体系的构建,主要为地方政府经济和财政数据的现状设置ESG评级体系(司孟慧 等,2022)。同时,国内在2021年后也出现了一些代表作品,如:社会价值投资联盟(CASVI)的《国际ESG投资政策法规与实践》,归纳总结了ESG主流化的政策路径（俞建拖 等，2021）；中国ESG研究院的《ESG理论与实践》，总结了企业外部的ESG政策法规因素对企业财务的影响（王大地，2021）。

四、ESG政策分类研究

ESG政策分类是ESG政策研究中的核心问题之一，现有研究对此有一定的讨论。经济合作与发展组织（OECD）在2020年发布的《ESG投资：实践、过程和挑战》（*ESG Investing: Practices, Progress and Challenges*）报告提出了分类法、公司和金融部门发行人的ESG信息披露、ESG基金产品的信息披露、评级机构和基准机构的ESG信息披露的四类政策工具分类法。OECD的分类方法主要为信息披露类ESG政策建立了一个有效的分类框架，如表2-7所示。

表2-7　OECD的ESG政策分类

类型名称	内涵
分类法	统一ESG披露标准的分类系统
公司和金融部门发行人的ESG信息披露	企业与发行人如何履行ESG经营信息披露
ESG基金产品的信息披露	ESG基金产品如何体现ESG因素的披露
评级机构和基准机构的ESG信息披露	评级机构和基准机构ESG评级方法的披露

联合国责任投资联盟（UN PRI）在其公布的"政策与监管工具包"（ESG policy and regulation toolkit）中提出了企业ESG信息披露、尽责管理守则、投资者ESG监管、可持续分类方法、国家可持续金融战略五类政策的框架。PRI的政策工具分类，不仅涵盖了多种ESG工具类型，而且创新性地提出了国家可持续金融战略，将国家战略层面的ESG政策纳入考量，是对ESG政策内涵的一次重要扩展，如表2-8所示。

表2-8　PRI的ESG政策分类

类型名称	内涵
企业ESG信息披露	通过界定发行人针对关键ESG问题的公司战略、运营和绩效，定期公布当前和前瞻性数据及分析的义务
尽责管理守则	尽责管理，又称积极所有权，指机构投资者利用自身影响力，将整体长期价值最大化
投资者ESG监管	要求投资者（特别是资产所有者）将ESG问题整合进投资决策并向受益人以及其他利益相关方披露的措施
可持续分类法	一种分类体系，帮助投资者了解某一经济活动在环境和社会层面是否具有可持续性，并引导向低碳经济的转型
国家可持续金融战略	通过保持经济和金融目标与《巴黎协定》及SDG的一致性，确保金融业为可持续、包容性增长目标提供支持

随着政策创新的实践不断发展，ESG政策"工具箱"亦在不断动态变化中。中国发展研究基金会与社会价值投资联盟在2021年联合出版的《国际ESG投资政策法规与实践》中提出了六种政策主流化路径，分别是战略融合、政府引投、财税激励、标准指引、信息披露、能力建设（俞建拖 等，2021）。该方式对最新颁布的ESG政策工具进行了补充概括，并且融入了政策工具分类的理论性阐释，具有较强的借鉴意义，如表2-9所示。

表 2-9　CASVI 的 ESG 政策分类

工具名称	内涵
战略融合	将 ESG 纳入国家可持续发展目标和战略
政府引投	引导公共资金投向可持续发展领域
财税激励	鼓励社会资本开展 ESG 投资实践
标准指引	制定环境社会治理评估认证标准
信息披露	促进 ESG 生态体系信息流通
能力建设	多途径培育 ESG 市场

总体而言，现存 ESG 政策分类方法实现了实践层面的总结，但最大的问题在于缺乏理论的统合。本书将在第五章展示各国 ESG 政策体系的比较与分类研究，试图从公共政策理论的视角将 ESG 政策研究推向更加结构化和专业化。

第四节　ESG 评估

随着 ESG 投资理念的日渐兴盛，实践层面对 ESG 评估的需求日渐凸显，特别是金融机构逐渐将其作为信贷业务的重要参照依据。ESG 评估是一个较新的概念，主要用于评价企业在环境（environmental）、社会（social）和公司治理（governance）三方面的表现，它是一种衡量企业可持续发展能力和社会责任表现的综合评估方法，考察企业在环境保护、社会影响和公司治理等非财务因素方面的表现。开展 ESG 评估的目的主要是为投资者提供更加全面的企业评估信息，帮助企业识别和管理可持续发展风险和机遇，也推动企业承担更多社会责任，促进其可持续发展。

早期，将 ESG 评价作为投融资业务准则的依据主要来自道德规范层面。目前，越来越多实证文献给出了企业环境（E）、社会（S）、治理（G）表现与企业绩效之间积极的相关性证据（Orlitzky et al., 2003），约有 90% 的研究结果表明企业 ESG 表现与企业绩效之间呈非负关系（Friede et al., 2015）。在丰富的实证证据之下，ESG 评价逐渐深入到企业实实在在的绩效表现层面，实务界和学术界都开始认同积极的 ESG 表现确实能对企业绩效产生积极影响。这又反过来进一步推动 ESG 评价研究的发展。

在实践中，ESG 评估通常采用定量和定性相结合的方法，使用各种指标和标准来衡量企业在 ESG 各方面的表现。ESG 评估正日益成为企业价值评估和投资决策的重要依据，在全球范围内的关注度不断提高。但 ESG 评估仍面临标准化、数据可靠性、跨行业可比性等挑战。当前，ESG 评估主要分为主体、客体、本体三方面。

一、ESG 评估主体

评级机构存在 ESG 评级分歧的成因和影响分析。ESG 评级为投资者提供了更多信息，有助于缓解信息不对称，但 ESG 评级分歧却可能误导市场参与者，进而影响投资决策和市场回报。一些研究在探讨 ESG 评级的分歧成因。Berg 等（2022）对比了 6 家国际评级机构的数据，识别出三方面差异：E/S/G 的数量或范围不同、E/S/G 的衡量方式不同、E/S/G 的权重不同，进而通过实证发现范围和衡量方式的差异是产生分歧的主要原因，而权重差异不太重要。Christensen 等（2021）则检验了 ESG 信息披露对 ESG 分歧的影响，发现 ESG

信息披露越多，ESG 评级分歧越大，而且 ESG 表现极端（非常差或非常好）的 ESG 评级分歧更大。还有一些研究在探讨 ESG 评级分歧带来的影响。一方面，ESG 评级分歧会增大资本资产定价模型（CAPM）中的 α 和 β 系数，影响风险收益权衡和融资成本；另一方面，ESG 评级反映出市场对未来收益的预期，但分歧会降低预测未来信息的准确性。上述研究表明，ESG 评级分歧不仅影响投资者判断，而且会对企业收益、融资成本等产生重大影响，因此统一 ESG 评级标准非常重要。

目前，国际上主要有三大组织参与 ESG 评价指引的编制，分别是国际标准化组织 ISO26000 社会责任指引、可持续发展会计准则委员会（SASB）的指引和全球报告倡议组织可持续发展报告指引。与此同时，国际上还有五家权威评级公司提供 ESG 评价业务，分别是明晟、道琼斯、汤森路透、富时罗素和晨星（Morning Star）。其中，明晟的 ESG 评价体系包含 10 个领域、37 个核心指标，道琼斯的 ESG 评价体系包含 6 个领域，汤森路透的 ESG 评价体系包含 10 个领域、178 个指标，富时罗素的 ESG 评价体系包含 120 个领域、300 个指标，晨星的 ESG 评价体系包含 6 个领域。

国内以金融机构为代表在积极开展 ESG 评价研究，自主建立 ESG 评价体系。国内机构开展 ESG 评价研究和实践的特点在于：一是充分借鉴吸收国际评级机构的经验，参照国际评级机构的方法论、模型和数据库来结合国内情况引入中国；二是依托客户数据优势建立庞大的数据库体系，来提高 ESG 评价识别的精准度；三是充分考虑中国国情和特色，突出环境因素在整个评价体系中的权重。国内各大机构在 ESG 评价中对环境方面的评价内容具有一致性，包括温室气体排放、环境政策、废物污染及管理政策、能源的使用与消费、自然资源的使用与管理政策、生物多样性以及环境保护合规性等，充分体现出注重环境保护的责任引导。

从国际上看，金融机构主要依赖第三方评级机构的 ESG 评价结果，独立开展 ESG 评级的金融机构还很少。就中国而言，由于经济发展阶段、经营理念和文化与西方发达国家存在差异，企业环境社会信息披露也严重不足，套用国际现有 ESG 评级体系和方法不能较好地识别中国企业在环境、社会与治理方面的表现。因此，中资金融机构有必要在借鉴国外先进经验的基础上，从自身投资决策需要出发，充分挖掘运用客户数据信息，建立符合中国实际的 ESG 评级体系，在有效防范环境与社会风险的同时，推进经济绿色转型（马骏，2015）。

二、ESG 评估客体

企业参与 ESG 评级的行为动机和"清洗"行为实证。企业为了获得融资会引发承担社会责任的协同效应，从而体现为积极主动参与 ESG 评级等实践。Raghunandan 等（2022）发现，ESG 评级分数与自愿性 ESG 披露数量相关，但与企业实际的合规行为记录或碳排放水平无关，而且 ESG 主题的基金财务表现反而比同一资产管理公司或同一年份的其他基金相比要差。拥有良好 ESG 评级表现，只是说明企业披露了更多信息的行为，但并未带来环境和财务绩效的提升。类似地，银行作为企业，也存在这种"清洗"行为，高 ESG 评级银行并未履行其社会职能，相较于 ESG 评级较低的银行，ESG 评级高的银行向贫困地区及弱势群体发放的贷款反而少。而且，ESG 评级高的公司虽然总体上污染少，但当它们为了营利目的时仍会选择增加污染，并利用其 ESG 评级高的良好声誉减少污染增加的负面影响。上述研究表明，企业参与ESG评级动机只是象征性的，并未落实利益相关者关注的ESG议题，存在"清洗"行为。因此，ESG评级不仅要考虑信息披露数量，还要重视ESG披露质量和ESG实践情况，以形成全过程ESG评级管理，提高ESG评级的准确性。

三、ESG评估本体

ESG评级指标体系和评价方法探讨。ESG评级本体的学术研究较为少见，主要是国际组织和评级机构的实务研究较为常见，具体分为ESG信息披露标准体系和ESG评级指标体系，两者既有联系也有区别。一方面，国际组织已经形成了若干经典的ESG信息披露体系，包括ISO26000、GRI、IIRC、SASB等；同时，第三方评级机构形成了各具特色的ESG评级指标体系，如国际上知名度较高的有明晟、汤森路透、富时罗素等，国内目前较为活跃的机构有商道融绿（美资）、润灵环球责任评级、中央财经大学绿色金融国际研究院等。另一方面，金融机构对融资项目ESG评级指标体系的依据是以赤道原则为基础的，该原则以国际金融公司（IFC）及世界银行（IBRD）的环境与社会标准为基础。除IFC、IBRD的环境社会标准外，亚洲基础设施投资银行（AIIB）也提出了环境-社会框架（ESF）用于基础设施项目评估以辅助投资决策。

第三章

全球实践

第一节 理念缘起

国际上有关 ESG 的发展可追溯至 20 世纪 70 年代。20 世纪六七十年代,为解决发达国家早期因"重经济轻环境"产生的环境问题,美国发起了规模空前的环境保护运动。这项环境保护运动催生了绿色证券投资基金,其中包含美国首只含有 ESG 内涵的基金。1997 年,美国的一个非政府组织对环境负责的经济体联盟(Coalition for Environmentally Responsible Economies,CERES)和联合国环境规划署(United Nations Environment Programme,UNEP)共同发起成立了全球报告倡议组织(Global Reporting Initiative,GRI),并发布了《可持续发展报告指南》。该指南涵盖了与可持续发展相关的经济冲击、环境冲击与社会冲击等条款。指南中提出的可持续发展报告编制标准和框架,为企业社会责任相关信息披露提供了标准和框架。这为 ESG 信息披露体系建立奠定了坚实基础。

2004 年,联合国全球契约组织(United Nations Global Compact,UNGC)在《关心者赢》(Who Cares Wins)报告中首次提出 ESG 理念,指出投资要将 ESG 要素纳入考量,包括分析和避免标的的 ESG 风险,挖掘和把握 ESG 相关机遇等方面。相较于传统的社会责任投资,它明确了 ESG 三大关键考察维度,便于投资者进一步构建投资框架和评估方法;同时,在投资组合构建与管理中,也不要求"强硬"地剔除部分行业和公司,而是让投资者以一种更加系统、灵活和"义利兼顾"的方式开展负责任的投资活动。同年,UNEP 发布《社会、环境和公司治理问题对股权定价的实质性影响》(The Materiality of Social, Environmental and Corporate Governance Issues to Equity Pricing),阐释 ESG 的重要性。

2005 年,UNEP 等组织联合出版《将环境、社会和治理问题纳入机构投资的法律框架》(A Legal Framework for the Integration of Environmental, Social and Governance Issues into Institutional Investment),正式提出 ESG 投资的定义。2006 年,联合国倡议发起的责任投资原则,首次将 ESG 理念纳入,倡导责任投资原则要将环境保护、社会责任和公司治理相结合,还提出 ESG 评价体系,旨在帮助投资者认识理解 ESG 理念和引导 ESG 投资战略、决策及实施。此后,ESG 快速发展,PRI 还提出了 ESG 评价体系,旨在帮助投资者认识理解 ESG 并指导其在投资战略、决策和行动中践行 ESG,越来越多机构签署 PRI,ESG 投资和实践实现快速发展。伴随各国对 ESG 投资重视程度不断加深,各国的 ESG 政策陆续出台并迅速形成体系。这些政策能够支持国家气候变化和可持续发展的目标，增强金融体系和经济的韧性和稳定性，提高市场效率以及国家作为投资目的地的吸引力。从各国的实践推进来看，2010年后，一些欧洲国家通过颁布针对大型企业ESG信息披露的政策文件，来推动本国非财务信息披露质量的改进。近十年来，这一趋势已从欧洲扩散到亚太、北美、非洲、中东等区域。

截至2019年年底，联合国数据显示，全球加入UNPRI的机构超2850家。这表明全球投资者对ESG关注度的不断提升。2020年，国际ESG资产屡破重要关口。全球交易所交易基金（ETF）中ESG标准的投资产品规模首次超过1000亿美元。与此同时，国际评级机构除了对上市公司股票进行ESG评级，也在债券投资领域掀起了ESG浪潮。

总体而言，ESG在国际上的发展以市场自发驱动和投资人需求为主。国际组织制定ESG信息披露标准，经过市场检验和投资需求反馈，推动标准不断完善。当前，企业ESG信息披露的强制要求已形成，即采取"不遵守即解释"原则，因此建立了良好的ESG投资制度环境。当前，国际上ESG投资理念已较为普遍，ESG市场也已相对成熟，配套法律及监管制度较为完善，信息披露、评级体系、指数编制、责任投资等方面的协调系统也已形成。这为ESG投资成为全球主流趋势奠定了良好的认识和制度基础。

第二节 信息披露

一、投资端

国际上已经形成了许多针对企业ESG信息披露的标准体系。其中，典型的ESG信息披露标准包括ISO26000、GRI、IIRC、SASB等。华泰证券发布的《海外ESG投资全景手册》研究报告指出，GRI是最早也是适用范围最广的ESG披露标准。毕马威发布的企业社会责任调查报告指出，欧洲企业普遍使用GRI的披露框架，而美国企业多以SASB标准进行一般性披露，并依据TCFD标准进行气候问题相关的披露。

根据国际标准化组织ISO、全球倡议组织GRI、美国可持续会计准则委员会SASB以及多家交易所发布的ESG投资指引，上市公司在经营中所考虑的ESG责任理念和内容包含多维度因素。这些因素包括：

（1）环境因素：碳及温室气体排放、废物污染及减排治理措施、能源消耗和节能措施、自然资源（特别是水资源）的使用和管理、环境合规性、生物多样性、绿色采购政策、技术创新等。

（2）社会因素：消费者保护、职业安全与健康、公益慈善、产品质量、供应链管理等。

（3）治理方面：公司治理、组织结构、反腐败、反垄断、风险管理、税收透明、经营合规性、商业道德行为、董事会独立性及多样性、投资者关系等。

需要指出的是，这些信息披露框架只是作为上市公司进行ESG信息披露内容的参考，上市公司可以按照行业特点、企业特色有选择地进行ESG信息披露。也就是说，除了规定强制披露的信息，上市公司在进行ESG信息披露时并不需要完全按照信息披露框架的要求进行信息披露，而是可以自主选择披露相关信息。

笔者梳理了GRI、ISO26000及SASB的信息披露框架内容，如表3-1所示。

表 3-1　ESG 标准机构的信息披露标准体系

标准名称	维度	披露内容
GRI	经济	经济绩效、市场表现、间接经济影响、采购实践、反腐败、不当竞争行为、税务
	环境	能源、原材料、排放、废弃物、水资源与污水、环境合规、生物多样性、供应商评估
	社会	劳资关系、雇佣、培训与教育、职业健康与安全、反歧视、多元化与平等、结社自由与集体谈判、强迫或强制劳动、童工、安保事件、公共政策、原住民权利、营销与标识、用户隐私、用户健康及安全、用户隐私保护、经济合规
ISO26000	人权	人权风险、尽职调查、同谋规避、处理申诉、反歧视和保护弱势群体、公民权利和政治权利、经济社会和文化权利、工作中的基本原则和权利
	劳工实践	雇佣和劳资关系、工作条件和社会保障、社会交流、职业健康和安全、员工发展与培训
	环境	污染防治、资源可持续利用、缓解和适应气候变化、保护环境和生态多样性及恢复自然栖息地
	公平运营实践	政治参与、反腐败、公平竞争、尊重产权、促进价值链中的社会责任
	消费者问题	公平交易、真实无偏见的信息、公平的合同惯例、保护消费者健康与安全、可持续消费、消费者服务、支持、投诉及调解纠纷、保护消费者信息与隐私、基本服务获取、教育与认知
	社会参与和发展	社区参与、教育和文化、就业机会和技能培养、开发和实用技术、创造财富与收入、健康、社会发展投资
SASB	环境	温室气体排放、空气质量、能源和燃料管理、水和水污染管理、污染材料和有毒原材料管理、生态影响
	社会资本	人权和社区关系、消费者隐私、数据安全、获取和负担能力、消费者福利、产品质量和安全、营销实践与产品标签
	人力资本	劳工实践、员工健康与安全、员工敬业度、多样性与融入度
	商业模式和创新	产品设计和使用周期管理、商业模式弹性、供应链管理、材料采购与利用率、气候变化的具体影响
	领导力和治理	商业道德、竞争行为、法制和监管环境适应、重大事件风险管理、系统风险管理

　　基于上市公司的 ESG 公开数据，第三方评级机构会对企业 ESG 表现进行打分或评级。截至目前，全球开展 ESG 评级的各类机构已超过 200 家。虽然企业 ESG 信息披露有被广泛应用的披露框架，但不同的企业 ESG 信息披露的具体内容、披露方式仍存在较大差异。因此，第三方机构在确定 ESG 评级的具体指标时要根据行业特点、数据可获得性等因素进行筛选。也就是说，每一个评级机构的 ESG 评级在评级模型、具体指标的设置上并不统一，不同机构的评级结果存在较大差异。即便如此，不同机构数据的核心来源是相似的，因此，各机构 ESG 评级内容在概念层有一定的共识基础，均关注环境可持续、社会责任、行为合规性、商业道德等非财务绩效。

　　国际上流行的责任投资评价体系主要面向投资主体，形成了投资、金融、评级等各方机构组成的多主体评价和投资活动。第三方机构对上市公司的 ESG 评级主要包括收集信息、评估打分、评级结果三部分。其中,ESG信息来自上市公司自主披露,如年度报告、环境报告等,此外,政府公开信息、相关新闻报道等也是重要的信息来源。在针对具体指标的赋权评分上,各个机构的评估模型差异较大,如汤森路透是对各项关键指标进行加权计算后,以ESG争议项为评价基准进行相应的调整,得到最终得分。按照最终得分对应相应的等级并排序,得到全体评级样本的ESG评级结果。

我们梳理出上市公司层面ESG评级常见内容,包含以下三方面。①环境(E)维度:环境污染、能源效率、温室气体排放、可再生能源、水资源管理、土地资源管理、清洁制造、生物多样性。②社会(S)维度:社区关系、员工与福利关系、供应链劳工标准、人力资本发展、工作环境、多元化与包容性、慈善活动、产品安全与质量、数据安全与隐私。③治理(G)维度:治理结构、贪污腐败、薪酬制度、反竞争行为、商业道德、股东权益等。国际常见的第三方评级机构ESG评价体系梳理和归纳如表3-2所示。

表3-2 ESG评级机构的指标体系

评级机构	维度	一级指标
汤森路透	环境	资源利用、排放、创新
	社会	劳工、人权、社区、产品责任
	治理	管理、股东、企业社会责任战略
	争议项	劳动、股东、产品责任、社区、人权、管理、资源利用
FTSE4GOOD	环境	生物多样性、气候变化、环境污染与资源利用、供应链、水安全
	社会	客户责任、健康安全、社会与人权、劳工标准、供应链问题
	治理	反腐败、公司治理结构、风险应对与处理、税务透明度
MSCI	环境	气候变化、自然资本、污染和浪费、环境机会
	社会	人力资本、产品责任、利益相关者参与、社会机遇
	治理	公司治理、公司行为

二、融资端

ESG在项目融资实践中,主要应用赤道原则。赤道原则是一套用以衡量及管理社会及环境风险的自愿性准则,只适用于项目融资,以国际金融公司(IFC)及世界银行(IBRD)的环境与社会标准为基础。项目审慎性审核调查是赤道银行投资决策的重要依据,包括三部分:首先,需要确认该申请属于项目融资范畴。其次,确认项目分类的准确性,并按照相应的分类进行下一步审查。对于高风险和中风险项目,借款人需要通过《环境评估报告》对如何解决环境和社会问题进行相关说明。同时,要在与利益相关方(所在社区机构、居民等)协商基础上完成《环境管理方案》,内容涉及污染减轻及环境、社会风险的监控管理。最后,赤道银行审查贷款协议、评估报告、管理方案,主要核实形式规范性和内容完备性。除此之外,为确保项目材料内容的准确性,专家独立调查也是赤道银行确定环境和社会风险系数以进行决策参考的重要途径。除IFC、IBRD的环境社会标准外,亚洲基础设施投资银行(AIIB)也提出了环境-社会框架(ESF),用于基础设施项目评估以辅助投资决策。IFC、IBRD、AIIB项目环境、社会评估标准如表3-3所示。

表 3-3　ESG 评估标准（融资端）

机构名称	维度	披露标准
IFC	环境	环境风险评估和管理、污染和资源效率、生物多样性保护和自然生物可持续管理资源
IFC	社会	社会风险评估和管理、劳动和工作条件、社区健康、安全和安保、土地征用和移民安置
IBRD	环境	环境风险和影响、生物多样性保护和自然资源可持续管理、污染预防管理及资源利用效率
IBRD	社会	劳工条件、社区健康安全、土地征用及移民安置、利益相关者和信息披露、金融机构
AIIB-ESF	环境	环境风险和影响、生物多样性、土地和水资源可持续利用、资源效率、气候变化、环境预防措施
AIIB-ESF	社会	社会风险和影响、社会覆盖范围、弱势群体和歧视、性别平等、土地和自然资源的获取、文化资源的保护、健康和安全（工人和社区的健康安全、职业健康和安全、劳动力涌入风险、建筑安全、交通安全、安保措施）、劳工条件（劳资关系、强制劳动）

需要指出的是，IFC 框架下的治理特指环境和社会风险与影响的评估与管理，从这个意义上说，分别属于环境和社会维度。因此，笔者归纳出项目 ESG 评估常见内容包括两方面。①环境：资源利用、污染排放、环境风险和管理、生物多样性、气候变化、预防和治理措施。②社会：劳工安全、社会风险和管理、征地及移民、人权（弱势群体、反歧视、性别平等）、社区健康及安全。由此可见，三个机构均未对项目治理提出相应的评估标准，但 IFC 要求项目与政府等在法律上有义务和责任评估并管理具体风险和影响的各利益相关方建立与项目规模、性质相适应的管理系统，包括政策、风险和影响识别、利益相关者的参与、监督和审查等方面。

三、国际 ESG 投资指南文件比较

基于前述分析，笔者从数据来源、评价逻辑、评价模式、评价内容四个维度对不同机构的 ESG 体系进行对比分析。

（1）数据来源：企业 ESG 信息主要通过可持续发展报告、公司年度报告、ESG 发展报告等公开披露 ESG 信息，负面信息则由媒体报道、监管部门公开行政处罚等渠道获得，受限于企业 ESG 信息披露数据的质量。项目 ESG 信息则由项目运营单位或咨询机构通过开展可行性研究、项目评估等方式进行预测并编制报告呈现，一定程度上受限于评估方法的合理性和科学性。

（2）评价逻辑：投资端 ESG 评级是基于其过去的行为表现，通过指标的加权评分获得；融资端 ESG 评估则主要基于已有类似项目的表现，通过预设的条件对拟新建项目进行预测评估。

（3）评价模式：对于投资端 ESG 评级而言，各大评级机构均构建独特的 ESG 评级模型，通过指标的选取和输入，进行加权评分，综合评分对应相应的等级，最终结果以分数、评级和排名的方式进行呈现；融资端 ESG 评价则以定性评估为主，在项目可行性研究阶段，预测项目生命周期过程可能会造成的环境或社会风险和影响，识别造成风险或影响的因

素,并以此为基础提出相应的规避措施。

(4)评价内容:投资端和融资端两个层次呈现出共性与差异并存的特点。①环境维度:高度一致,主要关注经济活动与自然环境的互动过程以及因此造成的环境负面影响。②社会维度:均涉及劳工安全、供应链、人权以及社区互动等议题,此外,由于融资端项目建设在社区互动性上强于企业,因此还需要关注因项目建设带来的社会风险及拆迁移民等问题。③治理维度:投资端以企业评价为主,企业具有明确的治理主体,即股东、董事会等,对于企业ESG评价来说,关注企业内部治理结构及企业行为。融资端以项目评价为主,基础设施项目作为多资源要素的集合体,其目标达成需要实现相关资源提供方的"共治",包括项目业主、政府部门、项目运营管理方、咨询单位、承建单位、材料供应商等。

ESG指南文件的对比分析结果如表3-4所示。

表3-4 ESG指南文件的对比分析结果

	投资端ESG评级	融资端ESG评估
评价对象	企业	项目
数据来源	公司年报、媒体报道、政府监管等公开信息	项目可行性研究报告、专家评估、尽职调查等
评价逻辑	以企业过往表现为基础进行打分	基于对拟建项目的预测进行评估
评价模式	按指标赋权打分,通过分数、评级、排名等呈现评级结果	定性评价为主,通过项目评估报告展示评价结果
评价内容	环境:关注环境负外部性 社会:关注股东以外的利益相关者及社会公益 治理:关注企业内部治理结构及其商业行为	环境:关注环境负外部性 社会:关注社会风险、弱势群体、社会福利等 治理:关注项目管理系统适配性

第三节 评级机构

一、ESG评级机构概况

据不完全统计,目前开展ESG评级的全球各类机构已超过200家。全球ESG评级市场经过多年的发展,正在进入快速增长期,在2021年首次突破了10亿美元。

(一)ESG评级机构的类型

为研究方便,我们按照机构类型和所在区域对国内外主要ESG评级机构进行分类。

从机构类型角度,ESG评级机构可以分为投资服务机构、信用评级机构和专业研究机构三种类型。国际投资服务机构主要有明晟、汤森路透、富时罗素、机构股东服务集团公司、晨星及彭博社等。国内投资服务机构主要有商道融绿(美资)、润灵环球责任评级(安永子公司)等。国际信用评级机构主要有标普、穆迪和惠誉。国内信用评级机构尚无有影响力的ESG评级。国际专业研究机构主要有英国的全球环境信息研究中心等。国内专业研究机构主要有中央财经大学绿色金融国际研究院、国务院发展研究中心金融研究所、中国社会科学院中国企业管理研究会企业社会责任与可持续发展专业委员会、北京融智企业社会责任研究院等。

国际评级机构按照所在地划分,主要有欧洲和美国的评级机构。其中,欧洲评级机构主要包括英国的富时罗素、惠誉、全球环境信息研究中心和汤森路透,德国的机构股东服务集团公司,瑞士的荷宝公司等。美国的评级机构主要包括摩根斯坦利资本国际公司、标普全球(S&P Global)、晨星(Morningstar, Inc.)及其控股的 Sustainalytics、彭博社等。

(二) ESG 评级机构的特点

ESG 评级产生的原因在于随着经济社会的发展,政府、公众、用户等对企业的要求不断提高。企业的经营绩效与持续成长能力时刻受到外部社会、环境及自身治理能力等方面因素的影响,这些影响既可能对公司的价值产生正面影响,也可能产生负面影响。科学识别并评估上述领域的具体因素对企业价值造成的实际影响水平,对准确评估企业价值、降低投资风险、促进企业向着社会期望的方向发展具有重要的作用。ESG 评级评价的核心是评估企业经营活动与内外部社会环境要求匹配的能力与实际结果,是以社会发展和社会价值来衡量企业的投资价值,是对传统评价方法的有益补充。

1. 不同评级机构的 ESG 评级体系差异明显

不同于传统的资本市场评级机构遵循的以企业财务状况为核心的评级方法,ESG 评级机构遵循的社会价值观对其评级指导思想及评级指标的选择有着重大影响。评级对象的不同社会文化背景,也决定了针对不同国家企业的评级指标关注的重点应有不同。同时,ESG 评级结果的客观性、准确性又受到评价方法的合理性、评价对象的信息披露水平、所在地方的经济社会发展状况等因素影响。因此,差异化的评级体系有助于提高 ESG 评级的实用性与科学性。

2. 评级机构的信息收集能力对评级质量的影响很大

当前,ESG 信息披露缺乏像财务信息那样的严格规范要求,企业层面对 ESG 信息披露的重视程度也有较大的差别,导致目前上市公司的 ESG 信息披露的内容参差不齐,整体披露质量不高,非上市公司的 ESG 信息披露就更差了。但当前互联网的普及应用,使得企业的经营信息通过各种渠道时刻与外界进行互动与传播,及时收集处理这些海量信息,就可以有效提高 ESG 评级结果的质量,这对评级机构的网络信息收集分析处理能力提出了很高的要求。国际机构资源实力雄厚,网络大数据收集分析能力很强,其 ESG 评级范围和质量与国内机构相比具有明显的优势。

3. 机构评级影响力与其资本市场影响力关系密切

实践经验表明,ESG 评级关注的社会、环境与公司治理因素对上市公司价值的影响主要是中长期的,对企业的短期绩效影响不明显。这也是 ESG 评级受上市公司和普通投资者重视程度不高,但受到养老金基金等中长期投资者普遍关注的原因。调查发现,MSCI、富时罗素等国际评级机构的评级近年来受到国内上市公司的关注在很大程度上是因为它们设立了中国指数,大量国际投资者购买中国指数基金对我国上市公司的市值管理有着较大的影响,其评级结果也随之受到上市公司的重视。这些机构通过国际资本市场的力量为其 ESG 评级加持,大大提升了其评级的影响力,这是国内机构所不具备的。

4. 评级机构多源自欧洲但美国机构领先全球

近年来,随着 ESG 评级日益受到各国投资者的关注,ESG 机构之间的并购活动显著增加。典型例子包括：2009年，风险度量集团（Risk Metrics）先后收购了创新投资战略顾问公司（Innovest）和KLD研究与分析公司（KLD）；2010年，MSCI收购了Risk Metrics，并逐步整合和发展其ESG能力。同年，SiRi解散，部分成员加入加拿大的Jantzi Research，形成了Sustainalytics。2017年，晨星公司收购了Sustainalytics 40%的股权，并在2020年收购了剩余60%的股权。2015年，EIRIS（始于1983年）和VIGEO（始于2002年）合并，形成了VIGEO-EIRIS，并于2019年被穆迪公司收购多数股权；同年，穆迪还收购了商道融绿的少数股权。S&P在2016年收购了英国公司Trucost，并在2019年年底收购了荷兰RobecoSAM的ESG研究部门。这些并购活动无疑有效提高了评级机构的综合实力，也反映了全球资本市场向可持续金融发展的趋势。其中，美国机构通过多次并购，在全球资本市场ESG领域的影响力位居首位，这也为其继续居于可持续金融发展的领导地位奠定了坚实的基础。

（三）ESG机构的全球格局与影响

当前在国际ESG评级市场上，美国和英国的ESG评级机构数量最多，实力显著领先于其他国家，形成了第一梯队。这些机构的评级产品覆盖全球资本市场，评级结果也得到了国际投资者的广泛认可。德国和瑞士的ESG评级机构处于第二梯队，尽管它们在国际上具有较大的影响力，产品也覆盖全球资本市场，但机构数量和产品影响力与美英相比仍有明显差距。我国的ESG评级机构数量不少，但主要面向本土市场，尚无产品覆盖海外市场，在国内市场的影响力也不及国际评级机构，与第二梯队相比存在较大差距。

在当前和未来一段时间内，受国际局势影响，金融投资领域的竞争与摩擦仍是高概率事件。穆迪在2020年发布了对全球140多个国家的ESG评级结果，扩展了ESG评级的范围，从企业个体延伸至国家层面。由于ESG评级的社会和环境要素与政府政策紧密相关，ESG评级结果可能受到政治因素的影响。在某些极端情况下，ESG评级可能会出现类似于2008年中国国家信用评级被国际机构下调的事件，成为对我国全球产业链供应链核心企业施压的手段，进而影响我国资本市场的对外开放和健康发展。因此，需要大力加强我国本土ESG评级机构的建设，提升其综合研究实力，扩大其在资本市场的影响力，为我国金融对外开放和经济高质量发展提供专业的ESG支持。

二、国际主要ESG评级机构及其评级体系分析

（一）摩根士丹利资本国际公司

摩根士丹利资本国际公司（Morgan Stanley Capital International，MSCI，又译明晟），是一家美国指数编制公司，总部位于纽约。MSCI与全球50家大资产管理公司中的46家合作，是全球最大的ESG数据及研究服务和指数提供商之一。MSCI基于上市公司自愿披露的信息及其他公开渠道的信息，对其进行ESG评测，并给出ESG评级。其评级体系关注企业在环境、社会和治理三方面的10项主题下的37项ESG关键评价指标表现。企业的最终得分将转化为最高AAA到最低CCC的ESG评级结果。

作为全球影响力最大的指数编制公司，MSCI拥有超过98%的全球顶级基金客户，其指数为6000余家指数基金所跟踪，上万亿美元的资产持有MSCI新兴市场指数。2018年6月，MSCI首次将233只中国A股成分股纳入其新兴市场指数（MSCI emerging markets index）、全球基准指数（MSCI ACWI index）与中国指数（MSCI China）。在最近几年中，

MSCI不断扩大A股比重,2019年11月,MSCI将所有中国A股的纳入因子权重总和提升至20%。此外,MSCI公开了全球部分上市公司的MSCI ESG评级,可从其官网查阅到MSCI全球基准指数中逾2800家企业的MSCI ESG评级结果。

目前,MSCI在ESG投资方面的研究包括三个方面:ESG评分整合(integration)、ESG监控跟踪(screening)和ESG风险度量(impact)。MSCI的ESG评级旨在帮助投资者在其投资组合中识别各公司在环境、社会和治理(ESG)方面的风险和机会。通过评估行业特定的ESG风险,以及相对于同行的风险管理能力,对公司进行"AAA-CCC"层级的评级。MSCI的ESG评级框架主要包含3个大类和10项主题及37项关键指标。每项关键评价指标在整体ESG评分中占据5%~30%的权重,具体权重由该指标对行业的影响程度和可能受影响的时间长度决定。

具体来看,MSCI采用全球行业分类标准(GICS),包括158个子行业(sub-industry)。MSCI为每项ESG关键议题设置权重,权重范围设定在5%~30%。权重高低的分配主要考察两个方面:一是该指标对子行业的影响程度,二是可能受影响的时间长度。在不同类型的子行业中,MSCI为每项关键议题分配了"高""中"或"低"的影响程度,以及"短期""中期""长期"的影响时间。在最新修订中,MSCI决定从2020年11月起,将所有子行业的"公司治理"主题按照"高影响、长期"的标准,"商业行为"主题按照"中影响、中期"的标准分配权重。此外,治理范畴的总权重降至最小值33%。每年11月,MSCI ESG研究团队都会对各个行业的指标和权重进行审查,并做必要调整。

MSCI认为,根据不同类型的指标,环境和社会关键议题对公司来说,有些属于风险,有些可能是机遇。具体评分方式如下:

1. 风险项指标

对于风险项指标,MSCI不仅衡量公司在该关键议题上的管理策略,同时评估其承受的风险程度。为了取得良好评分,公司需要采取与风险敞口相匹配的管理措施。MSCI对每家公司进行风险暴露程度(exposure)和风险管理能力的量化评估。某项关键指标对同一行业的不同公司来说,风险暴露程度可能不同。MSCI将公司业务拆解为核心产品、业务属性及性质、经营所在地、外包情况及对政府合作的依赖性等内容。这些风险暴露程度被量化为0~10分:0分代表完全无风险,10分代表公司面临极高风险。风险管理能力的量化评估也采用0~10分的打分方式:0分代表公司未显示出任何管理能力或管理政策无效,10分代表公司具备极强的管理能力。近三年发生的争议事件(controversies)会导致管理能力得分的扣减。确定了风险暴露程度和风险管理能力的得分后,MSCI会对风险项指标进行赋分。例如,当公司面临较高风险暴露(7分)且具备较差风险管理能力(0分)时,最终风险项指标得分为0分;当公司面临较低风险暴露(2分)且具备较差风险管理能力(0分)时,最终风险项得分为5分;当公司面临低风险暴露(2分)且具备最高风险管理能力(5分)时,最终风险项得分为10分。

2. 机遇项指标

机遇项指标的机制与风险项指标类似。MSCI衡量公司基于其地理位置及业务类别所面临的机遇大小,以及公司是否具备抓住并运用该机遇的能力。评分标准与风险项略有不同。当公司面临相同程度的机遇时,具备卓越管理能力的公司将获得更高的机会项得分,一般管理能力的公司获得一般的机会项得分,而管理能力较差的公司将获得较低的机会项得分。机会项的评价也采用0~10分的打分方法。

3. 关键指标的权重

对于37项关键指标的权重，MSCI基于公司所处行业进行决定，通常每项指标的权重在5%~30%。

风险与机会：在关键指标评价时，当MSCI认为该指标对被评级公司来说可以定义为"风险"或"机会"，则评级结果会根据风险与机会的程度进行修正。

当公司出现争议事件时，MSCI会根据事件影响的范围和性质对评级进行调整。

争议事件（controversies）是指可能对公司ESG产生负面影响的单个案例或持续性事件。典型的争议事件包括气体泄漏事故、监管机构的相关行动、同一设施的多项健康或安全罚款、同一产品线的多项反竞争行为指控、多个社区对于同一家公司所在地的抗议等。争议事件表明公司的风险管理能力存在结构性问题，预示该公司未来可能产生重大经营风险，理应对公司目前的风险管理能力得分进行扣减。

MSCI认为，基于治理议题的重要性，所有公司都需考察公司治理情况。不同行业公司在治理范畴的关键议题上具有相同权重。MSCI采用"10分倒扣制"方法评估公司在公司治理（所有权、薪酬、董事会、会计）和商业行为（商业道德、税务透明）方面的情况，通过评估公司在治理指标表现，从满分10分中减去相应分数，最终得到该议题的得分。

4. 最终得分与等级

MSCI ESG的最终评级结果与所处行业有关。根据环境和社会风险对不同行业的影响程度和影响时长，MSCI为每个GICS子行业设置了环境和社会范畴的关键问题权重；治理议题始终重要，会对所有公司得分进行加权和分析。公司最终ESG得分通过35项关键指标加权计算，得到10个主题的评分，再通过加权评分得到初始ESG得分，并根据行业权重进行调整。最终的ESG评级得分是公司相对于同行表现的相对成绩。公司行业调整后的得分按照分值区间最终对应于最佳（AAA）和最差（CCC）之间的七个序列。

5. 数据来源与反馈机制

根据MSCI公开资料显示，评估公司的ESG数据主要来源于学术、政府、非政府组织（NGO）数据库（如透明国际、世界银行）的细分领域或地理范围的宏观数据；公司披露的财务报告、可持续发展报告、公告；政府数据库、1600多家媒体及其他与特定公司有关的利益相关方资源。MSCI虽然从公开渠道获得发行人的ESG数据，不进行特定问卷调查，但仍保持与公司的沟通，包括为公司建立可供访问并审查其ESG数据的渠道，以及在年度ESG评级更新前后给公司发送邮件通知等。MSCI欢迎相关公司在年度ESG评级审核过程中提出异议并提供真实的资料补充，以此进行合理的信息更新。

2020年10月，MSCI对其ESG评级方法作出调整，主要包括两个方面：一是调整评级逻辑与规则。将原"公司治理"调整为"治理"，包含"公司治理"和"公司行为"两个维度；将原"金融产品安全"更名为"消费者权益保护"；取消原"金融系统稳定性"维度，将气候变化设定为引发系统性风险的重要因素，融入"融资环境影响"。"人力资本开发""融资环境影响""普惠金融""隐私和数据安全"四个维度保持不变。二是调整环境、社会和治理维度权重。治理赋权由18%调至33%；环境赋权由9%调至13%；社会赋权由60%调至54%。

（二）富时罗素

富时罗素隶属于伦敦证券交易所集团（LSEG）的信息服务部门，是联合国责任投资原则组织的创始签署成员，在可持续发展投资产品开发领域已有超过20年的经验，能够满足投资者将可持续发展投资纳入其投资组合的多种需求。富时罗素的可持续发展投资数据模型提供了一系列衡量指标，包括ESG评级、绿色收入、气候风险评估，以及支持与联合国可持续发展目标(UN SDGs)一致的投资标准。富时罗素的ESG评级和数据模型详细、结构化且高度透明，向市场参与者和上市公司展示了清晰的标准，以支持投资者履行管理责任并将ESG整合进其主动和指数化投资策略。

FTSE Russell的ESG评级覆盖全球47个发达市场和新兴市场的约4100只证券。其评级涵盖了富时环球指数系列(FTSE All-World Index，包括发达及新兴系列)、富时全指指数(FTSE All-Share Index)、罗素1000(Russell 1000 Index)等指数的成分股企业。根据FTSE ESG评级结果，富时罗素衍生出了富时社会责任指数系列，这是首个衡量符合全球公认企业责任标准的公司表现的指数系列。目前，FTSE的可持续投资系列指数包含九类产品，其中最为国内上市公司所熟知的是FTSE ESG指数系列与FTSE4Good指数系列。

FTSE的ESG评级和数据模型涵盖约800只A股和1800只中国上市公司证券(包括A股、港股、中概股等)。2020年，富时罗素与万得(Wind)达成合作，在Wind金融终端首家展示富时罗素的ESG评级数据，共同推进ESG投资在中国资本市场的发展。

1. 评级指标体系

FTSE ESG评级框架由环境、社会、公司治理三大核心内容和14项主题评价及300多项独立的考察指标构成。每个主题包含10~35个指标。根据FTSE ESG评分结果，企业将被纳入或剔除出FTSE ESG或FTSE4Good指数系列。FTSE ESG指数系列将ESG评分转化为指数权重，经各行业权重调整后形成指数；FTSE4Good指数系列要求发达国家及地区的公司得分必须达到3.1分及以上(满分5分)方可被纳入，而新兴市场公司要求得分在2.5分及以上。据富时罗素研究，2019年，被纳入FTSE ESG和FTSE4Good系列指数的企业相较于富时罗素基准指数的企业有更高的回报率。

2. 评级方法

FTSE ESG评级仅使用公开资料(包括公司季报和企业社会责任报告等)。富时罗素与每家公司单独联系，以确保找到所有相关的公开信息。数据收集过程中，一位分析师会搜集公司公开发布的文件，确定公司的披露范围；然后对标ESG指标项，分析师根据公司公开发布的文件确定公司是否符合每一指标项及其披露情况；公司可以提供反馈，向分析师提供其他公开发布的文件。分析师收到反馈后，评估过程随即结束。最后，分析师依据算法进行四个层级的评分。

3. 评级时间与流程

FTSE社会责任指数每年在6月和12月进行半年度复查。FTSE ESG指数每年3月评审富时发展指数和富时新兴指数企业，每年6月评审富时全指指数及罗素1000企业。流程包括：评级机构初步评估、受评公司反馈、评分与评级汇编以及获得评级。

4. 评级反馈与沟通

FTSE分析员会在每年4月至次年3月对每家被评公司做一次分析，分析结束后FTSE会开放约一个月的时间窗口，允许被评公司登录FTSE ESG Portal进行回复。符合条件的公司会获得一个分值在0~5分的ESG整体评级，其中5分为最高评分。数字化的评级支持更细粒度地在公司之间进行比较，并易于将ESG评级量化应用于投资策略中。

(三) 汤森路透

汤森路透公司成立于 2008 年 4 月 17 日，总部位于美国纽约市曼哈顿的第三时代广场。公司由加拿大汤姆森公司与英国路透集团(Reuters Group PLC)合并而成，致力于为全球商务和专业领域提供智能信息服务。汤森路透主要为专业企业、金融机构和消费者提供财经信息服务，包括电子交易系统、企业管理系统、风险管理系统、桌面系统和新闻服务。此外，该公司还为法律、税务和会计、科学、医疗保健和媒体市场的专业人士提供智能信息及解决方案。

在全球范围内，汤森路透在 100 多个国家设立了办公室，其业务涵盖范围极其广泛。公司的影响力不仅体现在其产品和服务上，还表现在其对环境、社会和公司治理(ESG)的评估上。

汤森路透的 ESG 评级覆盖全球 7000 多家上市公司，评估标准分为三个大类和十个主题，分别是环境、社会和治理三个大类，对应资源使用、排放、创新、管理、股东、企业社会责任战略、员工、人权、社区、产品责任十大主题。这种多层次、多维度的评估体系帮助投资者和其他利益相关者理解和衡量公司的可持续性和社会责任表现。这些标准通过对 178 项关键指标的评分来衡量公司的绩效、承诺和有效性。评级过程包括对初步 ESG 得分进行调整，会考虑到 23 项可能引发争议的话题，例如反垄断、商业道德、知识产权、公众健康、税收欺诈和雇佣童工等。如果企业在这些领域存在负面新闻或信息，将会被扣分，进而调整初步的 ESG 得分，最终得出企业的综合 ESG 评分。

汤森路透的信息来源主要包括企业的公开报告(如年度报告、企业社会责任报告)、公司网站以及全球媒体资源。通过综合多种信息来源，汤森路透确保其 ESG 评级的全面性和准确性。

(四) 标普

标准普尔(Standard & Poor's,S&P)由亨利·瓦纳姆·普尔先生(Mr. Henry Varnum Poor)创立于 1860 年。经过多年的发展，标准普尔成为普尔出版公司和标准统计公司于 1941 年合并而成的世界权威金融分析机构，总部位于美国纽约市。作为全球金融市场的中流砥柱，标准普尔致力于为资本市场提供独立的信用评级、指数服务、风险评估、投资研究和数据服务，其业务能力一直在业内保持领先地位。

标普道琼斯指数的 ESG 评分基于标普全球旗下公司 SAM(Sustainable Asset Management)二十多年积累的数据。SAM 通过企业可持续发展评估(corporate sustainability assessment,CSA)收集数据，并发布 ESG 评分。2020 年 1 月，标普全球收购了位于苏黎世的主动型资产管理公司 RobecoSAM 的 ESG 数据收集和评分部门 SAM，这次收购大大增强了标普全球在 ESG 领域的能力。

如今，标普的 ESG 评级覆盖范围广泛，包括 15000 多家公司、60 万个固定收益债券发行和绿色债券，以及 37000 家公司的下游数据，覆盖全球市值的 99%。标普的 ESG 评级通过量化 ESG 在运营、供应链、产品和技术方面的表现，为业务经理和利益相关者提供关键洞见。具体来说，标普的 ESG 评级帮助识别和管理 ESG 风险，支持更具可持续性的运营和投资决策，并向投资者和其他利益相关者报告 ESG 表现。

标普的 ESG 评分采用独特的方法，结合可持续发展评价调查直接从公司收集精细化的行业特定数据以及公开来源数据。这使得标普道琼斯指数的 ESG 评分区别于其他仅依赖公开数据的 ESG 评级机构。通过与公司直接互动,标普能够收集到 600~1000 项数据点,这些数据点被转化为四个级别的评分。标普道琼斯指数的 ESG 评分方法基于财务重要性原则,即根据最可能出现并对所在行业的公司产生最大影响的可持续发展问题对公司进行评估。这种方法确保了评分的准确性和相关性,为投资者和其他利益相关者提供了重要的决策依据。

通过标普的 ESG 评级,企业可以识别对其运营产生风险的环境、社会和经济因素并量化这些风险。标普的 ESG 分析特别关注量化运营、供应链、产品及技术的环境和社会影响,包括碳足迹和水足迹等关键指标。通过这些综合的评估和分析,标普全球在提升企业可持续发展和社会责任方面发挥了重要作用。作为全球金融基础设施的重要成员,标准普尔为资本市场提供了可信赖的金融分析和评级服务,还通过其 ESG 评分体系推动了全球企业在可持续发展领域的进步。其广泛的覆盖范围、独特的数据收集方法和基于财务重要性原则的评分标准,使得标普在 ESG 评估领域享有极高的声誉和影响力。

(五)惠誉

惠誉国际信用评级有限公司是全球三大国际评级机构之一,也是唯一一家欧资国际评级机构。其总部设在纽约和伦敦,并在全球范围内设有 40 多个分支机构,拥有 1100 多名分析师。惠誉的业务范围包括金融机构、企业、地方政府和国家,以及结构融资的评级。该机构曾被评为"全球最佳评级机构"。截至目前,惠誉已经为超过 10200 家发行人、交易和计划发布了超过 14.3 万项 ESG 评级相关性评分(ESG relevance scores, ESG.RS),其评级对象涵盖上市公司、金融机构和主权机构等。

惠誉的 ESG 评级相关性评分模型对公司的 14 个 ESG 风险因素进行评分,这些因素包括 5 个 E 因素、5 个 S 因素和 4 个 G 因素。每个因素的评分范围为 1~5 分,以反映每个因素与信用评级决策的相关性和重要性。评分越高,表示该 ESG 风险因素与信用评级的相关性和重要性越高。评分为 4 分和 5 分表示该 ESG 因素对当前的信用评级有影响。具体来说,评分为 4 分表示该 ESG 风险因素与其他因素一起对信用评级有影响,可能会在评审委员会中讨论/在已发布的评级报告中提及;评分为 5 分表示该 ESG 风险因素与信用评级高度相关。

根据评分对象的不同,ESG 评级相关性评分模型也会有所差异。惠誉的 ESG 评级相关性评分过程分为两步:首先,在行业层面对 ESG 风险进行识别,得出 50 个独特的 ESG 评级相关性评分模板,这与信用评级划分的 50 个行业一致。其次,根据行业 ESG 评级相关性评分模板,对行业内的各个实体进行具体评分。

惠誉的 ESG 评级相关性评分与信用评级同时受到监控和维护。ESG 评级相关性评分反映的是 ESG 要素与给定评级决策的相关性,随着对单个实体信用评级的审查,影响这些评级的因素不可避免地会随着时间而变化。因此,ESG 评级相关性评分与每次评级行动一起进行审查,每次评级行动都会有最新的 ESG 评级相关性评分分配给该实体。ESG 评级相关性评分可能会减少或增加,具体取决于相关因素的变化。

(六)其他机构

1. 机构股东服务公司

机构股东服务公司成立于 1985 年,通过提供高质量的数据、分析和洞察力,增强了投资者和公司实现长期和可持续增长的能力。ISS 与 Genstar Capital 和 ISS 管理层共同拥有德国证券交易所集团的多数股权,是全球领先的公司治理和责任投资解决方案、市场情报、基金服务以及活动和编辑内容的供应商。ISS 在全球 15 个国家设有 29 个办事处,雇有 2200 名员工,服务于 4600 多个客户,其中包括许多全球主要的机构投资者。这些客户依赖 ISS 的客观和公正服务,以及专注于提升股东价值和治理风险缓解的 ESG 分析,从而作出明智的投资决策。

2. 碳披露项目(carbon disclosure project,CDP)

CDP 是一家非营利组织,也是全球环境信息研究中心和环境信息披露平台,其环境信息评估体系和数据被国际众多主流投资机构普遍采用。每年,投资者或采购企业会通过 CDP 邀请相关企业进行填报,企业在截止日期前通过填写 CDP 问卷,自愿披露相关信息。CDP 依据其公开的评分方法,对企业的问卷回复进行打分评级。企业披露的信息协助投资者和采购企业进行决策。CDP 提供全球统一标准化的披露指标体系,方便投资者比较不同资本市场的企业。2019 年,全球共有 525 家投资者使用 CDP 数据,管理资产总额达 96 万亿美元。基于 CDP 数据的金融产品包括 STOXX 低碳指数系列、纽约州共同退休基金的低碳指数,以及 Amundi 旗下公司 CPR AM 的气候行动基金等。CDP 数据还被用于包括 Bloomberg、MSCI ESG Research 和 Climetrics 在内的研究和评级中。2019 年,有约 1100 家中国公司回复了 CDP 问卷,包括 48 家受投资者邀请的上市公司和 1038 家供应商。

3. 晨星

晨星公司于 1984 年在美国创立,为投资者提供财经资讯、基金及股票的分析和评级,以及分析应用软件工具,是目前美国最主要的投资研究机构之一,也是国际基金评级机构。2003 年 2 月 20 日,晨星中国总部在深圳成立,目前员工人数约 900 人。晨星公司有 2900 名成员分布在美国、加拿大、欧洲、日本、韩国、澳大利亚、新西兰及中国,为全球投资者提供关于 26 万多种基金、股票投资的数据和资讯以及分析工具。晨星专注于帮助个人投资者作出投资决策,通过客观全面的分析和比较,帮助他们确定完整的、符合个人需求与特点的投资方案。晨星提供晨星评级(Morningstar rating)、投资风格箱(investment style box)、分类评级(category rating)等产品,坚持对证券和资产的基本面进行分析,对基金和保险产品的分析将追溯至其投资组合的具体证券品种。晨星通过计算公司的内在价值,来判定其市场价格是否背离了公司本身的价值。

第四节 投资体量

目前,责任投资正在被越来越多的国际投资者和金融机构采纳。据联合国责任投资原则组织统计,截至 2022 年 1 月,全球已有 60 多个国家超过 4300 多家投资机构签署了联合国责任投资原则组织契约,相应管理资产总额高达 121 万亿美元。签署了 PRI 的机构有 95% 以上的资产所有者和投资经理签署人都将企业 ESG 因素纳入到对上市公司股票投资的策略中,有 86% 的机构在其他资产类别投资中也会考虑企业 ESG 表现,可以看出,作为可持续发展理念的 ESG 投资得到广泛认可。根据全球可持续投资联盟(GSIA)2020 年度报告,美国、欧洲、加拿大、日本、澳大利亚和新西兰等全球发达市场综合考虑ESG责任投资的资产总额超35万亿美元,占资产管理总规模的35%。全球ESG基金规模也快速增长,已成为资产管理行业的重要组成部分,2021年第二季度ESG基金规模已达26310亿美元,较2018年的8940亿美元增长了约194%。在全球金融领域,ESG投资正在成为主流方式及国际惯例,被越来越多的机构投资者纳入投资决策战略中。伴随我国绿色发展理念和目标的提出,责任投资也在我国得到大力推广,目前国内约有12%以上的公募基金建立了自有的责任投资(ESG)评价体系。

第四章

我 国 概 况

第一节 发展概况

在全球主要市场ESG政策框架日渐完善的情形下,中国也在积极参与ESG国际实践和政策对话。但总体而言,中国ESG政策框架还不完善,特别是相关政策尚未形成合力,投资者和资本市场对ESG理念和规则尚处于观望状态,ESG投资生态还不健全。归根结底,作为市场监管和政策规制较为严格的国家,中国通过ESG发展助力碳中和目标实现的当务之急,是完善ESG政策框架。

中国尚未在政府部门层面发布有关ESG整合概念的政策文件。目前,有关ESG信息披露和评价的政策文件主要出自交易所,ESG理念和实施的讨论也多由民间和市场自发。由于官方对于ESG发展态度尚不明朗,因此近年来虽然坊间对ESG的关注度和讨论很多,但在实践上依然没有形成共识和统一模式。同时,中国在ESG三个因素上的发展不均衡,环境治理方面的政策相对系统和完善,而社会责任和公司治理方面的政策体系相对薄弱。

在信息披露方面,中国各部门在分头推动ESG信息披露制度建立。2021年,中国人民银行表示将强制要求主要商业银行和上市公司披露气候信息,气候信息披露成为面向碳中和的ESG监管重点。同时,证监会和交易所持续推动信息披露制度建立并完善,持续修订相关规则。生态环境部牵头推动环境信息披露制度改革,明确环境信息强制披露要求。国资委也高度重视企业社会责任报告制度的建立,分别于2008年和2016年发布指导意见,要求国有企业建立企业社会责任报告制度,并加强企业社会责任披露。2021年,国资委明确将ESG纳入推动中央企业履行社会责任的重点工作。2022年,国资委正式成立社会责任局,监管和引导推动国有企业走在我国企业ESG实践和披露前列。不过,由于历史和现实的种种原因,中国ESG信息披露制度建立还有诸多挑战。中国虽然有环境保护方面的信息强制披露要求,但尚未建立全面强制ESG信息披露制度,也尚未建立ESG信息披露的统一内容和格式。不过,ESG在国际上的蓬勃发展有助于中国完善企业信息披露制度的建设,未来有必要对国企、民企和新兴企业等不同类型企业进行分类有序的信息管理制度。

在评价标准方面,中国当前缺乏官方层面的ESG评价标准和指标体系。虽然来自ESG国际秩序规则的压力,有助于倒逼我国资本市场和投资主体应用ESG评价体系,但是,如果没有官方的权威发布,ESG在中国的发展始终是属于民间自发行为,也不会得到大型国有资本的积极响应。

在投资指引方面,中国的投资指引面向对象集中在绿色金融领域,多针对绿色产业、绿色债券等产品。而且,生态环境部开始推动的气候投融资,将环境保护责任进一步细化。考虑到中国国内常见的经济活动与国际上主流的标准有较大差异,使用国际标准存在更大的制度摩擦,因此中国在制定"既适合本土国情又能够与国际对话"的ESG投资指引政策上面临着更大挑战。

总体来看,中国初步建立了ESG政策框架,建立了绿色金融为主导的ESG政策顶层设计,但各部门ESG信息披露制度工作尚未形成协同,评价标准方面尚未有官方统一标准,投资指引也仍处于各方模式和集体观望中。

第二节 政策基础

一、各部门ESG相关政策进展

1. 党中央和国务院

2012年,党的十八大将生态文明建设纳入中国特色社会主义事业总体布局,为中国环境保护责任的落实和发展指明方向。中国随后打响了"蓝天保卫战"、污染防治攻坚战。

2016年,中央全面深化改革领导小组第二十七次会议审议通过了《关于构建绿色金融体系的指导意见》,表明党和国家高度重视绿色金融体系构建。2017年,国务院常务会议通过了《关于在浙江、江西、广东、贵州、新疆五省(区)建立绿色金融改革创新试验区的决定》,对绿色金融改革创新试验区建设提出了总体规划。

2020年,中共中央办公厅和国务院办公厅发布了《关于构建现代环境治理体系的指导意见》。国务院办公厅发布了《关于进一步提高上市公司质量的意见》和《新能源汽车产业发展规划(2021—2035年)》。2021年,国务院发布了《国务院关于加快建立健全绿色低碳循环发展经济体系的指导意见》。这为建立完善中国ESG政策框架指明了方向。

2022年,国资委成立社会责任局,指导推动中央企业全面履责,不断完善组织体系、政策体系、传播体系、品牌体系、评价体系等工作,推动中央企业社会责任和ESG工作持续进步,努力创造更大的社会价值。

2. 生态环境部

2015年,环境保护部和国家发展改革委发布《关于加强企业环境信用体系建设的指导意见》。同年,国家发展改革委发布了《绿色债券发行指引》,要求各单位发挥企业债券融资作用,积极探索利用专项建设基金等建立绿色担保基金。2017年,原环境保护部和证监会发布了《关于共同开展上市公司环境信息披露工作的合作协议》。2019年,国家发展改革委和科技部联合发布了《关于构建市场导向的绿色技术创新体系的指导意见》。2019年,国家发展改革委等联合发布了《绿色产业指导目录》。

2020年,生态环境部、国家发展改革委、中国人民银行、银保监会、证监会联合发布了《关于促进应对气候变化投融资的指导意见》,这是中国宣布2060年碳中和目标后的第一个关于减缓气候变化的部级文件。该文件提出了到 2025 年制定相关投资政策的时间表,强调监管机构有必要支持和激励金融机构开发和支持气候及绿色金融产品和项目,要求完善气候信息披露标准,加快制定气候投融资项目、主体和资金的信息披露标准,推动建立企业公开承诺、信息依法公示、社会广泛监督的气候信息披露制度。明确气候投融资相关政策边界,推动气候投融资统计指标研究,鼓励建立气候投融资统计监测平台,集中管理和使用相关信息。

2021 年,生态环境部等牵头发布了《关于促进应对气候变化投融资的指导意见》,提出了到 2022 年和 2025 年的主要目标。同年,生态环境部等还发布了《关于开展气候投融资试点工作的通知》,明确气候投融资定义"气候投融资是指为实现国家自主贡献目标和低碳发展目标,引导和促进更多资金投向应对气候变化领域的投资和融资活动,是绿色金融的重要组成部分,支持范围包括减缓和适应两个方面"。同年,生态环境部印发了《环境信息依法披露制度改革方案》,计划到 2025 年基本建成中国环境信息强制性披露制度,明确强制披露主体为重点排污单位、实施强制性清洁生产审核的企业、因生态环境受重大惩罚的上市公司和发债企业。

3. 中国人民银行

2015 年,以主要国家央行为成员的金融稳定理事会(FSB)组建气候变化相关金融信息披露工作组(TCFD),以应对气候相关财务风险信息披露上的严重缺陷。TCFD 建议从治理、战略、风险管理、指标和目标等方面加大气候变化风险对财务信息影响的披露,采用情景分析模型、借助压力测试结果应对潜在气候变化风险,并披露分析结果。这推动了中国人民银行在绿色金融、环境信息、气候变化等方面监管政策的加速出台。同年,中国人民银行首次将绿色金融债券引入国内市场,要求绿色金融债券收益的使用必须是《绿色债券支持项目目录(2015 年版)》中定义的绿色项目。

2016 年,中国人民银行联合七部委印发了《关于构建绿色金融体系的指导意见》,着力推动构建覆盖银行、证券、保险、碳金融等各个领域的绿色金融体系,具体要求了重点排放企业强制披露,并完善上市公司和发债企业的强制性环境信息披露制度,标志着我国披露体系进入半强制化阶段,也标志着我国成为全球首个系统性提出绿色金融政策框架的国家。

2017 年,中国人民银行牵头印发了《落实〈关于构建绿色金融体系的指导意见〉的分工方案》,明确我国构建绿色金融体系的当务之急是建立信息强制披露制度。同年,中国人民银行、中国证券监督管理委员联合印发了《绿色债券评估认证行为指引(暂行)》,为中华人民共和国境内发行的绿色债券提供评估认证服务的评估认证机构提供指引。

2021 年,中国人民银行发布了《银行业金融机构绿色金融评价方案》,在引导金融行业绿色发展和建立 ESG 政策框架方面做出了积极贡献。同年,中国人民银行、国家发展改革委和证监会联合发布《绿色债券支持项目目录(2021 年版)》,要求各单位结合各自领域的绿色发展目标任务和绿色金融体系建设情况,推动经济社会可持续发展和绿色低碳转型。这推动中国成为全球第二大绿色债券市场,形成 1.2 万亿元的发行规模。而且,中国人民银行还进一步推动新型可持续债券发行,包括可持续关联债券、蓝色债券和"碳中和"债券等,推动各大商业银行积极实践以 ESG 为主题的理财产品,已累计发行 ESG 理财产品超 60 款。

二、监管机构(银保监会、证监会)

2007 年,银保监会发布《关于加强银行业金融机构社会责任的意见》,要求企业和各种社会组织在发展的同时,严格履行社会责任,坚持经济效益和社会效益的统一。同时,要求各银行业金融机构要结合本行实际情况,采取适当方式发布社会责任报告;主要银行业金融机构应定期发布社会责任年度报告。2019年,银保监会发布了《关于推动银行业和保险业高质量发展的指导意见》,要求大力发展绿色金融,强化环境、社会、治理信息披露以及与利益相关者的交流互动。

2009年,证监会发布了《关于做好上市公司2009年年度报告及相关工作的公告》,要求上市公司增强社会责任意识,积极承担社会责任,鼓励披露年度社会责任报告。上市公司可以根据自身特点拟定年度社会责任报告的具体内容,包括公司在促进社会可持续发展、促进环境及生态可持续发展、促进经济可持续发展方面所做的工作等,鼓励上市公司在披露年报的同时披露年度社会责任报告。

2017年,证监会发布了《中国证监会关于支持绿色债券发展的指导意见》,意见就绿色公司债券的范畴、参考产业项目、发行人、申报受理及审核实行、信息披露义务等十四个方面进行了指导。同年,证监会发布了《公开发行证券的公司信息披露内容与格式准则第2号——年度报告的内容与格式(2017年修订)》,要求污染严重的上市公司实行强制披露制度,其余则须遵守解释制度。

2018年,证监会在《上市公司治理准则》修订版中正式确立了企业ESG信息披露基本框架。根据相关法律规定,如未依法履行信息披露义务,则将可能承担民事责任、行政责任,甚至刑事责任。

2019年,证监会发布了《公开发行证券的公司信息披露内容与格式准则》第2号和第3号文件,规定上市公司年度和半年度报告内容与格式,特别明确了重点排污单位相关上市公司的报告要求,与央行政策形成协作联动。

2020年,证监会《上市公司信息披露管理办法(修订稿)》(征求意见稿)对外公开征求意见。该修订稿包括信息披露的新篇章,具体规定了信息披露的原则、内容和范围以及责任,突出了信息披露对上市公司和投资者的重要性,但没有明确提及环境、社会和治理的披露。同年,深交所修订了《上市公司信息披露工作考核办法》,积极鼓励上市公司发布CSR报告、ESG报告及披露符合国家重大战略方针的信息。上交所也在科创板对ESG信息披露进行试点,强制要求科创板未上市企业上市前披露ESG相关信息,鼓励已上市企业自愿披露,并公布了《上海证券交易所科创板股票上市规则(2020年12月修订)》,强调上市公司应当在年度报告中披露社会责任表现,包括环境保护、产品安全、员工和利益相关者权利。

2021年,证监会发布《关于就〈上市公司投资者关系管理指引(征求意见稿)〉公开征求意见的通知》,主要修订包括落实新发展理念的要求,根据新修订的《上市公司治理准则》要求,在沟通内容中增加了公司的环境保护、社会责任和公司治理(ESG)信息。同年,证监会发布《公开发行证券的公司披露内容和格式准则》,其中第二章第五节"环境和社会责任"提出了应强制披露的公司须披露的内容。

三、交易所(上交所、深交所、港交所)

2008年,上交所发布了《上海证券交易所上市公司环境信息披露指引》,要求各上市公司应增强作为社会成员的责任意识,在追求自身经济效益、保护股东利益的同时,重视公司对利益相关者、社会、环境保护、资源利用等方面的非商业贡献。鼓励公司及时披露在承担社会责任方面的特色做法及取得的成绩,并在披露公司年度报告的同时,在上交所网站上披露公司的年度社会责任报告。同年,深交所发布了《〈公司履行社会责任的报告〉编制指引》,要求上市公司披露在促进社会可持续发展、环境及生态可持续发展、经济可持续发展方面的工作。

2012年,港交所发布了《环境、社会及管治报告指引》,这是我国最早发布的ESG报告指引。该指引建议上市公司每年根据该指引要求披露ESG信息。随后,联交所频繁对该指引进行修订完善和意见咨询,监管要求也从"建议披露"提升到"不遵守就解释",再到"强制披露"。

2018年,上交所发布了《关于加强上市公司社会责任承担工作暨发布〈上海证券交易所上市公司环境信息披露指引〉的通知》。

2019年,港交所发布了《检讨〈环境、社会及管治报告指引〉及相关〈上市规则〉条文》,对之前的ESG报告指引进行修订,对上市公司ESG信息披露的监管要求进一步严格。比如,新增两项"强制披露"内容,包括披露管治架构、描述报告汇报原则和范围,明确了"社会"责任所有关键绩效指标的披露责任为"不遵守就解释",明确了气候变化相关重大事宜、节能减排目标及采取措施的"不遵守就解释"披露要求。

2020年,深交所发布了《上市公司规范运作指引》《上市公司业务办理指南第2号——定期报告披露相关事宜》(2020年)。上述文件规定了上市公司环境信息披露的内容、周期和形式,包括重大环境污染问题的产生原因、业绩影响、污染情况、拟采取措施,以及公司在生态环境、可持续发展和环保方面的相关举措等。同年,深交所还率先修订了《深圳证券交易所上市公司信息披露工作考核办法(2020年修订)》,首提上市公司ESG主动披露要求,明确了上市公司履行社会责任信息披露情况的考核,以及发行人依法在招股说明书中充分披露募投项目环境信息的要求。

2021年,港交所发布《检讨〈企业管治守则〉及相关〈上市规则〉条文》,引入多项新措施以提升香港上市公司的公司治理水平,包括强调企业文化与其目的、价值及策略必须一致,明确反贪污及举报措施的"不遵守就解释"披露要求,明确董事会独立性,强制设立提名委员会等要求。

各大交易所致力于上市公司环境、社会责任信息披露制度规范和健全,为ESG政策框架的信息披露制度完善奠定了基础。

四、协会、高校和科研院所

2018年,中国证券投资基金业协会发布了《中国上市公司ESG评价体系研究报告》,提出上市公司ESG评价的核心指标体系。同年中国证券投资基金业协会发布了《绿色投资指引(试行)》,引导绿色投资行为规范,推动绿色投资可持续发展。2019年,基金业协会发布了《基金管理人绿色投资自评估报告》。此外,Wind资讯库已接入部分研究机构的ESG评级产品,使投资者可以更加直观便捷地识别和评估中国上市公司的ESG投资机遇和风险。

与此同时,近年各大高校和科研机构也对ESG高度关注,致力于推动企业绿色发展、社会责任和公司治理方面的研究。在绿色发展方面,中国社会科学院城市发展与环境研究所等发布了《中国企业绿色发展报告No.1(2015)》,联合国工业发展组织(UNIDO)-联合国环境规划署(UNEP)绿色产业平台中国办公室推动了中国企业绿色评价研究,中央财经大学绿色金融国际研究院致力于建构"绿色领先股票指数"方法学。在社会责任方面,中国社会科学院连续数年发布中国企业社会责任研究报告。在公司治理方面,南开大学李维安教授研究发布了中国上市公司治理评价系统,北京师范大学高明华教授发布了《中国上市公司治理分类指数报告》,中国社科院世界经济与政治研究所治理研究中心与其他机构对中国最大的 100 家上市公司的治理情况进行评价。

各方的积极参与有助于为中国 ESG 发展建立良好生态,也有助于推动 ESG 政策框架完善。

与此同时,国内多家大型资产管理公司已经开始按照国际责任投资原则实践 ESG 投资。2019 年,中国证券投资基金业协会报告显示,通过对 82 家基金公司调研的数据显示,2019 年国内有 12% 的公募基金建立了自有的 ESG 评价体系。2018 年 12 月 10 日,中证指数有限公司正式发布国内首只 ESG 指数——中证 180ESG 指数,该指数以沪市上市公司中 ESG 表现较好的公司数据为样本,反映此类公司的整体表现。2019 年,国内规模最大的公募基金易方达发布了第一只 ESG 基金"易方达 ESG 责任投资股票"。同年,嘉实基金联合中证指数有限公司编制发布了中证嘉实沪深 300ESG 领先指数。ESG 投资产品的百花齐放正从市场投资需求角度倒逼制度完善和上市公司 ESG 信息披露规范及相关表现优化等,还促进了 ESG 评级体系、指数产品、基金产品等市场工具的成熟化和规范化。而且,近年来上市公司在年报、可持续发展报告、ESG 报告、CSR 报告中对环境信息披露的完整性、准确性较之前年度持续提升。在环境信息强制披露制度下,上市公司环保合规工作将面临来自证券监管方面和生态环境方面的双重法律监管。各大基金和上市公司的快速跟进和回应,促进了 ESG 政策框架和评级体系的更新迭代及完善。

五、地方层面

笔者搜集整理了地方层面与 ESG 紧密相关的政策,如表 4-1 所示。

表 4-1　地方层面的 ESG 政策梳理

时间	政策	主体
2021	《金融支持北京绿色低碳高质量发展的意见》	北京
2021	《关于构建首都绿色金融体系的实施办法》	
2021	《上海加快打造国际绿色金融枢纽服务碳达峰碳中和目标的实施意见》	上海
2008	《上海市企业社会责任地方标准》	
2018	《企业管治及环境、社会和管治(气候信息披露)指引》	香港
2021	《重庆绿色金融大道发展专项规划》	重庆
2021	《黑龙江省绿色金融工作实施方案》	黑龙江
2022	《云南省加快建立健全绿色低碳循环发展经济体系行动计划》	云南
2022	《关于有序做好绿色金融支持绿色建筑发展工作的通知》	河北
2021	《关于建立降碳产品价值实现机制的实施方案(试行)》	
2010	《关于支持绿色金融发展的实施意见》	青海
2016	《关于发展绿色金融的实施意见》	
2018	《四川省绿色金融发展规划》	四川

续表

时间	政策	主体
2021	《天津市碳达峰碳中和促进条例》	天津
2019	《关于促进广州绿色金融改革创新发展的实施意见》	广州
2020	《深圳经济特区绿色金融条例》	深圳
2018	《关于促进厦门市保险行业发展绿色金融的意见》	厦门
2020	《南京江北新区关于进一步深化绿色金融创新促进绿色产业高质量发展的实施意见（试行）》	南京
2021	《关于加快绿色金融发展的实施意见》	扬州
2021	《关于建立健全绿色低碳循环发展经济体系的实施意见》	山西、广东、江苏、浙江、河南、河北、宁夏等

上表显示，除香港外，我国其他地区没有专门针对 ESG 的政策，主要是与 ESG 间接相关的政策。这些政策主要可分为双碳政策和绿色金融政策两个方面。

1. 地方的双碳政策

2021年，天津出台了《天津市碳达峰碳中和促进条例》，这是首部以实现碳达峰、碳中和目标为立法主旨的省级地方性法规。

同年，河北发布了《关于建立降碳产品价值实现机制的实施方案（试行）》，要求加快建立健全河北省生态产品价值实现机制，推进降碳产品价值的有效转化，遏制高耗能、高排放行业的盲目发展，助力社会经济的全面绿色转型。

此外，2021年山西、广东、江苏、浙江、河南、河北、宁夏等地分别发布了《关于建立健全绿色低碳循环发展经济体系的实施意见》，提出分阶段的主要目标。到2025年，产业结构、能源结构、交通运输结构和用地结构将更加优化，绿色低碳循环发展的经济体系基本建成。到2035年，绿色生产生活方式将总体形成，生态环境根本好转，建成绿色低碳循环发展经济体系。文件还要求从供给和需求两端同时发力，全方位推行绿色规划、绿色设计、绿色投资、绿色建设、绿色生产、绿色流通、绿色生活和绿色消费，统筹推进高质量发展和高水平保护，确保实现碳达峰、碳中和目标。这为制定面向碳中和的 ESG 顶层设计政策奠定了基础。

2. 地方的绿色金融政策

省级绿色金融政策最早始于2010年青海省金融办发布的《关于支持绿色金融发展的实施意见》。该文件提出了对绿色金融风险防范的准备，强调建立健全绿色金融信用环境风险防范机制。近年来，青海省绿色金融发展意识逐渐增强，政策体系逐步完善。

2016年，青海省印发了《关于发展绿色金融的实施意见》，提出要建立凸显青海生态特色的绿色金融体系，以绿色信贷为载体，大力发展绿色金融。同年，青海省首次成功发行非金融机构绿色债券，所募资金主要投向新能源电站建设，实现了绿色债券"零"的突破。此外，青海省还搭建了"一个办法、三个指引"的环境污染强制责任保险制度，为保险业促进绿色发展提供契机，推动了绿色基金和 PPP 绿色融资起步。这为青海推动 ESG 金融政策创新打下了坚实基础。

2017年，北京发布了《关于构建首都绿色金融体系的实施办法》，提出要加强绿色金融风险监测预警和信息披露，有效防范绿色信贷和绿色债券违约风险，坚决打击假借绿色金融名义的非法集资行为。该文件还特别提及要加强银行业绿色金融创新发展，支持在京银行业金融机构成立绿色金融事业部或绿色分支行等绿色金融专营机构，鼓励银行在信贷规模、财务、人力和风险容忍度等方面对绿色金融给予大力支持，加快建立绿色信贷授信制度、尽职免责制度和环境保护责任制度，开辟绿色信贷审批专项通道。

2018年，四川发布了《四川省绿色金融发展规划》，提出要建立健全绿色金融风险预警机制，加强对绿色金融资金的监管，建立企业环境信息披露制度和重大环境风险申诉交流制度。这为建立ESG金融风险评估机制和制定银行业ESG金融创新政策奠定了基础。

2022年，河北印发了《关于有序做好绿色金融支持绿色建筑发展工作的通知》，强调开展绿色金融支持绿色建筑发展工作的重要意义，支持和引导金融机构建立和优化符合绿色建筑项目特点的信贷管理制度，要求各地各相关部门通过对绿色建筑的融资保障、减费让利，降低综合融资成本，提高绿色金融服务的供给能力和水平，推动城乡建设的绿色转型和高质量发展。通知明确，金融机构应对符合要求的绿色建筑项目给予重点支持，保险机构应为这些项目提供绿色建筑综合保险服务，金融机构在贷款发放后应持续进行评估、监测和统计分析，强化贷后资金流向监控，严防资金流向非绿色建筑领域。该通知为ESG评价结果的运用政策奠定了基础。

具备条件的地方市级政府也在出台绿色金融政策。2018年，厦门出台了《关于促进厦门市保险行业发展绿色金融的意见》，这是全国保险行业的首例政策，旨在积极构建绿色保险体系，并明确了保费补贴、风险补偿、创新奖励等方面的财政扶持政策。2019年，广州发布了《关于促进广州绿色金融改革创新发展的实施意见》，提出要加强绿色金融风险防范，建立国家金融监管部门驻粤机构、地方金融监管部门及相关部门协同的监管机制，综合运用金融科技手段加强绿色金融风险防控。2020年，深圳通过了《深圳经济特区绿色金融条例》，形成了涵盖"制度与标准＋产品与服务＋绿色投资评估＋信息披露＋服务与促进＋监管与管理"的绿色金融活动完整生态链的政策框架。这是我国首部绿色金融法律法规，也是全球首部规范绿色金融的综合性法案，是面向碳中和的有力政策。2021年，扬州发布了《关于加快绿色金融发展的实施意见》，明确了绿色金融的支持范围，积极对接人民银行碳减排支持工具，鼓励银行机构研究碳排放权相关的碳金融产品，创新并推广水权、用能权、合同能源管理收益权等抵质押贷款产品，推广碳中和债券、可持续发展挂钩债券等创新金融产品，探索设立绿色发展基金，带动社会资本支持绿色产业。

第三节 信息披露

上海证券交易所于2008年5月正式发布了《关于加强上市公司社会责任承担工作暨发布〈上海证券交易所上市公司环境信息披露指引〉的通知》，明确要求上海证券交易所上市公司需要承担社会责任相关工作并必须披露环境信息。2018年9月，证监会正式发布了新版《上市公司治理准则》，特别增加了环境保护与社会责任相关内容，旨在突出上市公司在环境保护、社会责任方面的引导作用，并建立了企业ESG信息披露的基本框架。同年，基金业协会发布了《中国上市公司ESG评价体系研究报告》和《绿色投资指引（试行）》，提出了衡量上市公司ESG绩效的核心指标体系。至此，中国ESG信息披露制度框架基本形成，为ESG投资和评价的发展奠定了坚实基础。2023年12月15日，上海证券交易所正式发布实施《上海证券交易所上市公司自律监管指引第 1 号——规范运作》，该文件第八章对社会责任信息披露相关要求进行了明确规定。最新政策包括要求"上证公司治理板块"样本公司、境内外同时上市的公司及金融类公司发布社会责任报告，要求纳入"科创 50 指数"上市公司单独披露社会责任报告或 ESG 报告等。

深圳证券交易所在 2020 年率先修订了《深圳证券交易所上市公司信息披露工作考核办法(2020 年修订)》，首次提出了上市公司的 ESG 自愿信息披露要求，并明确了上市公司进行社会责任信息披露的考核标准。2023 年 12 月 15 日，深交所发布实施了《深圳证券交易所上市公司自律监管指引第 1 号——主板上市公司规范运作》，该文件第八章对社会责任信息披露相关要求进行了明确规定，进一步加强了对社会责任的披露要求。例如，"深证 100"样本公司应当在年度报告披露的同时披露社会责任报告，同时鼓励其他有条件的上市公司在年度报告披露时同步发布社会责任报告。

香港交易及结算所有限公司于 2015 年发布了《ESG 报告指引》修订版，要求在其上市的企业披露 ESG 信息，采取"不遵守就解释"的规定，并明确了需要披露的"关键绩效指标"(KPI)。随后，于 2019 年 12 月进一步修订并发布了《环境、社会及管治报告指引》(第三版)，提升了相关管理和披露要求。这些举措与中国大陆的相关政策共同构成了我国 ESG 信息披露体系的重要组成部分。

2022 年，国资委公布了《提高央企控股上市公司质量工作方案》，明确提出央企上市公司需要贯彻落实新发展理念，探索建立健全 ESG 体系。中央企业集团公司要推动央企控股上市公司 ESG 专业治理能力与风险管理能力不断提高，并推动更多央企控股上市公司披露 ESG 专项报告，力争到 2023 年实现相关专项报告披露的"全覆盖"。

此外，一些国内科研机构也发布了相关指引和标准，如中国社科院发布的《中国企业社会责任报告指南(CASS-ESG5.0)》和国家标准委发布的(GB/T 36001—2015)《社会责任报告编写指南》。这些指引和标准进一步丰富了我国 ESG 信息披露的制度框架，为企业提供了具体的操作指南。

第四节 评级体系

一、ESG 评级机构概况

国内大多数评估主要集中在 ESG 中的某一方面进行评估，评估对象多为信息披露较完善的上市公司。评估体系大多采用指标分析方法，并辅以专家打分等主观判断作为权重调整的依据。数据来源主要包括上市公司公开信息和企业调查问卷等。

在环境责任方面，2015 年 8 月 7 日，中国社会科学院等机构联合发布了《中国企业绿色发展报告 No.1(2015)》。该报告设立了"企业绿色发展评价指标体系"，对不同领域的 586 家中国企业进行评估，并根据评估结果评选出中国企业绿色发展前 500 强和 200 强。2017 年 6 月 14 日，中央财经大学发布了"绿色领先股票指数"方法，该方法包含企业"绿色表现"的定性和定量指标，以及企业负面环境新闻和环保处罚记录。2017 年 7 月 6 日，UNIDO-UNEP 绿色产业平台中国办公室发布了中国企业绿色评价研究报告，利用 311 个指标构建了中国企业绿色评价指标体系，并通过该体系对 50 家上市公司和 700 家京津冀重点污染监控企业进行了排名。

在社会责任方面,中国社会科学院于 2018 年 12 月 28 日发布了《中国企业社会责任报告白皮书(2018)》,其中包含了 2018 年在港上市公司 ESG 分析及中国 A 股主板 1892 家上市公司 ESG 信息披露研究的相关内容。

在公司治理方面,2017 年 12 月 16 日,北京师范大学发布了《中国公司治理分类指数报告 No.16(2017)》,报告计算了 2016 年大多数上市公司的六类公司治理指数,并分别从总体、地区、行业和上市板块等角度进行了测量评估和比较分析。2019 年 7 月 20 日,南开大学发布了 2019 年中国上市公司治理体系。该体系从股东治理、董事会治理、监事会治理、经理层治理、信息披露和利益相关者治理六个维度对上市公司的治理状况进行评估,评估样本量为 3562 家上市公司,包括主板 1827 家、中小企业板 909 家、创业板 738 家和金融业板块 88 家。

二、国内主要 ESG 评级机构及其评级体系分析

(一) 中财绿色金融研究院

中央财经大学绿色金融国际研究院(简称中财绿金院)是国内首家以推动绿色金融发展为目标的开放性、国际化的研究机构,其前身为中央财经大学气候与能源金融研究中心,成立于 2011 年 9 月。该研究院拥有国内领先的 ESG 数据,并拥有全球唯一的中国债券发行主体 ESG 评级,涵盖了超过 4000 家中国公司的 ESG 数据,包括上市公司和非上市发债主体。目前,ESG 数据库主要涵盖五大功能:ESG 数据库、ESG 评级、ESG 评级报告、ESG 指数和 ESG 研究报告。通过访问中财绿金院的 ESG 数据库,可以随时随地定制化地获取中国企业的全面 ESG 信息,轻松获取 ESG 评级结果、行业表现、具体指标得分、量化数据以及独家 ESG 分析报告。

截至 2020 年 10 月,中财绿金院的 ESG 数据库包含了 2019 年及 2020 年全部 A 股 ESG 数据、沪深 300 近 9 年的环境数据、中证 800 近五年的 ESG 数据、沪深港通近两年全部样本公司以及 188 家科创板企业的 ESG 数据,样本数量已达 8000 余家。同时,数据库还包括 2279 家债券发行主体的 ESG 评级,包括 737 家上市主体(其中包括 283 家 AAA 主体、226 家 AA＋主体及部分 AA 主体)和 1542 家非上市主体(其中包括 646 家 AAA 主体以及 896 家 AA＋主体及部分 AA 主体)。

1. 评级指标体系

中财绿金院的 ESG 评价指标体系包含 3 个一级指标:环境(E)、社会(S)和公司治理(G),37 项二级指标以及近 300 项三级指标,能够从定性和定量两个层面对企业在 ESG 层面的表现及潜在的 ESG 风险进行全方位考量。

在环境指标方面,中财绿金院的 ESG 评价体系通过企业的绿色发展战略及政策、绿色供应链的全生命周期以及在生物多样性维护方面采取的措施等定性指标,判断其绿色发展程度,同时根据企业在污染物排放、能源使用、绿色业务开展等方面的数据进行全面衡量,以确保绿色收入占比高的相关行业得以入选。

在社会指标方面,评价体系从定性角度关注企业对员工、消费者、供应商、社区等利益相关方的回应情况,以及在公共卫生层面是否积极采取应对措施;在定量角度则测评企业的社会责任风险和社会责任量化信息,以综合考量其社会贡献水平。

在公司治理指标方面，评价体系涵盖企业组织结构、投资者关系、信息透明度、技术创新、风险管理、机构投资者参与等定性指标，并在组织结构中纳入具有中国企业特性的党建等关键指标。此外，还设置了反映公司治理能力的定量指标，如盈余管理、股利分配、薪酬激励机制等，以综合判断企业的公司治理水平。

2. 评级方法

中财绿金院建立了中外结合的 ESG 评级方法。首先，融合国际准则与中国特色，实现"1+1"综合评价。该评价体系在参考国际通行指标的基础上，融合了中国政策环境和市场发展特征。其次，充分考量不同行业特征，设置行业特色评价指标。中财绿金院根据《证监会企业行业分类指引》，将公司行业划分为三类一级行业：制造业、服务业和金融业，并在此基础上细分具体的二级行业。环境维度设置了行业特色指标，而社会和治理维度则使用通用指标以增强横向可比性。再次，重视定性评价与定量评估相结合，全面反映企业的 ESG 业绩表现。该方法通过定性和定量指标相结合，既考量企业的信息披露情况，又衡量企业的经营活动或特定行为的成果或效果。最后，纳入负面行为与风险测量，有效识别企业潜在的 ESG 风险。中财绿金院的 ESG 评价方法在考量企业 ESG 表现的同时，也注重企业的负面行为与潜在风险，通过设置扣分项和引入计量负面新闻的方法，提高了评价的客观性和公正性。

3. ESG 评价流程

中财绿金院的 ESG 评价流程主要分为以下四步：第一步，划分行业。参照《证监会企业行业分类指引》将待评估企业的所属行业划分为三大行业，并据此匹配一般评价指标和特色行业指标，编制行业 ESG 评分表。第二步，通过多方数据来源渠道，采用公开信息，根据 ESG 评分表对待评估企业进行评分，并收集企业的负面行为信息，过滤潜在的 ESG 风险。第三步，对收集的基础数据进行清洗与复核。安排专业人员根据质量监控和复核机制对基础数据及负面行为相关信息进行二次复核，确保数据质量。第四步，量化汇总。将企业在环境、社会、公司治理三个层面的得分进行标准化，并采用专业的加权方式，汇总得出一个具有可比性的量化得分。

（二）商道融绿

商道融绿是美国穆迪投资的绿色金融及责任投资服务机构，提供责任投资与 ESG 评估及信息服务、绿色债券评估认证、绿色金融咨询与研究等服务。商道融绿的 ESG 评级主要针对沪深 300 指数的公司。

商道融绿的评估指标体系分为三级。一级指标包括环境、社会和公司治理三个维度。二级指标涵盖 13 项分类议题，如在公司治理维度下，二级指标包括商业道德、公司治理、负面事件等。三级指标涵盖 200 余项具体的 ESG 指标，如在环境方面，三级指标包括能源消耗、水污染、绿色采购政策、温室气体排放、固废污染等。商道融绿的评估指标分为通用指标和行业特定指标。通用指标适用于所有上市公司，而行业特定指标则仅适用于特定行业的公司。

在评级方法方面，商道融绿依据各行业的属性对指标设置权重。在对 ESG 信息进行评价打分后，评估体系将通过加权计算出每家公司的整体 ESG 绩效分数，并最终根据得分给出 ESG 评级。

在 ESG 信息来源方面,该指标体系参考的均为公开信息,包括正面信息和负面信息。公司的正面 ESG 信息主要来自企业自主披露的资料,如企业网站、年报、可持续发展报告、社会责任报告、环境报告、公告和媒体采访等。企业的负面 ESG 信息则主要来自企业自主披露的财务报告、企业社会责任报告、新闻媒体报道、监管部门公告以及社会非政府组织的调查等文件。

(三)社科院中国企业管理研究会社会责任与可持续发展专业委员会

2009 年,中国社会科学院所属的中国企业管理研究会社会责任与可持续发展专业委员会(简称专委会)成立,这是国内首个专注于企业社会责任的国家智库研究机构。专委会依托中国社会科学院及各大高校的管理学专家教授,开展企业社会责任、可持续发展及 ESG 投资等领域的研究。截至目前,专委会已编辑出版了 10 余部专著和研究报告。

专委会的 ESG 评级主要面向在上海证券交易所和深圳证券交易所上市的公司,评级对象包括深证 100、上证 50 以及被纳入 MSCI 的 234 只成分股的上市公司。

专委会的 ESG 评级体系以创新、协调、绿色、开放、共享五大发展理念为指导思想,在借鉴国际经验的同时,结合中国国情,采用定性与定量、正面与负面信息相结合的 ESG 评价指标体系。该体系旨在通过评价促进上市公司改进,推动其落实高质量发展要求,回应资本市场需求,并实现自身可持续发展,吸引更多国内外投资者的关注。评级体系的核心思想是结合我国经济高质量发展的需求、资本市场完善与开放的要求以及上市公司自身的可持续成长需要,在指标体系构建与指标筛选中强调实现三个方面的平衡与协调。ESG 评价指标体系参考了联合国可持续发展目标(SDGs)、GRI 标准、ISO26000 社会责任指南等国际标准和指南。指标体系重点围绕企业全面识别和管控社会环境风险,抓住可持续发展机遇,提升可持续成长能力。其核心思想是将 ESG 评级与企业的内部管理提升相结合,通过行业评级促使企业对标管理,增强其可持续竞争力。

专委会将环境、社会和治理三个维度作为一级指标,构建了由 3 个一级指标、12 个二级指标和 33 个三级指标组成的三层次指标体系。指标主要来源包括以下几点。第一,现有国家政策要求:该指标构建依据国家宏观政策要求,包括防范化解三大攻坚战、高质量发展、五大新发展理念等国家政策中关于可持续发展方面的具体要求。第二,现有评价指标:现有评价指标体系参考了国际社会标准指南倡议、国内外评级机构评价指标、国内外 ESG 指数评级评价指标以及监管机构评价指引等。第三,中国上市公司 ESG 发展实践:这一类指标是现有 ESG 评价体系中传统 ESG 评价指标没有涉及的,但对于上市公司加强 ESG 管理非常重要的实践指导性指标。

评级方法遵循重要性、引导性、前瞻性和实践性原则,依据优化后的指标赋值和赋权原则,体现 ESG 评价的领先性和客观性。ESG 评价指标在基本权重的评价体系下,根据不同指标对企业的重要性和影响程度,不同行业的 ESG 评估指标被赋予不同权重。在对 ESG 信息进行评价打分后,评估体系将加权计算出公司的整体 ESG 绩效分数。通过对企业 ESG 评价指标赋权进行优化,以及对企业 ESG 评价三级指标赋值原则进行确认,形成了企业 ESG 评价体系。通过对样本企业进行 ESG 评价,依据得分高低,划分出 A、B、C 三个等级,并进一步细分为 AAA、AA、A、BB、B、C 六个级别。

专委会建立了企业 ESG 评价信息数据库,将企业的基本信息和 ESG 信息集成在一起,通过企业 ESG 评价信息系统直接实现企业 ESG 评价结果的汇总，避免在评价和结果汇总过程中出现问题。评级企业的基本信息主要通过"国泰安数据服务中心"开发的中国上市公司研究系列数据库和"Wind 资讯"开发的中国上市公司数据库获取。对于上市公司的 ESG 信息，主要获取渠道包括企业网站、年报、可持续发展报告、社会责任报告、环境报告等专项报告、公告以及媒体采访等。同时，对于上市公司的负面社会责任信息，专委会通过检索权威网站、权威媒体报道、上交所、深交所及政府部门网站等渠道获取。评级信息审核工作旨在确保所收集信息的真实性、完备性以及依据所收集到的信息开展的三级指标赋值的准确性。审核工作确保所收集的信息均对应特定的三级指标所标识的企业社会责任意愿、行动或绩效，避免因信息对应错误导致企业 ESG 评价结果出现偏差。

第五节 市场情况

我国 ESG 发展尚处于早期阶段，各市场参与者尚未形成完备的 ESG 认知体系，对于责任投资（ESG）内涵和外延的理解不明确，没有完全一致共识基础，甚至存在可持续发展、社会责任投资、影响力投资等相关概念混用的情况。构建基础设施投资外部性的 ESG 理论框架对于推进 ESG 评价体系建立、应用和推广影响深远。本章节从理论层面探讨 ESG 视角下基础设施投资外部性管理的理论框架，通过界定 ESG 责任概念内涵，基于利益相关者理论，借鉴"差序格局"，构建基础设施投资外部性的 ESG 圈层结构。ESG 是投融资主体履行环境、社会和治理责任的核心框架及评价体系，体现了兼顾环境、社会、治理效益的可持续发展价值观，相比于财务指标等传统评价方法，ESG 更加关注实现长期可持续回报和促进社会可持续发展等评价指标和方法，主张投资回报与其外部性的均衡，旨在实现"义利并举"。

相比之下，ESG 在中国受关注度很高。A 股市场首只 ESG 指数"国证治理指数"发布于 2005 年。第一只真正意义上的社会责任型公募基金"兴全社会责任基金"则发行于 2008 年。2018 年，明晟正式将中国 A 股上市公司纳入 ESG 考评。此举极大地推动了国内各大机构与上市公司对 ESG 的关注和实践，促进相关政策陆续出台，推动中国 ESG 快速发展。与此同时，中国提出绿色发展理念，优化市场要素配置和投资结构，也为中国 ESG 的发展奠定了良好基础。

ESG 转型是实现投资结构优化、融资可持续的关键。ESG 投资实践既需要市场制度规则，更需要政策框架体系。在新发展阶段的战略引领下，中国 ESG 发展进入快车道。国际标准层面，截至 2022 年 4 月，中国共有 95 家机构签署联合国的负责任投资原则（PRI），较 2021 年增长约 20%，涵盖 4 家资产所有者、70 家投资经理机构以及 21 家服务提供商。交易所层面，上交所和深交所均加入了可持续证券交易所倡议（SSE），加强与各国交易所的对话和合作，推动 ESG 投资理念传播和落地。

投资实践层面，据财新数据统计，2021 年前三季度，ESG 公募基金数量呈井喷式增长，新发 ESG 产品 48 只，新发产品数接近此前五年的总和，全市场 ESG 公募基金资产管理总规模跃升至接近 2500 亿元，几乎是去年同期的两倍。25% 以上的 A 股上市公司发布了 2020 年度 CSR/ESG 报告。据商道纵横统计，截至 2021 年 7 月 31 日，港股上市公司 ESG 信息披露率高达 93.8%。与此同时，在监管层对资本市场高质量发展、支持实体经济要求和金融领域进一步对外开放推动下，一些资产管理机构开始尝试新的 ESG 策略，通过积极开展尽责管理推动上市公司高质量发展，提高上市公司的 ESG 表现，为投资者创造长期利益。

第五章

全球ESG政策模式的分类框架

第一节 理论依据

就理论上而言,政策工具选择具有经济学视角、政治学视角、规范视角与法律视角四种视角;存在传统的途径、修正的途径、制度主义、公共选择与政策网络五种最为典型的研究途径,政策工具选择的特质在于该选择不仅应考虑政策工具本身还须充分考虑政策工具运作的环境(丁煌 等,2009)。考虑政策工具本身需运用理性的思维,而当前政策工具运作的"核心环境"为政策网络,也就是要考虑政策网络的价值导向,下文将对政策工具的选择所给予的工具理性视角和价值理性视角进行理论回顾。

一、工具理性视角:政策工具理论

政策工具理论对从工具理性视角进行政策分类提供了启发。政策工具分类的方式多种多样。最基本的分类方式从权力资源的不同使用逻辑出发,将政策工具分为强制权力、规范权力和奖惩权力。其中,强制权力包含暴力和精神压力的使用;规范权力包含舆论宣传和标准设立;奖惩权力包含资金和物质资源的给予和抽取(陈振明,2009)。

在此基础上,有学者按照政策工具调动的资源属性,将其分为管制性工具、信息性工具和经济性工具三类(Bemelmans-videc et al.,2017)。管制性工具属于权威资源的运用,强制性最高,用于禁止某项行为比如颁布禁止排放污水的法案等。经济性工具属于经济资源的运用,强制性程度弱化,与市场机制结合使用,对社会主体的行动产生激励或者抑制作用,比如对碳排放征税,对新能源技术进行补贴等。信息性工具属于信息资源的运用,强制性程度最低,与信息机制共同发挥作用,由于市场具有信息不对称的特性,政府如果使社会主体更频繁更容易地收到某一方面的信息,就会对其行为产生影响,比如提出标语和口号、进行信息公示、建立咨询平台等(Linder et al.,1989)。

在按照资源属性分类的基础上,如何在不同属性之间建立一贯的衡量尺度以制定工具谱系变得更加重要。强制性程度和合法性程度是衡量各种政策工具内在属性的极佳尺度。根据强制性程度可以将各类工具区分为强制型工具、混合型工具和自愿型工具三类,并按照强弱绘成政策光谱图。根据合法性程度从强到弱,将政策工具区分为公共所有权、规制、支出、劝告、私人行为五类。

二、价值理性视角：公共价值理论

公共价值理论对从价值理性视角进行政策分类提供了启发。公共价值管理的概念最早由托马斯·库恩在其所著的《必要的张力》与《科学革命的结构》两本书当中提出，并且进行了一种历史主义的解释。1995年，穆尔在其专著《创造公共价值：政府中的战略管理》中将公共价值作为学术术语正式提出。其后，波兹曼于2002年、2015年和2019年发表的三篇论文创立了公共价值理论的新学派，他建立了一套"公共价值失败标准"（public values failure criteria），这是一套与市场失灵标准并列的框架。波兹曼首先将其分为七个类别，其后提出了"公共价值失灵"模型替代用简单的"市场失灵"模型来衡量公共政策和公共服务的有效性。

公共价值是公民对政府期望的集合。公共部门管理的"战略三角"主要包括三个要素，分别是公共价值、运作能力、支持和合法性（Moore，2014）。三者达到平衡的关键是，要考虑公共价值，因此，实现三者的平衡是公共部门战略管理应遵循的标准。斯托克（Stoke）认为公共价值取决于基于政治谈判的集体偏好表达。集体偏好不是个体偏好的简单总和，而是主体之间反复协商和复杂互动的过程。这些理论命题使公共价值管理成为新一代公共行政模式理论的雏形。

国内学界对于公共价值理论也具有丰硕的理论成果。有学者提出，公共价值是公民满足感的表达（何艳玲，2009），既能够从结果导向也能够从共识导向进行研究（王学军 等，2013）。在应用层面的研究中，有学者将公共价值运用到政府绩效管理当中（包国宪 等，2012；吴春梅 等，2014）；有人从公共价值角度构建了生态建设政策绩效评价指标体系（樊胜岳 等，2013）；有人则研究了公共价值与公共服务绩效之间的关系（姜晓萍 等，2013）。

第二节 分类维度

本书在公共价值理论和政策工具理论的基础上，以"监管工具强制性"和"价值表达协同性"两个维度作为ESG政策模式分类的依据。

一、监管工具强制性

本书在政策工具理论的基础上构建了"监管工具"维度，用于衡量各国ESG政策所用市场监管工具的强制性程度，有"强制"和"非强制"两个取值。

政策工具理论（government instrument）指出，监管工具的强制性与政策网络的特征有关。有学者认为强制工具的出现是为了克服社会对于管制的抵制，因此政策工具的强制性程度与社会压力密切相关，社会压力越小，政策的强制程度越低。有学者认为工具强制性的选择取决于在既定的国家目的上国家能力与社会能力的对比，如果社会力量比较强大，政府会使用自愿性较高的工具，如果社会力量比较弱小，政府倾向于使用强制性的工具（Hood，1983）。还有学者认为，政策工具的选择受限于国家的政治文化、机构的组织文化等政策主体的特性（Linder et al.，1989），后来以上特征被归纳进国家能力与政策子系统的二维框架中，国家能力越高、政策子系统复杂性越低越易使用强制性工具（Howlett，2009）。随着制度主义范式向公共选择范式的转变，官僚、立法机构和利益集团之间的理性博弈成为研究工具选择的重要路径,强制性工具通常被视为符合立法机构利益的体现。在此基础之上,政策网络范式应运而生,并提倡在政策网络中,规范目标群体的意愿、与目标群体行为的关联性、对目标群体提供资源的类型与方式等因素均影响网络成员对政策工具的选择(Bressers,1998)。

但在此,我们认为"强制"不是为了反映国家能力和地方关系,"强制"只是个学术中性词,是为了表现国家为了推行某种政策而地方还不太熟悉时,在国家能力因历史原因形成的强大的背景中先运用国家的力量推广这一概念体系,进而引起地方的兴趣和后期介入。

二、价值表达协同性

本书在公共价值理论的基础上构建了"价值表达"维度,用于衡量各国 ESG 政策模式对于社会多元价值进行表达的协同性程度,有"协同性强"和"协同性弱"两个方面的表现,相应地对应分类的"协同"和"非协同"。

公共价值理论(public value)指出,价值表达的多元性与政策网络的特征有关。公共价值理论认为,对价值的研究能够弥补政府与市场机制的不足。一方面,对于政府而言,权威资源的重要性已经大大下降,价值资源的重要性正在上升(Moore,2014),对公共组织来说确定价值取向与调和价值冲突是现在首要的目标(王学军 等,2013);另一方面,对于市场而言,关于道德经济的研究表明,一旦将价值作为分析的约束,市场效率的结果就会截然不同,价值因素的分析可以解答"市场失灵"解释不了的理论空白。因此,公共行政过程应该被视为一个平衡多元主体价值目标的过程(王学军 等,2013)。健康的多元主义和有争议的公共价值,是公共价值形成和合法化的内在因素,需要注意公共价值的多样性和杂糅性。如果政策制定过程回避了核心公共价值,如果核心价值观的清晰表达和有效沟通没有得到保障,或者如果价值观的聚合过程受到扭曲,就会导致"政府失败"(Bozeman,2002)。

因而,"价值协同"某种意义上展示了作为市场主体之间的相互关系,也就是各主体和市场要素之间是通过更为超然的共同体凝聚而成还是通过"看不见的手"自发调节。

第三节 分类过程和结果

一、指标统计

在基于 G20 国家样本检验分类框架的适用性并且对其进行分类归纳的过程中,本书采用最大公约数的方式来进行分类,其目的是增强分类框架对于不同国家的适用性。在价值表达协同性维度,有环境因素、社会因素与治理因素三项。在监管工具强制性维度,有强制型、混合型、自愿型三项。

按照前述的指标分类,研究者对 G20 国家的 ESG 政策模式进行分类标记,标记方法为将政策文本的二级条款进行编码,再通过人工标记的方法将每一条款归入上述分类指标的某一类别当中,最后统计该类的二级条款数占总数的比重。价值表达维度的指标统计情况如表 5-1 所示,监管工具维度的指标统计情况如表 5-2 所示。

表 5-1　G20 国家 ESG 政策的价值表达统计和差异分析　　%

成员国或地区名称	统计分析			差异分析	
	环境因素①	社会因素②	治理因素③	①与②的差异	①与③的差异
中国	75	9	16	66	59
英国	39	35	26	4	13
印度尼西亚	65	13	22	52	43
印度	36	41	23	5	13
意大利	11	44	44	33	33
土耳其	67	11	22	56	45
沙特阿拉伯	0	0	100	0	100
日本	44	38	19	6	25
欧盟	46	21	33	25	13
南非	23	46	31	23	8
墨西哥	71	29	0	42	71
美国	38	28	34	10	4
加拿大	40	30	30	10	10
韩国	27	36	36	9	9
法国	58	24	17	34	41
俄罗斯	20	20	60	0	40
德国	35	30	35	5	0
巴西	11	36	53	25	42
澳大利亚	43	26	31	17	12
阿根廷	50	50	0	0	50

表 5-2　G20 国家 ESG 政策的监管工具统计和差异分析　　%

成员国或地区名称	统计分析		差异分析
	强制性①	自愿性②	①－②
中国	78	22	56
英国	67	33	34
印度尼西亚	58	42	16
印度	23	78	－55
意大利	22	78	－56
土耳其	1	99	－98
沙特阿拉伯	100	0	100
日本	24	76	－52
欧盟	54	46	8
南非	62	38	24
墨西哥	72	28	44
美国	29	71	－42
加拿大	45	55	－10
韩国	54	45	9
法国	64	36	28
俄罗斯	80	20	60

续表

成员国或地区名称	统计分析		差异分析
	强制性①	自愿性②	①－②
德国	65	35	30
巴西	36	64	－28
澳大利亚	52	48	4
阿根廷	50	50	0

在指标统计结果的基础之上，我们进一步对 ESG 政策模式的两个维度进行分类确认。其中，价值表达维度的确认方式为：ESG 的环境、社会和治理三个方面的词频量差异小于等于 10% 的取值为协同性"强"，差异大于 10% 的取值为协同性"弱"；监管工具强制性的确认方式为：强制占比大于等于自愿的强制性"高"，强制占比小于自愿的强制性"低"。

据此，对各国进行模式归类，模式 A 代表"强制-协同模式"，模式 B 代表"强制-非协同模式"，模式 C 代表"非强制-协同模式"，模式 D 代表"非强制-非协同模式"。变量赋值与政策模式的分类结果如表 5-3 所示。

表 5-3　G20 国家 ESG 政策变量赋值与模式归类

成员国或地区名称	价值表达协同性	监管工具强制性	政策模式
中国	弱	高	模式 B
英国	强	高	模式 A
印度尼西亚	弱	高	模式 B
印度	弱	低	模式 D
意大利	弱	低	模式 D
土耳其	弱	低	模式 D
沙特阿拉伯	弱	低	模式 D
日本	弱	低	模式 D
欧盟	强	高	模式 A
南非	弱	高	模式 B
墨西哥	弱	高	模式 B
美国	强	低	模式 C
加拿大	强	低	模式 C
韩国	强	高	模式 A
法国	强	高	模式 A
俄罗斯	弱	低	模式 D
德国	强	高	模式 A
巴西	弱	高	模式 A
澳大利亚	强	低	模式 C
阿根廷	弱	高	模式 B

二、分类结果

依据 G20 国家的政策变量赋值与模式归类，不难发现，各国 ESG 政策体系存在四种模式。"强制-协同模式"（模式 A）中有英国、德国、法国、韩国等国家；"强制-非协同模式"（模式 B)中有中国、巴西、墨西哥、南非、印度尼西亚等国家；"非强制-协同模式"(模式 C)中有美国、澳大利亚、加拿大等国家；"非强制-非协同模式"(模式 D)中有日本、印度、意大利、土耳其等国家。如表 5-4 所示。

表 5-4　G20 国家政策模式类型划分

政策模式	价值表达	监管工具	包含国家
模式 A	协同度高	强制度高	英国、德国、法国、韩国、欧盟
模式 B	协同度低	强制度高	中国、巴西、墨西哥、南非、印度尼西亚
模式 C	协同度高	强制度低	美国、澳大利亚、加拿大
模式 D	协同度低	强制度低	日本、印度、意大利、土耳其

第四节　四类政策模式特征

一、"强制-协同模式"特征：以英国为例

从总体统计情况来看英国 ESG 政策模式的特征：①监管工具强制性高，一级指标上强制、混合、自愿工具的比例约为 7∶2∶1，重点采用"强化信息披露""加强监管力度""调整技术标准"的监管工具。②价值表达协同性强，一级指标上环境、社会与治理因素的比例约为 4∶3∶3，重点关注了"能源与气候变化""公司管理制度与董事会结构"两个子因素。

从监管工具的维度来看，英国监管工具具有强制性较高的特点。强制型工具占比为 68.3%，混合型工具占比为 20.6%，自愿型工具占比为 11.1%。可以看出，英国在 ESG 政策工具的组合规律上，强制型工具占据压倒性多数。本文统计得出 ESG 政策工具使用情况如表 5-5 所示。

表 5-5　英国 ESG 一级政策工具类型分布统计

工具类型	强制型工具	混合型工具	自愿型工具
数量	630	190	102
占比/%	68.3	20.6	11.1

从监管工具维度的二级分类来看，英国偏好使用"强化信息披露""加强监管力度""调整技术标准"等政策工具。可以看出，在强制型工具中，英国偏好强化信息披露与加强监管力度的政策；在混合型工具中，偏好使用建设数据平台、建立术语系统的政策；在自愿型工具中，偏好采用增加政府投资、转变投资方式的政策。本文统计得出使用情况如表 5-6 所示。

表 5-6　英国 ESG 二级政策工具类型分布统计

类　型	工具名称	数　量	百分比/%
强制型	强化信息披露	567	52.7
	提升披露标准	105	9.8
	加大监管力度	126	11.7
	调整技术标准	95	8.8
	采取行政限制	2	0.2

续表

类 型	工 具 名 称	数 量	百分比/%
混合型	塑造社会共识	1	0.1
	建立术语系统	17	1.6
	开展数据调查	0	0.0
	建设数据平台	38	3.5
	提高企业成本	4	0.4
自愿型	转变投资方式	48	4.5
	提供信贷支持	22	2.0
	使用税收激励	0	0.0
	增加政府投资	48	4.5
	降低投资门槛	2	0.2

从价值表达的协同性来看,英国价值表达具有协同性高的特点。英国的关注领域虽侧重环境因素,但是全要素政策也较多,说明 ESG 三要素已经进行了充分整合,处于三方联动、系统推进的成熟阶段。本文统计得出 ESG 政策工具使用情况如表 5-7 所示。

表 5-7 英国 ESG 一级政策价值维度分布统计

价值维度	环境因素	社会因素	治理因素	整合因素
数量	429	363	342	232
占比/%	31.4	26.6	25.0	17.0

从政策价值表达维度的二级分类来看,英国政府更关注能源行业、公司管理制度与董事会结构等议题。可以看出,在环境领域,英国更关注能源与气候变化、有毒排放物与垃圾相关的政策;在社会领域,更加关注网络安全与隐私保护、歧视与女性、儿童和少数族裔权益相关的政策;在治理领域,更加关注公司管理制度与董事会结构、不正当竞争相关的政策。本文统计得出使用情况如表 5-8 所示。

表 5-8 英国 ESG 二级政策价值维度分布统计

领 域	子 因 素	数 量	百分比/%
环境因素	有毒排放物与垃圾	42	6.3
	能源与气候变化	285	42.9
	生物多样性	18	2.7
	土壤、水等自然资源利用	17	2.6
	包装、快递、造纸业	14	2.1
社会因素	雇佣关系与劳工权益	19	2.9
	性别歧视与女性权益	22	3.3
	网络安全与隐私权保护	30	4.5
	烟草、酒精、枪支、赌博与犯罪	0	0.0
	生产安全与产品安全	14	2.1

续表

领　域	子　因　素	数　量	百分比/%
治理因素	金融系统稳定性	34	5.1
	政治环境稳定性	0	0.0
	公司管理制度与董事会结构	114	17.2
	腐败与薪酬	17	2.6
	不正当竞争	38	5.7

二、"强制-非协同模式"特征：以中国为例

从总体统计情况来看，中国ESG政策模式的特征：①监管工具强制性高，一级指标上强制、混合、自愿工具的比例约为6∶3∶1，重点采用"加强监管力度""强化信息披露""增加投资信贷"的监管工具。②价值表达协同性弱，一级指标上环境、社会与治理因素的比例约为6∶3∶1，重点关注了"能源与气候变化""生产安全与产品安全"两个子因素。

从监管工具的维度来看，中国ESG政策工具强制性较高。强制型工具占比64.3%，混合型工具为29.1%，自愿型工具为6.6%。可以看出，中国在ESG政策工具的组合规律上，强制型工具占据绝对多数，如表5-9所示。

表5-9　中国ESG一级政策工具类型分布统计

工具类型	强制型工具	混合型工具	自愿型工具
数量	495	224	51
占比/%	64.3	29.1	6.6

从监管工具维度的二级分类来看，中国政府偏好使用"加强监管力度""强化信息披露""增加投资信贷"的政策。可以看出，在强制型工具中，中国偏好加强监管力度与强化信息披露的政策；在混合型工具中，偏好使用塑造社会共识、建立术语系统的政策；在自愿型工具中，偏好采用提供信贷支持、增加政府投资的政策，如表5-10所示。

表5-10　中国ESG二级政策工具类型分布统计

类　型	工具名称	数　量	百分比/%
强制型	强化信息披露	255	17.8
	提升披露标准	112	7.8
	加大监管力度	680	47.5
	调整技术标准	18	1.3
	采取行政限制	0	0.0
混合型	塑造社会共识	64	4.5
	建立术语系统	54	3.8
	开展数据调查	0	0.0
	建设数据平台	14	1.0
	提高企业成本	14	1.0

续表

类型	工具名称	数量	百分比/%
自愿型	转变投资方式	18	1.3
	提供信贷支持	80	5.6
	使用税收激励	11	0.8
	增加政府投资	98	6.8
	降低投资门槛	15	1.0

从价值表达维度来看，中国政府的关注领域明显倾向环境因素，对治理因素关注过少，且全要素整合政策尚处于襁褓之中，因此形成了单点突破的发展格局。可以看出，中国在 ESG 政策价值维度上呈现出明显侧重环境因素、忽视治理因素的格局，如表 5-11 所示。

表 5-11　中国 ESG 一级政策价值维度分布统计

价值维度	环境因素	社会因素	治理因素	整合因素
数量	624	285	68	18
占比/%	62.7	28.6	6.8	1.8

从价值表达维度的二级分类来看，中国政府特别关注能源行业、生产安全与产品安全问题。可以看出，在环境领域，中国更关注能源与气候变化、有毒排放物与垃圾相关的政策；在社会领域，更加关注生产安全与产品安全、雇佣关系与劳工权益相关的政策；在治理领域，更加关注腐败与薪酬、公司管理制度与董事会结构相关的政策，如表 5-12 所示。

表 5-12　中国 ESG 二级政策价值维度分布统计

领域	子因素	数量	百分比/%
环境因素	包装、快递、造纸业	40	2.2
	有毒排放物与垃圾	270	14.5
	能源与气候变化	567	30.5
	生物多样性	216	11.6
	土壤、水等自然资源利用	240	12.9
社会因素	雇佣关系与劳工权益	60	3.2
	性别歧视与女性权益	16	0.9
	网络安全与隐私权保护	51	2.7
	烟草、酒精、枪支、赌博与犯罪	14	0.8
	生产安全与产品安全	231	12.4
治理因素	金融系统稳定性	16	0.9
	政治环境稳定性	20	1.1
	公司管理制度与董事会结构	42	2.3
	腐败与薪酬	65	3.5
	不正当竞争	11	0.6

三、"非强制-协同模式"特征：以美国为例

从总体统计情况来看，美国 ESG 政策模式的特征：①监管工具强制性低，一级指标上

强制、混合、自愿工具的比例约为3:4:2,重点采用"调整技术标准""强化信息披露""加强监管力度"的监管工具。②价值表达协同性强,一级指标上环境、社会与治理因素的比例约为4:3:3,重点关注了"金融系统稳定性""能源与气候变化"两个子因素。

从监管工具维度来看,美国ESG政策工具具有强制性低的特点。强制型工具占比为33.3%,混合型工具占比为38.5%,自愿型工具占比为25.2%。可以看出,美国在ESG监管工具上采取放任的态度。本文统计得出ESG政策工具使用情况如表5-13所示。

表5-13 美国ESG一级政策工具类型分布统计

工具类型	强制型工具	混合型工具	自愿型工具
数量	260	276	180
占比/%	33.3	38.5	25.2

从监管工具维度的二级分类来看,美国政府偏好使用"调整技术标准""强化信息披露""加强监管力度"的政策。可以看出,在强制型工具中,美国偏好调整技术标准与强化信息披露的政策;在混合型工具中,偏好使用塑造社会共识、开展数据调查的政策;在自愿型工具中,偏好采用增加政府投资、转变投资方式的政策。本文统计得出使用情况如表5-14所示。

表5-14 美国ESG二级政策工具类型分布统计

类型	工具名称	数量	百分比/%
强制型	强化信息披露	143	16.5
	提升披露标准	98	11.3
	加大监管力度	135	15.5
	调整技术标准	153	17.6
	采取行政限制	18	2.1
混合型	塑造社会共识	56	6.4
	建立术语系统	15	1.7
	开展数据调查	16	1.8
	建设数据平台	13	1.5
	提高企业成本	15	1.7
自愿型	转变投资方式	65	7.5
	提供信贷支持	22	2.5
	使用税收激励	18	2.1
	增加政府投资	95	10.9
	降低投资门槛	7	0.8

从价值表达的维度来看,美国的关注领域分布均衡,环境、社会和治理因素都有所涉及并且全要素政策也在成长期,呈现出多点突破、协调推进的格局。本文统计的使用情况如表5-15所示。

表 5-15　美国 ESG 一级政策价值维度分布统计

价值维度	环境因素	社会因素	治理因素	整合因素
数量	160	102	126	60
占比/%	35.7	22.8	28.1	13.4

从价值表达维度的二级分类来看,美国政府特别关注金融系统稳定性、能源行业、劳工权益等议题。可以看出,在环境领域,美国更关注能源与气候变化、自然资源管理利用、有毒排放物与垃圾相关的政策;在社会领域,更加关注雇佣关系与劳工权益相关的政策;在治理领域,更加关注金融系统稳定性、公司管理制度与董事会结构相关的政策,如表 5-16 所示。

表 5-16　美国 ESG 二级政策价值维度分布统计

领域	子因素	数量	百分比/%
环境因素	有毒排放物与垃圾	112	8.6
	能源与气候变化	204	15.7
	生物多样性	60	4.6
	土壤、水等自然资源利用	112	8.6
	包装、快递、造纸业	72	5.5
社会因素	雇佣关系与劳工权益	88	6.8
	性别歧视与女性权益	42	3.2
	网络安全与隐私权保护	16	1.2
	烟草、酒精、枪支、赌博与犯罪	34	2.6
	生产安全与产品安全	14	1.1
治理因素	金融系统稳定性	363	27.9
	政治环境稳定性	16	1.2
	公司管理制度与董事会结构	119	9.1
	腐败与薪酬	36	2.8
	不正当竞争	14	1.1

四、"非强制-非协同模式"特征:以日本为例

从总体统计情况来看,日本 ESG 政策模式的特征:①监管工具强制性低,一级指标上强制、混合、自愿工具的比例约为 4∶5∶1,重点采用"加强监管力度""提升披露标准""塑造社会共识"的监管工具。②价值表达协同性弱,一级指标上环境、社会与治理因素的比例约为 5∶3∶2,重点关注了"能源与气候变化""腐败与薪酬"两个子因素。

从监管工具的维度来看,日本 ESG 政策工具的强制性程度较低。强制型工具占比约 38%,混合型工具占比约 50%,自愿型工具占比约 9%。如表 5-17 所示。

表 5-17　日本 ESG 一级政策工具类型分布统计

工具类型	强制型工具	混合型工具	自愿型工具
数量	160	210	36
占比/%	39.4	51.7	8.9

从监管工具维度的二级分类来看，日本偏好使用"加强监管力度""提升披露标准""塑造社会共识"的政策。强制型工具中，日本偏好加强监管力度与提升披露标准；混合型工具中，偏好使用塑造社会共识、建立术语系统的政策；自愿型工具中，偏好采用增加政府投资、提供信贷支持的政策。本文统计得出使用情况如表5-18所示。

表5-18 日本ESG二级政策工具类型分布统计

类型	工具名称	数量	百分比/%
强制型	强化信息披露	32	5.7
	提升披露标准	162	29.0
	加大监管力度	189	33.9
	调整技术标准	3	0.5
	采取行政限制	4	0.7
混合型	塑造社会共识	114	20.4
	建立术语系统	2	0.4
	开展数据调查	0	0.0
	建设数据平台	1	0.2
	提高企业成本	0	0.0
自愿型	转变投资方式	12	2.2
	提供信贷支持	16	2.9
	使用税收激励	0	0.0
	增加政府投资	19	3.4
	降低投资门槛	4	0.7

从价值表达维度的视角来看，日本的关注领域较为侧重环境因素，整体上对三要素的关注度不够均衡。可以看出，涉及环境因素的数量约为社会或治理因素的2倍，社会与治理因素体量大致相当，呈现出轻微侧重环境因素和社会、治理并重的格局。本文统计得出ESG政策工具使用情况如表5-19所示。

表5-19 日本ESG一级政策价值维度分布统计

价值维度	环境因素	社会因素	治理因素	整合因素
数量	351	154	135	144
占比/%	44.8	19.6	17.2	18.4

从价值表达维度的二级分类来看，日本政府更关注能源行业、腐败与薪酬问题、公司管理制度与董事会结构等议题。可以看出，在环境领域，日本更关注能源与气候变化、包装、快递、造纸业的政策；在社会领域，更加关注生产安全与产品安全、歧视与女性、儿童和少数族裔权益相关的政策；在治理领域，更加关注腐败与薪酬、公司管理制度与董事会结构的政策。本文统计得出使用情况如表5-20所示。

表 5-20　日本 ESG 二级政策价值维度分布统计

领　域	子　因　素	数　量	百分比/%
环境因素	有毒排放物与垃圾	34	4.9
	能源与气候变化	90	13.1
	生物多样性	26	3.8
	土壤、水等自然资源利用	48	7.0
	包装、快递、造纸业	54	7.8
社会因素	雇佣关系与劳工权益	19	2.8
	性别歧视与女性权益	42	6.1
	网络安全与隐私权保护	32	4.6
	烟草、酒精、枪支、赌博与犯罪	17	2.5
	生产安全与产品安全	54	7.8
治理因素	金融系统稳定性	45	6.5
	政治环境稳定性	42	6.1
	公司管理制度与董事会结构	64	9.3
	腐败与薪酬	68	9.9
	不正当竞争	54	7.8

第五节　本章小结

这二维的选择在当前学界研究和文献综述的基础上，涵盖了 ESG 政策的主要达成目标。并据此，将 ESG 政策模式划分为四种相互不同且特征明显的类型，分别是"强制-协同模式""强制-非协同模式""非强制-协同模式""非强制-非协同模式"，如表 5-21 所示。

表 5-21　ESG 政策模式分类框架

		价值表达	
		协　同	非　协　同
监管工具	强制	强制-协同模式	强制-非协同模式
	非强制	非强制-协同模式	非强制-非协同模式

本书选取英国、中国、美国、日本四个国家，运用多案例比较的研究方法，对其 ESG 政策体系进行分析，通过对相关政策文本的内容分析，发现英国侧重关注能源和气候变化，注重信息披露的监管模式和改善公司治理结构，中国同样关注能源和气候变化，但更注重政府监管，中国还致力于生产和产品安全管理。美国则侧重金融系统的发展，其政策工具的使用较为均衡，日本同样注重监管力度，但日本还比较注重技术标准和社会共识的达成，这些都体现了不同国家在不同阶段的特点。通过进一步比较分析，我们目前发现其分别形成了"强制-协同""强制-非协同""非强制-协同""非强制-非协同"四种模式。

第六章

全球ESG政策模式的形成机理

第一节 理 论 依 据

一、政策网络视域下的政策主体视角

政策网络理论将政策网络主体的特征视为网络结构的重要组成部分,同时也是决定政策模式选择的重要影响因素。英国学者为主的利益调和学派较为充分地讨论了政策主体特征与模式选择的关系。影响因素包括:行动者的数量、规模和性质;行动者之间的权力关系;行动者的资源情况;行动者的认知整合程度。众多学术研究均认可政策网络行动者的特征影响政策模式的选择,聚焦到价值表达和工具选择两个表征上来:①政策网络中政策主体特征与政策价值表达的关系。比如,有研究使用从1990—2000年加拿大四个著名联邦政策部门的案例研究中积累的经验证据,公共政策进程中思想和利益表达受到部门特性的影响(Howlett,2014)。②政策网络中政策主体特征与政策工具选择的关系。通常认为,公共部门作为中心机构在力量对比中越强势,越倾向于选择强制型的政策工具;反之,私人部门的力量相对较强势时,越倾向于选择自愿型、激励型的政策工具(Bressers,1998)。

从政策主体的维度出发,政策网络理论与ESG政策的研究十分契合,原因主要有以下几点。①行动者的多元性:政策网络理论假设政策过程中行动者具有显著的差异性和多样性。ESG政策主体既包括立法机构、行政机构,也包括行业自律组织,ESG政策目标群体既包括实体企业,也包括投资者。上述每一方对于ESG政策制定的影响力都不可小觑。因此,研究ESG政策使用政策网络范式比传统的官僚制或市场范式都更加适合。②政策行动者之间的依赖性:由于ESG政策具有促进投资与市场发育的属性,政府与市场的互动关系天然地在其政策网络中占据核心重要地位。③政策行动者认知维度的多元性:由于ESG政策的制定和执行在环境、社会与治理三个领域有着天然的分野,因此ESG政策的"问题共同体"天然具有跨领域的性质。

二、政策网络视域下的政策议程视角

政策网络理论将政策过程视为一个由多个政策主体围绕一个核心问题进行力量博弈

的动态过程。政策行为者的博弈更加细致地刻画了政策制定过程的动态性、复杂性和多变性。政策执行的方向也不同于传统的"自上而下",也不再是传统的单中心的局面。一方面,政策仍然是核心的推动者,但是政府执行政策的时候可以采取非传统的思路进行。另一方面,多中心的执行图景会带来非政府主体政策执行的特点。影响网络结构和政策结果的政策过程特征,包括政策制定过程时间的长短、政策变动的次数、政策制定的发起方、政策制定中智库的参与程度、政策执行中传达命令的方式、政策执行的传导路线、政策执行中非政府主体的中心度等。这些特征影响了行动者之间关系的变动方向,也会影响网络上资源传递的方向,进而影响了政策工具的选择。

从政策过程的维度出发,政策网络理论与 ESG 政策的研究十分契合,原因主要有以下几点。①政策过程的动态性:政策网络理论假设行动者的认知、战略是复杂的,所以行动者之间调节网络关系、缓解利益冲突的博弈过程也是复杂的、动态的。ESG 政策的制定和执行也符合这一特征。②政策过程的矢量性:政策网络分析通过标记行动者之间认知、信息、资金的流动方向,来体现政策议程设置的推进方向。ESG 政策的议程设置通常具有多个源头,可能来自国际组织自上而下的意识形态传导或者公共部门自上而下的行政改革,也可能来自社会事件自下而上的舆论形成或者市场主体自下而上的政策游说。

第二节 解释框架

为进一步解释各国选择上述政策模式的形成机制,本书在政策网络理论的基础上,借助"主体-议程"范式加以解释,以"主体力量均衡性"和"议程设置方向性"两个维度构建了二维分析框架,反映了 ESG 不同政策模式背后形成的国家相关力量博弈和议题设置动力。这两个维度是分析的主维度,也就是民众和组织更为关注何种相关话题,其必然涵盖了 ESG 政策工具的主因子,即确定了行为的主要方向,表现出各国推进 ESG 建设的模式特征,如表 6-1 所示。

表 6-1 ESG 政策模式形成的解释框架

模式形成机制		参与主体	
^		力量均衡	力量不均
议程设置	自上而下		

续表

模式形成机制		参与主体	
		力量均衡	力量不均
议程设置	自下而上		

注：内部的圈层代表"政策社群"，主要包括政府内部制定 ESG 政策的各种部门机构。内部圆圈的大小示意公共部门政策主体的数量。外部的圈层代表"议题网络"，其中除了政府机构外，还包含半官方机构、行业协会、机构投资者、上市公司等非政府机构。外部圆环示意非公共部门政策主体的数量。箭头代表议程设置的传导方向。向外散射的箭头示意议程设置传导方向为自上而下，向内收束的箭头示意议程设置传导方向为自下而上。

一、议题网络中主体力量的均衡性

在"议题网络"层面，即涉及政策制定过程中所有相关群体（包括公众、专家、社会团体、媒体等）围绕特定议题进行互动的网络中，政策制定的过程紧密关联于该网络中主要行动者的诉求。在 ESG 政策背景下，根据议题网络参与者的主体类型划分，参与者之间的力量平衡对政策价值表达的协同性有显著影响。具体而言，若各参与主体间的力量较为均衡，则政策价值表达的协同性较高；相反，如果各主体间力量失衡，则政策价值表达的协同性较低。"议题网络"指的是在政策制定过程中，与政策社群进行信息和资源交换的所有群体。这些群体通过相互作用影响政策制定。在 ESG 政策制定中，议题网络成为政策社群的重要信息来源，而议题网络内行动者之间力量的对比直接影响政策社群的决策方向。

"主体力量均衡性"这一概念衡量的是公共部门政策主体与非公共部门政策主体之间的力量对比均衡程度，它对于价值表达的协同性至关重要。在政策网络中，公共部门政策主体通常处于"政策社群"的核心位置，而非公共部门政策主体则位于"议题网络"中，处于政策社群外围的位置。

主体力量均衡性与价值表达协同性之间有一定的关联。公共价值的创造是一个多元主体进行合作，将各自的资源优势进行共享与耦合的过程。在此过程中，各方的价值观念会伴随着利益协商而交汇融合，伴随着利益冲突而矛盾对立。最终，力量之间的相互关系会反映为价值之间的相互关系，力量越强一方的价值表达越充分，反之力量越弱的一方价值表达越受限。已有研究显示，公共行政中的价值冲突是不可避免的，而且价值冲突并非仅仅体现在语言上，而是具有强大的实践基础（Wagenaar，1999）。多元主体的合作关系会影响公共价值的表达，比如，公众参与、公私伙伴关系以及公共部门之间的合作对公共价值的表达具有正面影响（王学军 等，2022）；通过合作生产的模式能够提高公共价值表达的绩效（包国宪 等，2012）；公民价值偏好具有离散性，政府建构价值与公民价值偏好之间也有着一定的差异性，这样的差异性越大，公共价值共识程度越低（王学军 等，2017）；还有研究通过分析美国政治结构指出公众信仰的失衡,比如富人、商业与专业协会不成比例的影响,导致其挤压了公共价值的表达(Jacobs,2014)。在 ESG 政策语境下就体现为:如果 ESG 政策网络内的公共部门政策与非公共部门政策主体之间的力量越均衡,相互对冲和制衡,政策价值表达协同性越高;反之,两者之间的力量越不均,价值表达协同性越低。

本书具体考察了监管部门、行业协会和市场消费者三者之间的关系。研究发现,如果 ESG 政策的议题网络当中上述三类参与主体力量对比均衡,则价值表达的协同性更高。在英国和美国的议题网络中,参与主体互动频繁、力量均衡,因此体现为价值表达协同性较高。如果 ESG 政策的议题网络当中上述三类参与主体的力量对比不均,则价值表达协同性低,部分主体的诉求被压制。在中国和日本的议题网络中,参与主体的力量对比不均,因此体现为价值表达协同度有所欠缺。

二、"政策社群"中议题传导的方向性

在"政策社群"层面,即政策制定的核心群体中,政策制定的方向与议程设置的传导方式密切相关。根据政策议程的传导方向,我们可以将其分为自下而上和自上而下两种类型。自下而上的议程传导意味着"政策社群"在最高层面达成一致更为困难,大部分议程往往停留在部门或地方层面,因此这类议程较难形成高度的强制力。相比之下,自上而下的议程传导则表明"政策社群"更容易达成共识,并通过高层推动来实施政策,这样的政策大多由上级设计并颁布,因此更易于具备较高的强制性。"政策社群"是指政策制定过程中的核心参与者群体,通常是官僚体系内部的关键决策节点。只有当面临一定的外部压力时,"政策社群"才会启动新的政策议程。本书根据传导方向的不同,将议程分为自下而上和自上而下两种类型。在 ESG(环境、社会、治理)议题的推进过程中,自上而下的议程主要源于国家在《京都议定书》《巴黎协定》等国际条约下的承诺,或是决策层基于对相关问题的主观认识。而自下而上的议程则通常源于突发的重大事件,这些事件具有全国范围内的影响力,并引起了广泛的公众关注。

"议程设置方向性"这一概念用来描述政策议程在公共部门与非公共部门之间的传导路径,进而影响监管工具的强制程度。当议程从处于中心位置的"政策社群"中的公共部门主体发起,并向位于"议题网络"边缘的非公共部门主体传播时,称为自上而下的传导方式;反之,如果议程起始于"议题网络"边缘的非公共部门主体,并向位于中心的"政策社群"中的公共部门主体传播,则称为自下而上的传导方式。

议程设置方向性与监管工具强制性之间具有一定的关联。政策工具的选择是多元主体政策目标和资源优势整合的过程。已有研究显示,政府在选择政策工具时倾向于优先选择强制性较低的工具,随着施政对象的复杂性提高逐步改为强制性的政策工具。施政主体能力的大小会对工具的选择产生重要的影响(Howlett,2009),政策过程中的制度特色也会影响工具的选择(O'Leary et al.,2020)。多源流理论对议程设置和工具选择的关系有更深的认识,其指出政策子系统基于不同的目标推动政策溪流的汇合,不同源流的组合导致选择不同的政策工具。可见,议程设置的传导方向会显著影响目标与资源整合的方式。当议程设置自上而下传导,发起议程的政策主体具有较高的权威资源,下级政策主体倾向于对外契合上级权威对内最大化自主决策权,那么权威应援就能够有效地实现下级主体之间的目标和资源整合。在此情况下,政策工具的选择具有更高的强制性。反之,当议程设置自

下而上传导,发起议程的政策主体不具有足够的权威资源,不同下级主体具有最大化自身利益诉求的倾向,上级主体对于是否接受也有着充分的自主权,这是权威应援机制失效,不同主体之间的目标和资源无法完成整合,政策工具的选择具有较低的强制性。在 ESG 政策语境下就体现为:如果 ESG 政策网络内的议程设置的方向是自上而下,监管工具的强制性越高;反之,议程设置的方向是自下而上,监管工具的强制性越低。

本书具体分析了各国 ESG 主流政策议程设置的传导方向。研究显示,当议程的传导方向主要是自上而下时,该议程更易于在政策社群中达成高度一致,并通过高层推动得以实施,这种情况下政策的强制性程度较高,这一点可以从英国和中国的政策模式中得到验证。相反,如果议程的传导方向主要是自下而上,则该议程往往在行政部门层面停留,难以提升到国家战略的高度,因此表现出较低的强制性特征,这一点在美国和日本的政策模式中得到了印证。

第三节 案例选择

基于上述模式分类,本书在每个模式中选取一个典型代表国家进行案例研究和比较分析,分别选取了英国(模式 A)、中国(模式 B)、美国(模式 C)和日本(模式 D)作为典型案例。选取典型案例的依据包括典型性、丰富性和可获得性三个方面。

首先是典型性。英国、中国、美国和日本是世界上经济体量和资本市场规模最大的四个国家,其经济活动和监管政策的变化对全球市场具有重要影响。因此,选取这四大经济体进行考察,有助于我们洞察全球资本市场的发展动态。相比之下,若选取小型经济体进行考察,由于其经济活动与监管政策变化对全球资本市场的影响较小,研究结果的代表性可能不足。

其次是丰富性。英国、中国、美国和日本的资本市场中 ESG 投融资活动最为活跃。数据显示,美国、英国、日本和中国在 2020 年的 ESG 投资规模分别位居世界前列。这表明,这四个国家面临更多样的监管对象和更复杂的监管情境,更有可能发展出多样化、系统完备且科学有效的 ESG 政策体系。相较而言,小型经济体在政策实践方面往往是大型经济体的"跟跑者"。因此,考察这四个经济体的 ESG 政策具有更高的学习价值和借鉴意义。

最后是可获得性。英国、中国、美国和日本四个国家已颁布的 ESG 政策法规文本数量庞大、种类齐全且资料完整度较高。政策文本是政策分析的基本原料,其真实性、完整性在很大程度上决定了研究结果的质量。因此,选取这四大经济体的 ESG 政策文本作为研究对象,可在较大程度上确保研究材料的可得性、完整性和权威性,从而间接提高研究结果的可信度。

第四节 四类模式形成机理

一、英国

(一)政策主体分析

在英国的政策网络中,多元参与主体的力量相对均衡,这是英国 ESG 政策能够取得较高价值表达协同性的深层原因。从价值维度来看,英国的公共价值表达一直以来都呈现出多元性的特点。统计显示,英国ESG政策涉及环境、社会与治理因素的比例约为4∶3∶3,特别关注"能源与气候变化"和"公司管理制度与董事会结构"两个子因素。这是因为英国ESG政策网络中,具有不同价值偏好的多元主体之间的力量较为均衡。英国政府最关注的是"能源与气候变化"的议题,对于社会和治理因素的治理诉求则相对较弱。但英国投资者联合而成的行业协会与社会团体在ESG理念中格外关注"公司管理和董事会结构"的因素。基于"小政府"的传统,英国政府通过与行业协会之间频繁的对话,实现了公共价值的有效整合,最终实现了价值表达的协同性。

本节描述了英国公共部门和非公共部门政策主体在2012—2020年对ESG发展的驱动作用。监管和政策在推动英国可持续和负责任的投资方面发挥了至关重要的作用。

近年来,最重要的法规和政策发展包括:英国是第一个立法规定到2050年将温室气体排放减少到"净零"的主要经济体,随后又提出了从1990年水平到2035年减排78%的新目标。英国在气候变化信息披露方面发挥了领导作用,成为G20国家中第一个将基于TCFD的信息披露强制纳入整个经济体的国家。英国对其管理制度的改革,比如对自愿管理准则的改革,强调了投资者管理活动结果的重要性,例如,要求投资者报告参与资产的细节和投票记录。近期颁布的《养老金计划法》要求养老金计划在其投资战略中考虑巴黎目标,并确保养老金计划向TCFD报告。

此外,英国积极发展绿色分类,防止"漂绿"行为,帮助投资者、消费者和企业做出绿色金融决策。英国还在一系列ESG主题上开展了大量行业间合作。例如,《投资者"净零"倡议》由"净零"资产所有者联盟、"净零"资产管理倡议以及"绿色养老金宪章"签署,呼吁养老金计划在缔约方会议第26次会议之前就"净零"目标达成一致。资产管理工作组发布了《带着目的投资报告》(*Investing with Purpose Report*),探讨如何让英国建立良好管理全球中心的地位,鼓励政府、行业与英国监管机构——金融行为监管局(FCA)之间进行更多对话。

英国可持续投资和金融协会(UK Social Investment Forum,UKSIF)汇集了英国可持续金融和投资界的精英,支持其成员扩大、加强和推广ESG投资领域。投资者对积极管理的日益关注,是帮助推动积极结果的最重要的市场发展动力之一。许多英国基金经理正在提供广义的可持续和负责任的投资产品,如ESG ETF、寻求减轻气候变化风险的气候变化基金和社会影响基金。

(二)政策议程分析

在英国的政策网络中,议程设置的传导方向为自上而下,这是英国ESG政策具有较高监管工具强制性的深层原因。从工具维度来看,英国政府在以往的印象中并不是一个权威型的政府,但是在监管工具的使用上却凸显了监管工具的强制性。统计发现,英国使用强制型、混合型、自愿型工具的比例约为7∶2∶1,且重点采用了"强化信息披露"和"加强监管力度"的监管工具。

这是因为英国开启ESG政策进程的驱动力,是联合国可持续发展倡议、巴黎气候协定与欧盟的强势ESG政策改革。在国际环境的压力下,英国政府ESG政策的议程设置具有典型的自上而下的特点,而ESG政策本身面对的对象又具有较高的复杂性。为了调和激烈的利益冲突,英国政府在制定ESG政策的时候,只能选用权威式工具整合各个部门之间不同的政策目标和协调不同监管对象之间的利益诉求,因而凸显出选用监管工具的强制性。假如议程设置的方向是自下而上,即议程的发起者是非公共部门主体,那么任何一方都没有足够的实力整合其他利益集团的诉求,英国政府也会缺乏国际承诺的约束,政策工具的选择必然有所不同。

本节考察了英国政府制定推动 ESG 政策发展的驱动力,描述了英国政府如何在以国际倡议和国际契约为主的议程压力下,自上而下推动 ESG 政策发展的历程。

1994 年,英国环境部在参与联合国环境发展大会后,制定了《英国政府可持续发展战略》,公布了指标体系,成为欧盟第一个发布可持续战略的成员国。英国也是最早响应联合国全球契约组织倡议的国家之一。在 2005 年,英国劳动与养老金部(Department for Work and Pensions)就在两项养老金保障基金条例中纳入对环境、社会、道德的考量。当时尚未纳入公司治理的要求,对于环境和社会的要求还处在相对初级的阶段。

随着 2006 年联合国负责任投资原则组织提出 ESG 投资原则,英国也于 2006 年修订《公司法》,要求董事兼顾利益相关方、关注企业运营中的环境和社会影响。2010 年,英国议会通过《平等法案》,对先前一系列反歧视法规进行整合,法案涉及性别平等、反残障歧视等人权问题。同年,英国财务报告委员会(Financial Reporting Council)专门针对 ESG 首次发布了《尽职管理守则》(*The UK Stewardship Code*),要求机构投资者参与被投资公司的ESG 事项。

此后,英国在制定新法令的同时开展对早期颁布法案的修订工作,ESG 法制化发展进入快车道。2014 年出台的《投资中介机构的受托责任》(*Fiduciary Duty of Investment Intermediaries*)特别关注了对受托者责任中 ESG 整合的说明,明确 ESG 考量应作为受托者责任的一部分,希望以此消除市场长久以来对受托者"不考虑 ESG"的误解。该文件的出台细化了传统受托责任的范畴、明确了受托者责任、加快了将 ESG 纳入受托者责任相关法案修订的速度。

2016 年《巴黎协定》的签订与欧盟轰轰烈烈的改革进程掀起了英国 ESG 政策发展的第二次高潮。英国政府开始系统化地设计绿色金融战略方案,并于 2019 年正式推出了《绿色金融战略》,明确了其主导地位,提出了"金融绿色化""投资绿色化""紧抓机遇"三大战略,敦促金融服务业将环境、气候因素纳入决策。英格兰银行还与其他国家中央银行建立了央行与监管机构绿色金融网络,以加强对巴黎协定承诺的执行程度。

2018 年后,英国政策法规完善的速度明显加快,注重对于资本市场参与方 ESG 信息披露要求的制定,对资本市场各方的 ESG 要求强制程度明显提升,极大地推动了英国 ESG 投资市场的发展,ESG 成为英国法律体系的重要内容之一。英国财务报告委员会发布协定版《战略报告指南》,是在欧盟《非财务报告指令》的基础上修改而来的,明确要求公司增设非财务信息报告。

英国劳动与养老金部也于同年对《职业养老金计划(投资与披露)条例》进行了修订,将受托者责任延伸至 ESG 范畴,以可持续因素帮助控制养老金长期风险与回报,强制要求受托者在提交的投资原则陈述中披露对 ESG 及气候变化的考量细节,进一步提升养老金投资基金中的信息披露透明度。2020 年 11 月,英国政府发布了《绿色金融战略》的补充文件,说明了建立 TCFD 工作小组以推动强制性非财务信息披露的实施情况和未来计划。

在《英国政府联合监管机构有关 TCFD 工作小组的中期报告》和《通往强化环境信息披

露路线图》中，英国财政部指出，英国在 2021—2025 年将全面实现 TCFD 框架强制披露，适用于全体上市公司、注册公司、银行与房屋互助协会、保险公司、资产管理者、人寿保险公司及养老金计划等。

二、中国

（一）政策主体分析

中国政策网络中多元参与主体的力量对比尚不均衡，这也是中国 ESG 政策在价值表达协同性上未能取得较高成效的深层原因。从价值维度来看，中国的公共价值表达通常呈现出一体化的特点。统计数据显示，中国 ESG 政策中涉及环境、社会与治理因素的比例约为 6∶3∶1，相较于英国 4∶3∶3，存在相对不均。

这主要是因为在中国 ESG 政策网络中，具有不同价值偏好的多元主体之间力量不够均衡。中国 ESG 政策重点关注"能源与气候变化"和"生产安全与产品安全"，这两者是中国政府最为关注的议题。而中国投资者联合的行业协会与社会团体在 ESG 理念中格外关注的"公司管理制度与董事会结构""雇佣关系与劳工权益"等议题却未能得到充分表达。这表明，仅就 ESG 政策而言，政府与行业协会之间的对话机制有待加强，尚未实现公共价值的有效整合，最终表现为价值表达协同性较低。

本节描述了在 2012—2020 年，公共部门和非公共部门政策主体对 ESG 发展的驱动作用。不难发现，监管部门是主要推动者，市场消费者尽管尚不成熟但具有发展潜力，而行业协会的参与力量相对薄弱，与其他国家相比差距较大。因此，监管部门关注的环境因素过于凸显，而行业协会关注的治理因素却未能充分体现为政策价值的表达。

监管和政策因素在推动中国可持续投资方面发挥了关键作用。2012 年，中国银行业监督管理委员会发布了首个国家级绿色金融政策《绿色信贷指引》。截至 2020 年年底，国内 21 家主要银行的绿色信贷余额达到 11.5 万亿元。2016 年出台的《关于构建绿色金融体系指引的指导意见》为中国绿色金融发展指明了方向。据商道纵横绿色金融研究院的"中国绿色金融政策数据库"显示，自 2016 年以来，国家和地方共发布了 700 多项绿色金融政策。这些政策包括选择试点地区、行业和企业，建立绿色项目注册平台，并为投资者和发行人提供税收和财政激励。2020 年出台的《关于促进应对气候变化投融资工作的指导意见》是中国宣布 2060 年碳中和目标后，第一个关于减缓气候变化的部级文件。该意见提出了到 2025 年制定相关投资政策的时间表，强调监管机构有必要支持和激励金融机构开发、支持气候和绿色金融产品和项目。中国的"碳达峰"和"碳中和"承诺是推动中国可持续投资市场发展的重要动力。2021 年 6 月启动的全国碳排放交易计划预计将推动向低碳投资的转变。

2015 年 12 月，中国人民银行首次将绿色金融债券引入中国市场。绿色金融债券收益的使用必须符合《绿色债券支持项目目录（2015 年版）》中定义的绿色项目。该目录于 2021 年 4 月更新，以协调国内和国际的标准和规范。截至 2021 年 6 月，中国已成为全球第二大绿色债券市场，截至 2020 年底，绿色债券发行规模超过 1.2 万亿元，余额为 8132 亿元。中国最近推出了新型可持续债券，包括可持续关联债券、蓝色债券和"碳中和"债券。中国各商业银行也纷纷尝试推出以 ESG 为主题的理财产品。截至 2020 年年底，十多家商业银行及其财富管理子公司发行了约 60 款 ESG 理财产品。

社会因素则显得十分薄弱。2018 年，中国资产管理协会（AMAC）颁布了我国首个资产管理行业绿色投资自律规范——《绿色投资指引（试行）》。中国社会投资论坛（China SIF）由商道纵横绿色金融主办，是一个非营利性的会员协会，旨在为投资者和其他利益相关方提供一个讨论中国可持续投资机会的平台，促进中国可持续投资市场的发展。

（二）政策议程分析

在中国的政策网络中，议程设置的传导方向为自上而下，这是中国 ESG 政策具有较高监管工具强制性的深层原因。从工具维度来看，中国政府一直以来都具有权威性的特征，在监管工具的使用上也凸显了强制性，统计发现，中国使用强制型、混合型、自愿型工具的比例约为 10∶4∶1，较之于英国的 6∶2∶1 更甚。这是因为中国 ESG 政策议程的驱动力是《巴黎协定》和"双碳目标"等国际议程与生态文明建设、新发展理念等国内议程的融合，不但有国际环境的压力，还有国内长期以来"自上而下"的制度惯性。这使得中国政府在制定 ESG 政策的时候优先选用权威式工具来整合协调不同主体的政策目标和利益诉求，凸显了选用监管工具的强制性。同时，由于中国 ESG 市场的发育程度相对英国较低，而强制性的信息披露要求市场主体具有较强的能力，因此，中国重点采用了"加强监管力度"，而非如英国一样选择"强化信息披露"的监管工具。

本节考察了中国政府制定推动 ESG 政策发展的驱动力，描述了中国政府如何在以决策层意志和国际契约的议程压力下，自上而下推动 ESG 政策发展的历程。

2012 年，党的十八大将生态文明建设纳入总体布局，中国打响"蓝天保卫战"、污染防治攻坚战。12 月，证监会公布了《证券公司治理准则》，并于 2013 年 1 月 1 日起施行。为使证券公司的经营规范符合现代企业制度，保障证券公司股东、客户和其他利害关系人的合法利益，维护证券公司资产的独立性和完整性，2015 年 12 月，国家发展改革委办公厅，下发了《绿色债券发行指引》。同月，中国人民银行发布了《关于在银行间债券市场发行绿色金融债券的公告》（公告[2015]第 39 号），提出了银行间债券市场绿色金融债券的要求和期限。

2016 年《巴黎协定》签署后，绿色金融政策密集出台。中国人民银行等七部委联合发布《关于构建绿色金融体系的指导意见》，意见标志着我国披露体系进入强制化阶段。2017 年 3 月，证监会发布了《关于支持绿色债券发展的指导意见》，意见就绿色公司债券的范畴、参考产业项目、发行人、申报受理及审核、信息披露义务等十四个方面进行了指导。同年 6 月，国务院常务会议通过了《关于在浙江、江西、广东、贵州、新疆建立绿色金融改革创新试验区的通知》，赋予了地方政府绿色金融改革先行先试的权益。12 月，证监会公布了《公开发行证券的公司信息披露内容与格式准则》，要求对污染严重的上市公司强制披露，其余部分必须遵守或解释相关制度。2018 年 9 月，修订后的《上市公司治理准则》在第七章增加了信息披露和透明度要求披露遵守原则。11 月，中国证券投资基金业协会出台了《绿色投资指引（试行）》，为公开和非公开募集证券投资基金或资产管理计划的管理人、各类专业机构投资者的绿色投资范围提供了指引，鼓励基金管理人根据自身条件开展绿色投资。2019 年 2 月，国家发展改革委等七部委联合发布了《绿色产业指导目录》。12 月，中国信托业协会发布了《绿色信托指引》，协助在中华人民共和国境内依法设立且已加入中国信托业协会成为会员的信托公司的绿色经济活动。同月，银保监会发布了《关于推动银行业和保险业高质量发展的指导意见》，提出了"到2025年，实现金融结构更加优化，形成多层次、广覆盖、有差异的银行保险机构体系"的发展目标。

2020年9月，在联合国大会一般性辩论上，国家主席习近平首次提出"双碳目标"。证监会《上市公司信息披露管理办法（修订稿）》对外公开征求意见。该法规具体规定了信息披露的原则、内容和范围，突出了信息披露对上市公司和投资者的重要性，但没有明确提及环境、社会和治理的披露。同年，深交所修订了《上市公司信息披露工作考核办法》，上交所修订了《上海证券交易所科创板股票上市规则》，强调上市公司应当在年度报告中披露社会责任表现，包括环境保护、产品安全、员工和利益相关者权利。10月，生态环境部等五部委联合发布了《关于促进应对气候变化投融资的指导意见》，提出了到2022年和2025年的主要目标。2021年4月，中国人民银行、国家发展改革委和证监会联合发布了《绿色债券支持项目目录（2021年版）》，主要明确了绿色债券募集资金的使用范围和标准。5月，生态环境部出台《环境信息依法披露制度改革方案》，提出到2025年基本实现中国环境信息强制性披露制度的目标。

三、美国

（一）政策主体分析

在美国的议题网络中，多元参与主体的力量对比较为均衡，这是美国ESG政策能够取得较高价值表达协同性的深层原因。从价值维度来看，美国的公共价值表达通常都呈现出多元性的特点。统计显示，美国ESG政策涉及环境、社会与治理因素的比例约为4∶3∶3，与英国相近，且重点关注了"金融系统稳定性"和"能源与气候变化"两个子议题。这是因为美国ESG政策网络中，不同价值偏好主体之间力量较为均衡。美国政府对上述两个议题的态度都是比较暧昧、常常反复的。但是媒体和社会公众强烈关注"金融系统稳定性"议题、投资者集团强烈鼓吹"能源与气候变化"议题。基于"小政府"的传统，美国政府在回应社会价值诉求的过程中，实现了公共价值的整合，体现为较高的价值表达协同性。

本节描述了公共部门和非公共部门政策主体在2012—2020年对ESG发展的驱动作用。

在美国，前政府和现任政府对可持续投资的监管政策环境发生了巨大变化。在唐纳德·特朗普第一个任期领导下的政府试图通过美国劳工部（DOL）和证券交易委员会（SEC）采取的行动来限制可持续投资。可喜的是，市场主体的ESG意识走在了前面。高度发达的美国金融市场上，诸多国内机构投资者、资产管理公司率先发挥了建立ESG行业规范的作用。美国行业协会当中影响力最大的莫过于投资者管理小组（Investor Stewardship Group，ISG）。ISG是一个以投资者为主导的机构，包括了一些美国大的机构投资者和全球资产管理公司，其签署者包括摩根大通（J. P. Morgan）、黑石集团（BlackRock）、先锋集团（Vanguard），在美国股票市场上的总资产超过32万亿美元。投资者管理小组为美国机构投资者和董事会行为建立基本投资管理和公司治理标准框架。

ISG在2012年提出了《公司治理准则》（Corporate Governance Principle），建议公司应制定并披露治理和道德信息，并鼓励董事会多元化，包括"公司应坚持负责任的商业行为"

"保护长期投资利益的受托责任"。在此之后,美国 ESG 投资资产规模的增速显著提高。2017 年 ISG 又提出了《机构投资者管理原则》(*Stewardship Framework for Institutional Investors*)指出良好的公司治理对于公司长期价值创造和风险缓解至关重要,鼓励投资者与公司积极接触并监督就代理投票提供建议的第三方,但并未提出 ESG 整合问题。

除此以外,还有很多其他市场力量的努力。例如,2016 年,一些美国最大的企业和机构投资者的代表发布了《常识性公司治理原则》,这些企业包括通用汽车、摩根大通、伯克希尔·哈撒韦、黑石、强生、IBM、宝洁公司等,并于 2018 年再次发布《常识性公司治理原则 2.0》。可以肯定的是,市场主体在推动美国 ESG 投资发展的过程中发挥了决定性的作用。总的来说,这一阶段美国的 ESG 政策既有国内变革的需要,也有国际舆论的压力,还有市场主体的推动,已经具备了发展成熟的条件。但是由于党派政治斗争,美国政府对于 ESG 的态度暧昧不清、反反复复,严重阻碍了 ESG 政策的发展,呈现出被市场"推着走"的状态。

(二)政策议程分析

在美国的政策网络中,议程设置的方向为自下而上,这是美国 ESG 政策监管工具强制性不高的深层原因。从工具维度来看,美国政府在以往的印象中是一个倡导自由主义与市场导向的政府,在 ESG 监管工具的使用上也显现出低强制性的特征,统计发现,美国使用强制型、混合型、自愿型工具的比例约为 3∶4∶2,相比于英国和中国,呈现出自愿型工具比重较高的特征,且美国政府采用"调整技术标准"的工具代替"强化信息披露"和"加强监管力度"。这是因为美国开启 ESG 政策进程的驱动力,是安然财务造假事件、2008年金融危机等社会性的事件。基于美国强势的国际地位,联合国倡议与巴黎协定等国际承诺对其几乎无法形成约束,但是具有广泛舆论影响的社会事件却能快速进入政策议程,这使得美国 ESG 政策的议程设置具有典型的自下而上的特点。同时美国 ESG 市场较为发达,头部企业与行业协会具有较强的资源整合能力,在很大程度上可以替代政府实现治理的功能。因此,美国政府在制定 ESG 政策的时候,无须使用强制性的监管工具就能达到目的。

本节通过几个典型事件考察了美国社会团体制定推动 ESG 政策发展的驱动力,描述了美国政府如何在以市场团体和公众参与的议程压力下,自下而上地推动 ESG 政策发展的历程。

美国早期环保意识萌发的标志性事件是 1969 年的凯霍加河起火事件,并直接催生出第一部真正意义上的环保法案《清洁水法案》(*Clean Water Act*),该法案于 1972 年在美国国会通过,授予美国环境保护署(ERA)针对工业污水及所有地表水建立水质标准的权力,并对污水排放实行许可证管理制度。1986 年发生的博帕尔和墨西哥城危险化学品泄漏事件催生了《应急计划与社区知情法案》(*Emergency Planning and Community Right-to Know Act*),要求拥有 10 名以上员工的公司向环保署提交有毒化学品排放清单。2001 年,美国安然和世界通信公司的财务造假事件直接催生了《萨班斯-奥克斯利法案》(*Sarbanes-Oxleyact*)的颁布,该法案对公司治理、会计职业监管、证券市场监管等全方面提出更加严格、规范的法律体系的管控和披露要求,影响极为深远,但仅要求披露财务信息。伴随着环境、社会和公司治理方面的一起又一起重大恶性事件,美国社会和政府的 ESG 意识逐步建立起来,为 ESG 投资的出现和 ESG 政策的出台打下了基础。

2008年次贷危机爆发后，奥巴马就任美国总统，在他的推动下，《多德-弗兰克华尔街改革和消费者保护法》通过，扩大监管机构权力、建立消费者金融保护局、采纳"沃克尔规则"，对金融市场收紧了监管。然而，这一法案在特朗普的任期内遭遇了政治回潮，2017年特朗普下令对《多德-弗兰克法案》进行全面审查，并下令大幅缩减该监管系统。2009年，联合国第15次气候变化大会召开之后，美国证券交易委员会于2010年颁布了《关于气候变化相关信息披露的委员会指南》(US SEC Climate Guidance)，要求上市公司定期披露与气候变化相关的业务风险，这是首次要求公司披露非财务信息，标志着真正的ESG政策的出现；同时，美国全国保险委员会协会（NAIC）也开展了一次"气候风险披露调查"，要求直接保费超过5亿美元的保险公司报告如何将气候风险纳入其投资计划。2015年，在联合国提出17项可持续发展目标（SDGs）后，美国也相应地在政策法规方面进行了回应，首次颁发了基于完整ESG的规定，即《FECA公告2015-01号》(Interpretive Bulletin 2015-01)，说明了ESG因素可以成为《雇员退休收入保障法案》（ERISA）审慎投资决策的主要分析的一部分。然而，2018年，美国劳工部又出台《现场援助公告第2018-01号》(Field Assistance Bulletin 2018-01)指出"ERISA受托人不得以牺牲投资回报或承担更大风险作为促进附带社会目标的手段"。在这一阶段，以《关于气候变化相关信息披露的委员会指南》的出台为标志，美国已经出现了真正意义上的ESG政策，但是这一阶段出台的ESG政策，均为单因素政策，而且由于政治风向遭遇了不同程度的倒退，从而抑制了ESG政策的发展。

四、日本

（一）政策主体分析

　　在日本的政策网络中，多元参与主体的力量对比均衡性有所欠缺，这是日本ESG政策未能取得较高价值表达协同性的深层原因。从价值维度来看，日本的公共价值表达通常都呈现出一元性的特点。统计显示，日本ESG政策涉及环境、社会与治理因素的比例约为5∶3∶2，与中国相比更为不均。这是因为日本ESG政策网络中，不同价值偏好主体间力量不均。在日本的ESG政策网络中，发挥带头作用的是半官方机构——日本政府养老投资基金。政府与半官方机构重点关注了"能源与气候变化"和"腐败与薪酬"两个子议题。但公众较为关注的"自然资源利用"和市场较为关注的"性别歧视与女性权益"议题却没有得到表达。这说明半官方机构的价值整合能力是比较有限的，没有有效整合公共价值。

　　本节描述了公共部门和非公共部门政策主体在2012—2020年对ESG发展的驱动作用。不难发现，日本虽然市场消费者成熟且富有活力，但是监管部门态度暧昧、行业协会行动者参与力量薄弱，相比其他国家有一定差距。因此，监管部门关注的环境因素较为凸显，而公众关注的社会因素和行业协会关注的治理因素却没有体现为政策价值的表达。

　　纵观日本ESG政策网络当中的监管部门，直到2021年才开始在最高行政首长处得到部分承诺，大多数政策均停留在单一部门层面或者半官方部门层面，仅具有极少数部门联动政策。日本的ESG整合实践之旅是从2014年开始的。《日本尽职管理守则》和《日本公司治理守则》从尽职管理和公司治理两方面为ESG实践打下了坚实基础。随着世界上最大的养老金基金日本政府养老投资基金（GPIF）和日本养老金基金协会（Pension Fund Association）先后于2015年、2016年签署联合国负责任投资原则（UNPRI），日本投资者的可持续投资意识有了大幅提高。在日本可持续投资领域,日本政府养老投资基金(GPIF)是ESG投资的大力推动者。截至2019年3月,GPIF以ESG整合方式投资管理的资产金额达到了159万亿日元。除了养老金头部机构日本政府养老投资基金(GPIF)在可持续投资领域已有较成熟、系统的实践外,其余养老金机构的响应还不充分。

(二)政策议程分析

在日本的政策网络中,议程设置的传导方向为自下而上,这是日本ESG政策监管工具强制性不高的深层原因。从工具维度来看,日本政府在以往的印象中是一个权威型的政府,但在ESG监管工具的使用上却显现出低强制性的特征,统计发现,日本使用强制型、混合型、自愿型工具的比例约为4∶5∶1,相比于英国、中国和美国,呈现出强制性较低的特征,且日本政府更多地采用了"提升披露标准"和"塑造社会共识"的工具。这是因为日本开启ESG政策进程的驱动力,是国内社会团体的反向推动。官方态度的暧昧拖延与半官方机构的权威局限凸显了日本ESG政策议程设置的自下而上特点。半官方机构也使得单纯依靠行业协会和社会团体推动的资源整合过程困难较大。因此,日本政府在制定ESG政策的时候,没有足够的权威推行强制性的政策工具,表现出较低的监管工具强制性。

本节考察了日本社会团体制定推动ESG政策发展的驱动力,描述了日本政府如何在以半官方团体的议程压力下,自下而上地推动ESG政策发展的历程。值得注意的是,日本ESG政策的主要推动力并非市场主体,而是市场与政府之间的一些半官方机构。

与欧盟和英国不同,日本ESG相关政策法规的制定起步晚。2014年以后,日本的ESG政策法规修订步入快车道。2015年,东京证券交易所制定的《日本公司治理守则》颁发。该治理守则面向上市公司,从公司治理角度规定公司应遵循ESG原则,要求公司更加关注利益相关者,就ESG问题与相关方进行合作。2016年多方利益相关者社会影响管理倡议(Social Impact Management Initiative)成立,旨在促进日本企业产生的项目的社会影响和价值。2020年5月,日本交易所集团(Japan Exchange Group)联合东京证券交易所发布了《ESG披露实用手册》,填补了日本上市公司在ESG披露指引文件上的空白。这也是日本交易所集团自2017年底正式加入可持续证券交易所(SSE)后的重要举措。2020年日本人寿保险协会(Life Insurance Association of Japan)发布了《气候变化启动者指南》(*Climate Change Starter's Guide*)以促进和支持寿险公司成员提出的气候变化倡议。日本可持续投资论坛(JSIF)于2019—2020年发布了《2019年日本可持续投资调查》和《2020年日本可持续投资白皮书》。全球股东积极分子一直在东京证券交易所(TSE)上市公司的年度股东大会上支持董事会的独立性和多样性。该项提议遭到了一些反对,为此日本政府通过立法规定,限制股东大会上提交提案的次数,并规定特定领域的外国投资者如果想加入公司董事会或向股东大会提交提案,必须事先提交投资通知,以限制股东行动主义。

第五节 本 章 小 结

进一步而言,为何各国会形成不同的政策模式?结合政策网络理论,本书在"政策社群-议题网络"的双层互动模型的基础上,采取"主体-议程"分析范式进行分析,得出各国选择不同模式的原因在于政策网络参与主体之力量对比和政策议程设置之传导方向的不同。当议程设置方向自上而下、主体力量较为均衡时,国家采取"强制-协同模式";当议程设置方向自上而下、主体力量较为不均衡时,国家采取"强制-非协同模式";当议程设置方向自下而上,主体力量较为均衡时,国家采取"非强制-协同模式";当议程设置方向自下而上、主体力量较为不均衡时,国家采取"非强制-非协同模式"。案例分析的所得情况如表 6-2 所示。

表 6-2 ESG 政策模式的案例比较结果

模式比较		参与主体	
		力量均衡	力量不均衡
议程设置	自上而下	英国 强制-协同模式	中国 强制-非协同模式
	自下而上	美国 非强制-协同模式	日本 非强制-非协同模式

第七章

我国投资规制政策的ESG表现调查

第一节 分析框架

自20世纪70年代以来,基础设施建设投资评价问题引起了国内外学者的广泛关注。众多研究探讨了基础设施建设投资对经济增长的作用,并产生了丰富的实证研究成果。与此同时,基础设施的生产效率也成为研究热点之一,涉及多种效率模型的迭代发展,以及从投入产出角度对基础设施建设投资绩效的评价(孙钰 等,2015)。具体领域的评价研究也不乏其例,如港口(郑兵云 等,2021)和环保(孙钰 等,2019)等领域的评估。

我国的基础设施投资评价主要从经济评价、国民经济评价、社会评价和环境影响评价四个方面展开,分别预测基础设施生命周期内对经济、社会、环境的效益或影响。随着时代的变迁和研究的深入,我国的基础设施投资评价体系和理论内涵在不断丰富和发展(孙钰 等,2015)。近年来,基础设施建设投资的评价不再局限于传统的财务和技术经济指标,而是扩展到了节能评估、风险评价、效益评价、项目后评价等多个维度(汪涛 等,2019)。随着研究方法的不断进步,项目评价方法也变得日益丰富和精细,包括模糊综合评价法、熵权法、层次分析法等多种工具(滕敏敏 等,2014;张智慧 等,2003)。

可持续性一直是基础设施建设投资评价的重要组成部分。例如,孟俊娜等(2016)提出了基于云模型的基础设施项目可持续性评价方法,他们在梳理并归纳了国内外基础设施项目可持续发展性研究成果的基础上,结合专家咨询构建了覆盖经济、社会、环境三大方面的基础设施项目可持续性评价指标体系,包含了20余项具体指标。周君(2013)认为改善民生是城市基础设施可持续建设的终极目标,从环境保护、资源节约、人类健康、洁净生产等角度阐释了基础设施可持续性的内涵,并构建了集成安全、环保等民生要素的成本分析和评价模型(SC-BSC),实现了对可持续建设过程的全面定量化评价。同时,提出了"政府+市场+社会"的决策机制,建立协同监管体系,指导城市基础设施投资、建设可持续发展。实际上,可持续性和可持续发展的评价体现了价值观和价值选择,ESG(环境、社会、治理)标准正是在国际资本市场上多方利益主体共同形成的一种投资"价值选择"。

对可持续性的评价方法也一直受到关注。例如,林伯强(2005)在研究中强调项目评估过程考虑环境影响因素的重要性,采用"效益转移方法"、污染物排放量的量化和货币化将项目的环境影响进行量化并纳入投资决策过程。甘琳等(2009)建立了基础设施项目可持续发展评价体系,覆盖经济、社会和环境表现三个方面,通过问卷调查,统计分析评价指标的重要性指数,并采取计算指标间相关系数的方法对指标体系进行优化调整。显然,ESG评价是可持续性评价方法中发展得较为完善且正被广泛接受的一种方式。

现有的文献主要关注企业的 ESG 表现,而较少探讨规制政策和投资项目中的 ESG 表现。尽管已有文献在基础设施建设投资规制中的评价工具方面做了大量工作,促进了我国规制政策和项目的快速发展迭代,产生了大量的政策文本和项目可行性研究报告,但对于我国现行政策和项目中的 ESG 表现情况尚不明确。这影响了基础设施建设投资规制是否采纳 ESG 工具的决策,因此有必要对此进行调查研究。

基础设施建设投资的非财务指标评价,实质上关乎基础设施的外部性管理问题。ESG理念为基础设施建设投资的外部性管理提供了一个全新的视角,强调在关注经济效益和投资回报的同时,也要重视环境影响、社会影响以及项目治理对干系人的影响。鉴于基础设施建设投资本身具有准公共属性,政府需要发挥规制和引导作用,以确保基础设施建设投资的有效性、有序性和适度超前性。因此,本文从政策和项目两个层面出发,基于回应性规制视角建立了分析框架,如图 7-1 所示。

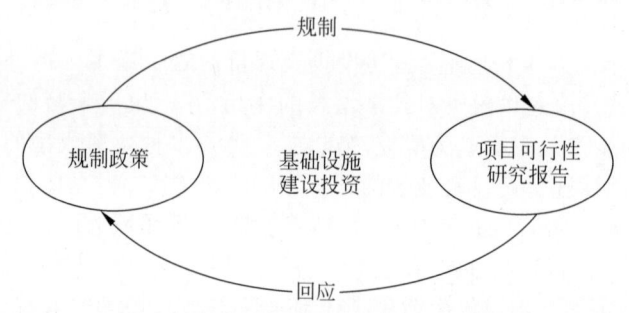

图 7-1 基础设施建设投资规制的分析框架

基于分析框架,ESG 表现清单梳理分为三个步骤:首先,广泛收集三个方面资料,包括全球倡议组织、国际标准化组织、可持续会计准则委员会的信息披露框架,国际主流评级机构明晟、汤森路透、富时罗素等的 ESG 评级指标体系,以及国际金融公司、世界银行、亚洲基础设施投资银行的环境和社会标准;其次,开展基础设施建设投资和 ESG 相关领域的专家访谈和文献阅读,筛选基础设施建设投资规制中适宜的议题及内涵;最后,依托相关部门、组织的研讨会议精神,构建基础设施建设投资的 ESG 表现清单。其中,环境(E)、社会(S)、治理(G)是三个目标,环境影响目标包括资源利用、废物排放、生态保护议题,社会影响目标包括发展效益、减贫效应、稳定就业议题,项目治理目标包括管理团队、制度机制、风险应对议题,如表 7-1 所示。

表 7-1 基础设施建设投资的 ESG 表现清单

目标	议题	议题内涵	参考来源
环境	资源利用	提高能源、水资源及其他资源和材料投入利用效率,促进资源利用的可持续性	GRI、ISO、SASB、MSCI、RT、FTSE、IFC、IBRD、AIIB
	废物排放	减少或控制废弃物、污染物排放强度和总量,减少温室气体排放	GRI、ISO、SASB、MSCI、RT、FTSE、IFC、IBRD、AIIB
	生态保护	通过绿色清洁生产等技术实现环境友好生产,修复和改善区域生态环境,保护生物多样性和生态资源	GRI、ISO、SASB、MSCI、FTSE、IFC、IBRD、AIIB

续表

目标	议题	议题内涵	参考来源
社会	发展效益	基础设施建成后将促进区域经济社会发展水平	GRI、ISO、SASB、MSCI、RT、FTSE、IFC、IBRD、AIIB
社会	减贫效应	通过征地、移民拆迁及帮扶措施减少贫困发生，促进当地社会福祉和公平	IFC、IBRD、AIIB
社会	稳定就业	基础设施建设投资过程为当地创造就业岗位，给员工健康和安全保障	ISO、SASB、IFC、FTSE、IBRD、AIIB
治理	管理团队	项目管理团队具有规范的组织架构、合理的成员能力和素质结构	ISO、MSCI、RT、FTSE
治理	治理机制	项目治理具有全过程决策程序、奖惩激励、监督监管等机制和执行管理制度，保障项目进度、质量、安全，预防贪污腐败现象	ISO、MSCI、FTSE
治理	风险应对	识别各项风险因素并提出相应的风险分担和应对管理措施	SASB、MSCI、FTSE

第二节　我国投资项目评估历程回顾

20世纪50年代，西方项目评价、可行性研究等方面的先进管理经验引入中国，借鉴苏联的基本建设管理经验，我国引进了"项目建议书""技术经济分析"等项目管理理论和方法。1951年3月，《基本建设工作程序暂行办法》颁布，要求在项目初步设计阶段进行调查、勘察，充分考虑技术可行性和经济合理性，以此为基础进行技术经济论证或分析。1952年1月，原政务院财政经济委员会出台新的《基本建设工作暂行办法》，文件中强调，对于甲、乙、丙三类的建设单位，要以调查研究为基础完成计划任务书，且需要经过审批批准，才能开始设计。计划经济体制下的技术经济分析偏静态分析而忽略了时间价值，使用的项目评价指标包括：投资效果系数、偿还年限、年折算费用、投资回收期等，用以描述项目方案的经济性。虽然初期的技术经济分析并不完善、缺乏规范性，但作为基建投资决策的重要组成，在"一五"计划时期发挥了重要作用，为156项重点工程的建成使用提供了重要支撑，也为我国工业化建设及国民经济体系的建立奠定了坚实的基础。而后，由于受到社会观念和现实条件的制约，我国抛弃了原本效果良好的建设程序和项目评价办法，研究和应用成果遭到破坏甚至荡然无存。直到实行改革开放政策后，项目评价和可行性研究被引入我国，学术界大力推广可行性研究相关理论和方法，项目评价研究才逐渐发展起来。自20世纪80年代至今，我国投资项目评估历程可以分为三个阶段。

一、1979—1987年：研究和起步阶段

1978年，党的十一届三中全会确定了改革开放的战略决策，恢复基本建设工作的同时，中国开始引进国外先进技术和管理经验。当时，投资项目获得世界银行等国际金融组织贷款的前提条件之一是，要经过具有相关资质的项目评价机构对项目进行评审，这一规定推动我国放宽限制，国际项目评价机构得以进入中国市场。此外，为提高建设项目投资效益，

我国在基本建设程序管理和投资体制改革过程中,组建了项目咨询和评价机构,主要职责是在国家重点项目投资决策阶段开展方案论证、技术经济评价等可行性研究相关工作。同年,我国正式施行环境影响评价制度。

1981年,原国家计委发布文件,指出"可行性研究是项目建设前期工作中的重要技术经济论证",并将其作为技术论证阶段的一部分纳入建设程序。国家明确了可行性研究报告编写和评估工作属于智力型服务行业的工作,其任务是运用多学科知识和经验、现代科学技术和管理方法,遵循独立、科学、公正的原则,为政府部门和投资者对经济建设和工程项目的投资决策与实施提供咨询服务,以提高宏观与微观经济效益。在这样的认识指导下,国家主管部门允许有条件的勘察设计单位开展项目可行性研究业务,鼓励和支持组建专门的工程咨询公司和以其他形式作为独立主体经营,开展可行性研究和项目评估工作(李开孟,2009)。1982年,国务院批准成立了中国国际工程咨询公司(China International Engineering Consulting Corporation,CIECC),主要负责原国家计委管辖范围内限额以上大中型建设项目的项目评价。

1983年2月,我国出台相关管理办法正式将基本建设项目决策程序纳入可行性研究,同时,办法明确对可行性研究程序、内容、审批等流程进行规范。此外,文件强调"没有进入可行性研究的项目,有关决策部门不审批设计任务书,不列入投资计划",并要求任何单位和个人不得对可行性研究单位工作加以干涉。1983年,我国颁布实施《中华人民共和国中外合资经营企业法实施条例》,条例规定中外合资项目需要在报批项目建议书及初步可行性研究报告后,方可进行以可行性研究为核心的各项前期准备工作。1984年、1985年分别编制出版了与国民经济评价办法相关的书籍,为我国部分行业、领域可行性研究工作的开展提供参考依据。环境影响评价和经济评价发展步伐趋同。这一阶段,我国陆续出台《基本建设项目环境保护管理办法》等多个政策文件,明确规定环境影响评价范围、审批程序、内容、报告书编制格式等。

1984年,原国家计委《关于工程设计改的几点意见的通知》印发,文件指出有条件的勘察设计单位可经营可行性研究业务,鼓励组建咨询公司承担工程可行性研究、项目评价等建设前期工作。我国于1985年开始实施"先评估,后决策"制度,将工程咨询机构的评估论证作为项目能否纳入国家投资计划的前提条件之一。在对过去几年实际工作的总结和研究经验进行探讨的基础上,1985年国家科学技术委员会和国务院经济技术社会发展研究中心(国务院发展研究中心的前身)共同组织编写了《工业建设项目可行性研究经济评价方法——企业经济评价》,并经原国家计委审核推荐给有关单位试行。

这一阶段,我国主要是通过学习国外的先进经验,并结合实际情况对项目投资评价、可行性研究的理论方法和应用进行创新。在当时,西方现代可行性研究的引入主要有经济与政策两方面的背景:一是随着外资的进入,项目要获得世界银行、亚洲开发银行和其他国际金融组织的贷款,必须经过有资质的项目评价机构进行评审才能签订贷款协议,这一强制性程序规定促使中国放宽政策限制,开启国际项目评价机构进入国内市场之门;二是在推行基本建设及投资体制改革的同时,为了加强项目前期工作、提高投资效益,在学习借鉴国外经验的基础上着手组建中国自己的项目评价咨询机构,以担负国家重点工程项目的建设方案论证、技术经济评价和其他可行性研究工作(李开孟,2009)。

二、1987—2004 年：快速发展阶段

市场经济观念在改革开放的浪潮中日益增强，经济效益评价愈加受到人们的重视。1987 年 9 月，原国家计委总结我国投资项目投资实践经验教训，借鉴国外经济评价较为成熟的理论方法，制定了《关于建设项目经济评价工作的暂行规定》《建设项目经济评价办法》等四个规定性文件，要求在大中型和限额以上基本建设项目中试行，并规定相关评估、审批部门不得受理评价内容和质量不达标的项目。1987 年 10 月，我国正式出版《建设项目经济评价方法与参数》（第一版），书中明确规定和说明了经济评价的程序、方法和指标。此后，各部门又结合自身行业特点，分别制定、发布对管辖范围内的建设项目可行性研究办法。当时，人们普遍认为经济评价是可行性研究的核心内容。其实不然，1987 年，经国家计委同意，《中国国际工程咨询公司建设项目评估暂行办法》执行，该办法根据工业、交通行业的特点，规定项目可行性研究报告评估内容包含如下内容：①建设项目必要性；②产品方案、建设规模；③工艺、设备、技术；④选址及线路方案；⑤工程方案和标准；⑥配套项目、外部协作配合条件；⑦预计投资和资金来源；⑧环境保护；⑨财务评价；⑩国民经济评价；⑪社会效益评价；⑫不确定性分析；⑬项目总评估。也就是说，环境影响评价、社会效益评价、国民经济评价成为工业、交通行业建设项目可行性研究报告的一部分。

1991 年，我国决定取消原设计任务书的名称，把设计任务书、项目可行性研究报告，统一称作可行性研究报告。这一规定是我国可行性研究开始向规范化、标准化发展的标志。为应对投资建设领域因投资环境变化而导致的新问题，适应经济发展和变化的需要，原国家计委在收集、总结建设项目经济评价中暴露的问题和实践经验基础上，补充和修订了《建设项目经济评价方法与参数》（第一版），对部分参数进行了适当调整后于 1993 年 4 月出版了《建设项目经济评价方法与参数》（第二版），项目经济评价的应用方法得到相应改进。为进一步规范投资项目可行性研究，1997 年，中咨公司受中央部委委托总结研究可行性研究的规范化工作，并于 2002 年首次发布《投资项目可行性研究指南》并得以实施，这也是我国第一个在全国范围内对可行性研究具有普适性指导意义的规范性文本，其中，社会评价作为项目可行性研究报告的一部分纳入。

1994 年，原交通部、原劳动部联合发布职业安全卫生评价相关文件，要求运用科学的评价方法，预测和分析该项目存在的职业危险、危害因素的种类并提出安全可靠的对策与措施。同年 6 月，原卫生部出台项目卫生预评价规范，要求建设项目在可行性研究报告中设置工业卫生篇章。1998 年，《建设项目（工程）劳动安全卫生预评价管理办法》由原国家劳动部颁布实施，明确规定了劳动安全卫生预评价的范围、审批程序和报告书编制格式。这一阶段，建设项目的社会因素和社会影响引起了政府重视，但并未针对社会评价发布普适性的、具有规范性意义的政策文件。环境影响评价制度在这一阶段得到了一定的发展，原国家环保总局陆续颁布《关于建设项目环境管理问题的若干意见》《建设项目环境影响评价收费标准的原则与方法（试行）》《建设项目环境影响评价管理办法》等一系列文件细化环境影响评价制度的实施办法。1989 年《环境保护法》颁布，明确了环境影响评价制度的法律地位，规定建设项目的环境影响报告书中必须包括对污染排放和环境影响的评价及其防治措施。同时，环评技术导则相继出台，1993 年颁布一系列环评相关技术导则，从技术思路、工作内容及工作方法对环评进行规范；1998 年，我国颁布相关条例，明确规定环评分类审批相关

要求和对应行业主管部门职责,并提出配套实施的"环保竣工验收"制度,提高了环境影响评价制度的可操作性。

这一阶段,在我国建设项目投资体制的发展中,可行性研究逐渐演变成为政府在建设投资项目行政审批工作中的工具,政府部门对可行性研究中的章节安排、内容设置、深度要求作了详细规定,项目单位开展可行性研究报告编写要按照管辖部门的要求进行,可行性研究报告中加入了越来越多诸如劳动卫生、安全生产、水土保持、消防、地震等政府审批行政职能所管辖的内容。人们对可行性研究报告内容和深度要求不断提高,对其作用的理解日趋复杂,导致各行业、各领域主管部门为将行业管理思路和要求加入可行性研究报告,纷纷开始研究制定行业投资项目可行性研究报告编写的大纲、手册、指南。然而,由于受传统计划经济体制的影响,我国政府长期以来要求对包括企业投资项目在内的各类项目可行性研究报告进行审批,政府对企业投资项目的可行性研究报告进行审批,甚至对企业之间合资、合作行为签署的商务协议也进行审批,实际上是在行使企业董事会的职责,是政府部门"越位、错位和缺位"的生动体现(李开孟,2009)。

三、2004 年至今:面临新的挑战和困难

2004 年,《国务院关于投资体制改革的决定》颁布,成为我国投资体制改革的重要里程碑,标志着中国投资管理体制进入新的发展阶段。该决定明确提出,改革项目审批制度,转变政府职能,落实企业投资自主权,确立企业投资主体地位。为适应投资体制变化发展的需求,原国家计委联合原建设部开展修订《建设项目经济评价方法与参数》,于 2006 年 7 月 3 日正式颁布实施修订版(第三版),我国可行性研究正式与国际接轨,在新的分析体系和方法的指导下,可行性研究更加深化。

2010 年,工业和信息化部发布固定资产投资项目节能评估通知,要求加强高能耗和产能过剩行业建设项目节能评估工作。同年 10 月,国家发展改革委出台项目节能和评估审查相关规定,要求分析评估固定资产投资项目能源利用的科学性和合理性,并编制节能评估报告书,明确规定未按规定或节能审查未通过的固定资产投资项目,不允许审批、开工建设或投产使用。2012 年 8 月,国家发展改革委对社会稳定风险评价作出了明确规定,要求重大项目前期工作中,项目单位对社会稳定风险进行调查分析,并在可行性研究报告、项目申请报告中将社会稳定风险评估作为重要内容独立成章。

在投资项目评价体系发展构成中,项目可行性研究编制内容和深度都在不断拓展,项目评价、可行性研究的理论方法在实际应用中的问题也逐渐显露,主要体现在以下方面(李开孟,2009)。

(1)可行性研究报告科学性、合理性、全面性不足。经过三十多年的探索和实践,可行性研究报告在编制内容、流程、审批程序上已经相对成熟,但在项目可行性研究中仍然存在数据不准、内容不全、深度不足、方法不当的情况,而政府部门工作人员往往欠缺专业知识,难以甄别可行性研究报告的质量,造成投资项目进展受阻甚至失败。想要改变这一现状,关键在于提高可行性研究的科学性,通过培训增强相关工作人员的业务素质。

(2)可行性研究逐渐沦为"可批性研究"。以全面分析各种风险因素,提高投资决策和项目建设效果为初衷的可行性研究在许多情况下变成了报批项目的工具和手段,变成"可批性研究"。造成这一现象的原因是多因素的,既涵盖咨询单位、投资单位的专业和能力问

题,也涉及体制机制等投资管理问题。要想解决这一顽疾,需要对行业、项目类型进行分类,根据类别特点"定制"可行性研究报告内容和深度,深化改革,推动可行性研究从"重形式"转向"重内容"。

(3)虽然对可行性研究的内容和深度要求在提升,但是相关要求仍局限在原则性方面,尤其是对资源利用、节约能源、循环经济、公共利益、发展规划等方面的要求过于笼统,需要出台可操作性的指南或准则加以引导,使得可行性研究、项目评价在实际应用中有据可依。

随着经济社会的发展,政府、公众、用户等对基础设施等投资项目的要求不断提高。基础设施的投资绩效和可持续能力时刻受到外部社会、环境及治理能力等方面的影响,可行性研究和项目评价需要转变思路,在引入、借鉴国外环境、社会、治理(ESG)责任投资理念的基础上,立足国情,扎根本土,从根源上促进投资项目高质量发展,实现项目投资决策的新跨越。

第三节　规制政策的 ESG 表现调查

基础设施建设投资规制以政策为主要手段。由于涉及面广、利益相关者多、外溢性强,我国基础设施建设投资领域的规制政策文件数量非常多。本文首先进行政策文本挖掘和样本选择,然后对政策文本进行多方面的描述统计以呈现 ESG 表现情况,进而以典型文本为例进行政策完备性分析,来判断操作层面的评价内容、规则、程序、监管等流程完善性。由于文本分析仅呈现客观层面的评价结果,文章还辅助采用专家访谈来分析客观结果背后的原因和逻辑。

一、政策文本情况

本文选取的基础设施建设投资政策主要来源于"北大法宝"法律法规数据库,同时参考相关部委网站政策数据库进行交叉检验,通过"建设工程""建设项目"等关键词最大范围初步筛选出相关政策文件 4296 篇。其中,涉及地方层面的文件数量众多,与中央层面的政策文件内容重复度高。因此,为了保证政策样本选择的代表性和准确性,按照下列原则对政策进行筛选整理:①发文主体选取中央国家行政机关等部门,剔除地方层面的政策文件;②政策类型主要选取法律法规、条例、办法、通知、公告等,剔除函、批复、报告、领导讲话等;③政策内容高度聚焦基础设施建设投资项目前期审批和评价,能直接体现项目建设程序、项目评价内容、项目行政审批事项及要求等;④政策文件具有时效性,筛选标注"现行有效"的文件,其中,时间最早的可以追溯到 1953 年,是由原政务院发布的《中央人民政府政务院关于在基本建设工程中保护历史及革命文物的指示》,最晚截至 2021 年 12 月 31 日,时间跨度之大足见基础设施建设投资规制的复杂性。经过手动剔除无关、失效、重复文件,最终梳理得到基础设施建设投资项目前期审批、评价、程序等的有效典型政策样本 660 篇。

本文通过文本的描述统计,呈现了我国基础设施建设投资政策的发文主体情况、ESG表现及其结构差异等。需要说明两点:①自改革开放以来,我国前后经历了 8 次政府机构改革,平均 5 年一次,涉及机构调整、职能转变、编制配备、制度建设等方面。部分政策文件的发文部门已被裁撤、重组、合并或更名,所以在统计发文主体时,使用最新的机构名称来统一编码政策文件;②虽然不是所有政策的规制对象都是单一维度的,比如,个别政策会同时涉及环境、社会、治理中的 2~3 个维度，但是对政策的主要规制对象进行分类，将有助于一目了然地展现我国基础设施建设投资政策的结构特征。

结合文本分析发现，有些政策是针对特定行业的规制，而另外一些政策文件是对所有行业的规制，为此，进一步将文件划分为专一型和普适型。其中，专一型是指针对某一行业或某一部门管辖范围内建设项目出台的政策，普适型是指未就适用范围做特殊说明的政策。具体而言规制环境影响的文本数量为138篇、占比约21%；规制社会影响的文本数量为136篇、占比约21%；规范项目治理的文本数量为386篇、占比约59%。可知，在环境维度下，普适型政策占比高于专一型政策，占比为59%；社会维度下，专一型政策数量较多，占比稍高，为55%；在治理维度下，以专一型政策为主，占比达到67%。如表7-2所示。

表7-2　基于适用范围的基础设施建设投资政策统计

适用范围	环境 数量	环境 占比/%	社会 数量	社会 占比/%	治理 数量	治理 占比/%	总体 数量	总体 占比/%
普适型	81	59	61	45	124	33	266	40
专一型	57	41	75	55	262	67	394	60
合计	138	21	136	21	386	59	660	100

政策效力级别主要分为法律、行政法规、国务院规范性文件、部门规章、部门规范性文件、部门工作文件6级，从上到下制度刚性依次递减、可操作性依次递增。建设项目管理政策文件均以部门规章、部门规范性文件、部门工作文件为主，由此可见，项目管理政策具有较强的指导性和可操作性。从这一分析维度上看，环境、社会、治理三者具有较高的相似性。但是，从法律文件数量对比可以看出，环境、社会相关的议题在项目全生命周期过程中由法律作为基本保障约束基础设施项目，如表7-3所示。

表7-3　基于效力层级的基础设施建设投资政策统计

效力级别	环境 数量	环境 占比/%	社会 数量	社会 占比/%	治理 数量	治理 占比/%	总体 数量	总体 占比/%
法律	17	12	17	13	2	1	36	5
行政法规	3	2	2	1	4	1	9	1
国务院规范性文件	1	1	2	1	1	0	4	1
部门规章	68	49	86	63	294	76	448	68
部门规范性文件	18	13	17	13	82	21	117	18
部门工作文件	31	22	12	9	3	1	46	7
合计	138	100	136	100	386	100	660	100

我国基础设施建设投资项目前期审批及评价政策的发文主体涉及50余个部门。进一步进行分类统计，筛选出单独发布的政策文件有581篇、联合发布的政策文件有79篇，再对581篇单独发布的政策文件中位居前十的发文主体发布的405篇文件进行发文数量及其规制类型统计。总体来看，位居前三的发文主体为交通运输部、生态环境部、住房和城乡建设部，发布的文件总数占比50%。从规制类型分类来看，环境影响的发文主体集中度最高，超过一半的文件由生态环境部发布，多数都是各行业环境影响评价的通用性指导文件；社会

影响的发文主体集中度相对均衡,应急管理部发布的文件占比最高;项目治理的发文主体集中度较高,但从发布文件的内容来看,规制的范围仍聚焦于交通运输行业,主要源于交通行业通常项目金额大、周期长、影响广等特征。具体如表7-4所示。

表7-4 基于发文主体的基础设施建设投资政策统计

发文主体	环境 数量	环境 占比/%	社会 数量	社会 占比/%	治理 数量	治理 占比/%	总体 数量	总体 占比/%
交通运输部	7	6	13	9	65	31	75	19
生态环境部	64	56	—	—	—	—	64	16
住房和城乡建设部	3	3	16	11	40	19	59	15
水利部	16	14	4	3	33	16	53	13
商务部	3	3	7	5	32	15	42	10
全国人大常委会	17	15	17	11	—	—	34	8
农业农村部	—	—	—	—	27	13	27	7
应急管理部	—	—	22	14	—	—	22	5
工业和信息化部	—	—	—	—	15	7	15	4
自然资源部	5	4	9	6	—	—	14	3
合计	51	100	152	100	212	100	405	100

二、完备性分析

结合基础设施建设投资和 ESG 表现等各自特征,以环境影响评价、技能评估作为环境(E)规制完备性分析的对象,以安全评价、职业健康预评价作为社会(S)规制完备性分析的对象。由于项目治理在我国已相对系统,形成了具有中国特色的投资项目管理体系(韩志峰 等,2023),不再对治理(G)规制进行完备性分析。对政策的完备性进行分析,需要选择效力层级尽量高的政策文件,故选择《中华人民共和国环境影响评价法》《中华人民共和国安全生产法》《固定资产投资项目节能评估审查办法》《中华人民共和国职业病防治法》等文件作为案例文本的编码对象。

对基础设施建设投资规制政策的完备性分析步骤简述如下:首先,以评价事项命名树节点;其次,对政策文本进行自由编码,按照对原始语句(参考点)文字的理解进行归纳;最后,将自由节点纳入相应的树节点。完成案例文本编码后,可以得到各个关键词的参照点数与资料来源覆盖率占比,以反映不同内容文本的规模。结合自由编码范畴,得到规制政策的完备性结果,如表7-5所示。

表7-5 典型基础设施建设投资政策的完备性分析结果

典型要点	参照点数	资料来源覆盖率/%	评价规定	评价内容	评价程序	分类管理	分级审批	监督处罚
环境影响评价	17	41.45						
节能评估	24	23.30			×			
安全评价	2	1.93	×	×	×	×	×	×
职业健康预评价	6	6.39		×			×	×

上表显示，从参考点数、资料来源覆盖率上来看，环境影响评价、节能评估的完备性高于安全评价、职业健康预评价，说明环境（E）评价基础高于社会（S）评价基础。其中，环境影响评价的规定、内容、程序、分类管理、分级审批、监督处罚等流程较为完整，具有操作实施基础。节能评价的完备性次之，虽然在法律效力层面没有形成统一程序，但实际上在各个领域有相应程序和指导文件。

在笔者研究过程中开展的一次匿名专家访谈中，一位工程咨询专家指出："实际上，环境（E）和社会（S）总体上在我国有一定的实施基础。环境（E）的实施会非常顺畅，中国环境规制政策具有与国际接轨的良好基础。但是，社会（S）的实施存在中国特色和话语表达如何转码并与国际接轨的问题。还有一点在于，社会影响责任涉及价值观，在有些议题上可能还会存在争议。"

可见，我国基础设施建设投资规制领域已自发形成一定程度的 ESG 表现，而且部分维度已具有完备性。比如，国际资本市场重点考察的 ESG 投资要点，包括环境影响、安全管理、职业健康和节能评价等方面，在我国基础设施建设投资领域的政策完备性有一定基础。但是，需要指出的是，我国自发形成的 ESG 表现具有中国特色，与现行的国际主流 ESG 评价体系存在差异。

第四节　可研报告的 ESG 表现调查

基础设施建设投资项目的决策、实施和评价均以可行性研究报告为对象，结合实地调研从社会发展各方面对其必要性、可行性进行论证。虽然我国并未出台相应的项目绩效标准，可行性研究报告内容也因编制机构、项目类别不同而有所差异，但是在当前的项目可行性研究报告中也涉及 ESG 相关内容。文章选择基础设施建设投资可行性研究报告进行文本编码和分析，作为基础设施建设投资项目政策的 ESG 规制回应评价对象。

一、项目案例选择

在"滚雪球"式访谈中，从访谈对象处获取了 3 份来自不同地市的生态环境治理领域的基础设施建设投资可行性研究报告，分别是 F 市 S 项目、Z 市 W 项目、D 市 T 项目的可行性研究报告案例文本。其中，案例 1 是 F 市 S 项目，主要建设内容包括地质灾害及矿山修复、赛道公园、历史建筑修缮、市政基础设施工程，拟将生态修复保护区和经济社会健康发展有机结合，打造"自然—生态—社会"废弃矿区综合治理生态环境示范区，项目现已建成落地，其可行性研究报告共 16 个章节。案例 2 是 Z 市 W 项目，主要建设内容包括土地整理、电力工程、给水工程、污水工程、雨水工程、再生水工程、道路工程、环卫工程、绿化工程及公共停车场工程，其可行性研究报告共 12 个章节。案例 3 是 D 市 T 项目，主要建设内容包括 T 河生态修复工程、慢行系统建设工程、驿站工程、广场和照明设施、市污水处理厂中水管道工程，以及其他配套设施工程，其可行性研究报告共 16 个章节。

二、文本编码

识别现行可行性研究报告框架中已涉及的基础设施 ESG 评价的程度和深度。由于项目可行性研究报告结构化较强，按照段落进行划分。编码步骤如下：首先，对原始资料进行自由编码,选取原始语句并按照对文字的理解进行归纳;其次,将环境、社会、治理设置为树节点;最后,将体现 ESG 各个节点信息的自由节点纳入相应的树节点。需要说明的是,为保证编码准确性,当某一参考点原始信息能够体现多个节点时,通过原语境进行判断。文本编码部分示例如表 7-6 所示。

表 7-6 自由节点汇总(局部)

议题名称	自由节点	参考点举例
资源利用	资源消耗	本项目能源消耗种类为电力、液化石油气、柴油和新水,含能源消耗汇总表(案例1) 用水量计算根据相关标准计算,含用水量计算结果表(案例2) 本项目绿化用水按照 2L/($m^2 \cdot d$)计算,年用水量约为 2310075m^3。经测算,本项目一年用电量约为 6407780kW·h(案例3)
	资源节约	在满足各系统作业功能的前提下,尽力简化工艺流程,选用节能风机、中频电炉等节能设备(案例1) 施工现场临时用电选用节能型灯具(案例2) 选用能耗低的设备、机电设备(案例3)
废物排放	污染排放	施工期废水主要是施工废水、工作人员产生的生活污水、来自暴雨的地表水和地下水(案例1) 施工期对水质的影响包括施工废水和生活污水两部分。固体废物主要是区内的生活垃圾和道路清扫垃圾。污水泵站在运行过程会不定期地产生栅渣(案例2) 项目运营期主要污染源为邻近道路产生的汽车尾气污染(案例3)
	污染治理	项目拟建污水处理设备,对处理达标后的废水中水回用(案例1) 为减少生活污水对环境的影响,先在集中产生地处理后,通过污水管网运送到污水处理厂处理(案例2) 采取自然沉淀法处理施工废水,因地制宜布置污水沉淀池(案例3)
生态保护	生态改善	通过土壤修复措施,矿区土壤标准可达到二级标准(案例1)
发展效益	区域发展	赛车特色文化产业能成为 F 市产业转型升级的有力引擎,能强有力拉动区域经济的发展(案例1) 增加农民收入,改善农民生活水平(案例2)
	社区稳定	项目单位设专人负责社会治安和公共安全(案例2) 加强施工人员管理,严禁赌博、酗酒和打架斗殴;严禁野蛮作业(案例3)
减贫效应	征地拆迁	项目建设之前涉及周边村庄的土地征拆,一方面确定合理补偿标准,另一方面加大宣传,培养村民的法治观念(案例2) 积极落实执行临时占地补偿方案,确保维护群众利益(案例3)
稳定就业	解决就业	建设期,项目投资 197290.51 万元,能直接解决当地近 2000 人就业;运营期,项目可以提供近 265 个工作岗位,就业收入 1770.47 万元(案例1) 本项目建成后,可直接吸纳上百人就业(案例2)
	劳动安全	本项目建设过程中,存在影响工人健康的因素,主要有热伤害等,采取有效防范措施可将上述危害控制到最小范围内(案例2) 所有施工人员上岗前必须经过安全教育,安全技术交底后方能上岗(案例3)

续表

议题名称	自由节点	参考点举例
管理团队	管理机构	项目组织管理模式批复后,组建项目公司,下设项目建设运营管理部、矿山生态修复组、赛道赛事建设组和市政基础设施建设组(案例1) 项目成立现场工程指挥部,统一协调管理施工(案例2) 成立项目执行机构,对项目进行统筹、管理、协调,涉及计划、财务、材料设备等职能部门(案例3)
	薪酬结构	员工的工资及福利,一方面参考现运营单位工资待遇,一方面参考Z市同岗位平均待遇,综合考虑而定,含污水厂运营部门组织架构表(案例2) 本项目职工主要为项目公司管理人员和普通工作人员,共计60人,年薪构成为:基本工资+社会保险+福利。经计算,项目年均职工薪酬共计约387.26万元(案例3)
治理机制	治理机制	管理办法对项目的准备、执行与管理、项目的监督检查、项目的总结性评价等方面做出明确的规定,以保证项目管理规范化、正规化,顺利完成项目建设任务(案例1) 完善组织架构,做好各参建单位的职责分配。业主方在组建项目管理组织时,制定业主方内部管理职责,明确各自的分工和责任,并精简工作审批流程(案例2) 制定各方接受且认可的奖罚条例,明确各方责任(案例3)
风险应对	自然灾害	开展科学全面的地质灾害风险评价工作(案例1) 做好工程勘察、地质勘察和水利防洪等评价(案例3)

三、词频统计

对三个案例报告文本的自由节点进行词频统计发现,作为我国基础设施建设投资规制回应的项目可行性研究报告,其 ESG 表现虽然有一定差异性,但已基本涉及相关内容,如表 7-7 所示。

表 7-7　三个案例的可行性研究报告词频统计

目标	议题	自由节点	案例1	案例2	案例3	小计	总计
环境影响	资源利用	资源消耗	2	6	3	11	116 (53%)
		资源节约	19	33	3	55	
	废物排放	污染排放	5	12	2	19	
		污染治理	8	10	7	25	
	生态保护	生态改善	6	—	—	6	
社会影响	发展效益	区域发展	6	1	—	7	38 (17%)
		社区稳定	—	1	1	2	
	减贫效应	征地拆迁	—	5	4	9	
	稳定就业	解决就业	3	4	—	7	
		劳动安全	—	10	3	13	
项目治理	管理团队	管理机构	4	8	3	15	64 (30%)
		薪酬结构	—	3	2	5	
	治理机制	治理机制	5	28	2	35	
	风险应对	自然灾害	7	—	2	9	

环境影响目标的规制回应最高、实施基础最好,参考点频次总计达到116次(占53%)。除生态保护议题相对薄弱之外,三个案例都提及了资源利用和废物排放相关目标和措施。

社会影响目标的规制回应最弱、实施基础最差,参考点频次总计仅为38次(占17%)。而且,三个案例对社会影响目标实现的思路有差异,案例1侧重区域发展,案例2侧重员工发展和安全,案例3侧重公众发展。此外,各个议题措施也有差异,如稳定就业,案例1使用定量数据展示项目的就业预期效果,案例2使用较为笼统的定性描述。

项目治理目标的规制回应较高,但主要满足于合规性审查要求方面,缺乏自主逻辑,参考点频次达到64次(占30%)。三个案例对项目治理的认知和举措同样有差异,比如,案例1侧重风险应对,案例2侧重治理机制,案例3相对均衡,侧重对管理团队的项目治理目标落实。相对来说,项目治理以符合项目投资管理规制的相关合规性审查要求为主,与治理以降低内部交易成本、最大化公司效益的逻辑迥异。

第五节 本章小结

本书针对基础设施领域的ESG实施条件展开了深入分析,首先构建了一个"政策—项目"的回应性规制分析框架,然后选取我国基础设施政策与项目作为研究对象,对660篇政策文件以及3个项目的可行性研究报告进行了细致的文本统计分析,最终得出了基础设施建设投资规制的ESG表现调查结果。

第一,环境影响(E)规制框架结构完备。目前,我国基础设施建设投资领域的环境影响规制政策体系十分健全,设有专门机构负责统筹协调,具备一套完整的程序,并且拥有一套约束性和指导性相结合的评价体系,涵盖了规定、内容、程序、管理、监督等多个环节。此外,国际上重点关注的气候变化、生物多样性保护、节能减排等全球环境议题,在我国基础设施建设投资项目的可行性研究报告中的环境影响评价内容中有着高度的相似性,对当前人类关注的环境问题都有关注和回应。

第二,社会影响(S)规制显示度存在差异。目前,我国基础设施建设投资领域的社会影响规制政策体系完备性较低,仅在部分环节有明确的法律规定,而在更多国际上主流体系和评价环节关注的议题上尚缺乏法律层面的共识。这并不代表我国不关注社会影响,而是因为存在标准和观念的差异。一方面,社会影响议题与一个国家的发展阶段和国情紧密相关。当前国际上主流的ESG评级体系更多关注的是劳资关系、性别平等、反歧视等社会议题,这些议题更适合发达国家的情境,而对于发展中国家面临的诸如经济发展、就业促进、减贫等实际议题的关注度较低。另一方面,我国大量的中央企业和国有企业承担着社会治理的责任,具有"显而不露"的特征,其承担社会责任的实现方式与中国的历史文化背景和社会现实情况紧密相连,因此我国形成了一套与国际资本市场当前主流社会责任体系存在显示度差异的社会治理体系。

第三,项目治理(G)规制体现了中国特色。在基础设施建设投资规制政策中,项目治理政策的数量最多,占比达到了59%,而环境影响和社会影响政策的数量大致持平。此外,政策效力层级以部门规章为主,占比高达68%,发文主体以交通运输、生态环境和住房城乡建设等行业主管部门为主,占比达到了50%。这表明,一方面,治理规制政策体系非常完善,且以可操作性强的行业部门规制为主;另一方面,治理规制逻辑与国际上ESG投资规制通行的治理规制逻辑有所不同,具有鲜明的中国特色。这主要是由于中国大量的基础设施建设投资属于公共投资领域,表现为政府直接投资或采取资本金注入、投资补助、贷款贴息等方式支持,或者由中央企业和国有企业控股投资,由此形成了一套以项目为中心的公共投资治理体系。

第四,基础设施建设投资规制回应较高。可行性研究报告在我国经过多年的发展,其结构和篇幅已经相对成熟和完善,尽管具体内容存在差异,但都不同程度地覆盖了环境(E)、社会(S)和治理(G)三个方面。然而,可行性研究报告对社会影响责任的回应相对较低,覆盖的议题范围较小,许多社会影响议题并未充分展现出来,这主要是因为规制政策之间仍然存在着衔接上的"壁垒"。

第八章

投资项目ESG概念框架

第一节 投资项目外部性相关研究

一、基础设施建设特征

基础设施作为一种基本的物质设施和公共服务系统,为社会生产和居民日常生活提供基础性的公共产品和服务,有效地保障了一个国家或地区的社会经济活动正常运行。基础设施建设是对经济、政治和社会等具有重大影响的公共工程,以特定的方式参与到经济生产、人民生活过程,兼具生产企业和社会服务双重性质,其属性特点包括基础性、公共性或准公共性、自然垄断性等(王燕,1998;李鸿辉,2008;唐建新,1999;崔国清 等,2009;李振军 等,2009)。

(1)基础性。基础设施提供的产品和服务是经济生产和人民生活的基础条件,是国民经济与社会发展的重要根基。它既为各个行业经济生产活动提供交通、通信、电力等必要条件,也是水、电、气等居民生活基础的来源(徐曙娜,2000)。换言之,如果缺少必要的基础设施,那么其他与商品和服务直接相关的经营活动便很难顺利生产或有效提供,就会对经济社会发展造成影响。所以,基础设施一般具有组织、系统、机构、网络等体系属性(Park et al.,2013)。

(2)公共性或准公共性。基础设施在一定程度上兼具非竞争性和非排他性,但实际上只有某些基础设施行业具有纯公共物品特性,通信、交通、能源等行业则属于准公共物品范畴,不完全具备公共物品特性(樊丽明 等,2006)。乔恒利(2008)将基础设施的公共产品属性、可竞争性、收费性等特性归纳为公共性和经营性不同程度的叠合,并将基础设施分为高/低公共性、高/低经营性的四种组合,以析出对应的项目投融资模式。张馨等(2000)认为基础设施的公益性来自承担了公共服务的角色和职能,同时基础设施投资是政府弥补市场失灵的行为,基础设施建设具有正外部性特点。

(3)自然垄断性。基础设施准入门槛高、地域依附性及规模经济效应导致基础设施项目具有自然垄断特征。首先,准入门槛高。网络化是多数基础设施的共同特征,如交通、通信、电力等传统基础设施,需要建设专用网络以完成资源或货物运输。网络巨大的建设和维护成本导致基础设施一次性投资规模大、固定成本比例较高,同时大部分基础设施具有资产专用性,一旦上马资产很难转作他用或出售,构成了交易的"沉淀成本"。因此,从资本、技术两个角度看,基础设施项目具有较高的准入门槛,在客观上弱化了经营的竞争性。其次,地域依附性。基础设施服务的不可贸易性也意味着只能就地生产和消费,其产品和服务必须由当地提供,且仅能服务于当地市场。因此,当地发展水平、人口规模、营商环境、产业结构等因素均会影响基础设施的供需平衡,具有较强的地域依附性。最后,规模经济效应。基础设施使用同一网络向不同的使用者提供产品或服务,在现有的需求水平上,基础设施服务的边际成本随着服务提供量的增加而递减,提供服务的平均成本下降(张馨 等,2000)。

二、基础设施投资效应

基础设施投资建设对经济发展具有溢出效应(李涵 等,2015;肖挺,2016;范欣 等,2017;张勋 等,2018;张睿 等,2018)。李泊溪等(1995)认为基础设施可以通过作为中间消费品影响地区生产就业、劳动力流动、企业选址,或作为最终消费品通过提高社会福利和居民生活水平等途径影响经济活动。他们以 30 个省、市、自治区的国民收入均水平、基础设施水平指标为样本,对基础设施水平区域差异状况及区域经济发展水平相关性进行比较分析,揭示了各类基础设施对经济水平的差异形成具有重要作用,基建水平与经济增长之间存在正相关关系。

娄洪(2004)建立了两个动态模型:包含外生公共基础设施资本、由公共投资形成的内生公共基础设施资本,将基础设施分为纯公共性质和拥挤性质,研究公共基础设施资本如何促进经济增长,分析认为,拥挤性质资本能通过减缓经济增长率的下降,从而提高经济增长率,而纯公共性质基础设施资本则对经济具有恒定的内生增长作用。

刘生龙等(2010)以 1988—2007 年省级面板数据为计量分析基础,以交通、能源、信息基础设施三大网络型基础设施为主要研究对象,检验了基础设施的外部性,结果表明交通、信息两类基础设施对经济增长具有显著促进作用,而能源基础设施则因我国能源使用效率低导致其溢出效应不显著。

廖茂林(2018)考察了不同增长阶段中基础设施对经济增长的作用,以我国 1994—2016 年省级面板数据为数据样本进行实证,研究表明:在我国,基建投资对经济增长的正向影响呈"倒 U 形",造成拉动经济新增长效应下降的原因是基础设施投资形成实际基础设施的能力降低、投资形成的固定资本比率降低、基础设施对民间投资的基础效应加重了社会资本的错配程度。

蔡晓慧等(2016)讨论了地方政府基础设施投资影响企业技术创新的内在机制,以来自制造业企业的微观数据作为分析基础进行验证,研究发现:①基础设施建设对企业研发具有金融市场挤出效应、市场规模效应;②基础设施改善有利于大企业研发,也会抑制小企业研发;③基建投资会造成企业融资成本升高。

第二节 投资项目的利益相关者识别

一、利益相关者相关理论基础

利益相关者理论(stakeholder theory)起源于 20 世纪 60 年代,在美国、英国等长期奉行外部控制型公司治理模式的国家中逐步发展起来,并逐渐扩大其影响。与传统的股东至上主义相比,该理论认为任何一个公司的成功都离不开各种利益相关者的投入或参与,例如,股东、债权人、雇员、消费者、供应商等。从这个意义上说,企业可以被视作"一种治理和管理专业化投资的制度安排",它理应为所有利益相关者服务,而不仅仅是股东。在潘罗斯、安索夫等学者的开创性研究之后,弗里曼、布莱尔、米切尔等学者致力于完善利益相关者理论的整体框架和实际应用,并取得了丰硕的成果。

利益相关者理论的核心思想是关怀并平衡所有利益相关者的利益,而不仅限于个别人的利益。在这一思想基础上,企业等各类型组织均承担着对各方利益相关者负责的社会责任。利益相关者理论指出,企业作为社会的一部分,其发展依赖于股东之外的多方利益相关者,包括政府、债权人、员工、消费者等。企业的行为,如环境污染、社会责任缺失等,不仅损害员工和社区利益,更会影响企业自身绩效,降低估值。如果企业只追求股东利益,而漠视其他利益相关者的需求、期望,风险溢价便会上升,最终提高企业运行成本或降低其盈利机会(Russo et al.,2010;Bitektine et al.,2015)。因此,股东不是企业治理的唯一主体,所有利益相关者都有权参与治理过程。履行社会责任,平衡不同利益相关者间的冲突,是优化企业利益相关者关系、提升企业绩效的关键。

王晓巍等(2011)、唐跃军等(2008)的研究为利益相关者管理理论提供了实证支持,鼓励企业加强与各方的沟通与协作,有利于利益相关者的识别及分类。杨熠等(2008)基于利益相关者理论,以企业利益相关者业绩指标衡量社会责任,进行财务绩效与社会责任表现的实证检验,结果表明企业社会责任对财务表现具有显著促进关系。利益相关者关系与企业财务绩效关系存在长期均衡和短期均衡。温素彬等(2008)从利益相关者视角,对社会责任履行状况与企业财务绩效进行实证分析,研究表明,虽然研究设计的多数变量与当期财务负相关,但在长期发展中,对企业绩效具有积极影响。Freeman(1984)区分了内外部利益相关者,内部包括员工、管理层等,而外部则涵盖客户、供应商、政府等。Clarkson(1995)进一步细分为直接和间接利益相关者,直接利益相关者直接与组织交易,间接利益相关者虽无直接经济往来却能被组织决策所影响。Mitchell等(1997)基于合法性、权力性、紧急性三属性,将利益相关者划为确定性、潜在性、次要性三类。Sirgy(2002)在此基础上更细致地划分,将内部利益相关者理解为直接参与企业运营的人员,外部利益相关者则与企业有直接经济关系或受其活动影响,远端利益相关者则可能在长期内对企业产生重要影响。

项目层面上的利益相关者通常称为项目干系人,美国项目管理协会(PMI)将其定义为,积极主动参与项目,或因项目的建设、实施而利益获益或利益受损的个人和组织,具有影响项目的目标、建设和结果的能力。分类视角不同,对利益相关者有多种划分类型(王唤明等,2007):①按照利益类型划分,分为拥有所有权的利益相关者,即公司股票持有者,在经济上存在依赖性的利益相关者,包括经理人员、雇员、债权人、供应商等,存在社会利益的利益相关者,涉及政府、媒体等(Freeman,1984);②Frederick(1988)按照交易关系将利益相关者分为直接和间接两个类别,定义与企业发生市场交易的属于直接利益相关者,包括股东、债权人、企业员工、供应商等,与企业发生非市场关系的属于间接利益相关者,如政府、媒体、社会活动团体、一般公众等;③以与企业联系的紧密程度为标尺,可以划分为首要的利益相关者和次要的利益相关者(Clarkson,1995);④柯洪(2007)以关联性、投资专用型两个维度进行划分,将公共项目利益相关者分类为核心型、蛰伏型、边缘型利益相关者;⑤王进和许玉洁(2009)将大型工程项目所涉及的利益相关者从影响性、紧迫性、主动性等多维度划分为核心型、战略型和外围型三类。文献对利益相关者类别划分方式的统计如表 8-1 所示。

表 8-1 利益相关者类别划分方式

作者与时间	分 类
Frederick(1988)	①直接 ②间接
Clarkson(1995)	①首要 ②次要
柯洪(2007)	①核心型 ②蛰伏型 ③边缘型
王进 等(2009)	①核心型 ②战略型 ③外围型

二、基础设施投资项目的全生命周期

从项目全生命周期视角来看,基础设施投资项目是一次性的渐进过程,其生命周期由连续的多个阶段组成,从项目开始到项目结束,可以划分为立项审批、施工建设、运营管理、回收处置四个阶段,各个阶段相互衔接,如图 8-1 所示。

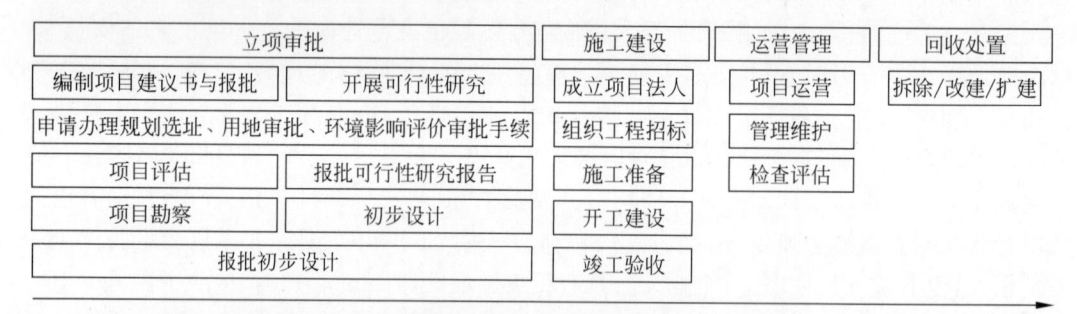

```
立项审批                              施工建设        运营管理        回收处置
编制项目建议书与报批    开展可行性研究    成立项目法人    项目运营       拆除/改建/扩建
申请办理规划选址、用地审批、环境影响评价审批手续    组织工程招标    管理维护
项目评估              报批可行性研究报告    施工准备        检查评估
项目勘察              初步设计              开工建设
报批初步设计                                竣工验收
```

图 8-1 基础设施投资项目全生命周期过程示意图

(1)立项审批阶段:基础设施建设提案通常是针对社会公众的需求提出的,由项目业主代表发起并委托咨询机构准备项目建议书等相关立项所需材料,并提交至项目审批部门进行报批。政府投资单位会对项目的必要性和依据进行详细分析。项目建议书获得审批通过后,需组织进行可行性研究,并同时申请办理规划选址、用地审批、环境影响评价等审批手续。接下来,项目业主将出具可行性研究报告,初步估算项目的社会、经济效益。相关部门将对项目拟建规模、标准和选址的初步设想进行评估。一旦可行性研究批复通过,将进一步开展项目勘察和初步设计工作。这一环节中,对于公共项目(除非涉及国家机密或采用特定专利、专有技术的项目),勘察、设计单位均需通过招投标的形式确定,由具有相应资质的单位编制设计方案,并上报政府部门审批。一系列行政审批通过后,方可正式启动项目建设。

(2)施工建设阶段:在施工建设阶段,项目管理单位需要对项目的设计、进度、成本、质量、资源配置、流程管理等方面进行详细的规划,并提出全面的要求和规定。在此阶段,项目管理单位扮演着统筹的角色,协调分包商、建设方、设计方、监理方、材料供应商等各方,确保各项建设工作按计划顺利开展。此外,公众、媒体等也会持续关注项目的进展,并进行过程监督。最后,政府或项目主管单位需要对项目进行竣工验收,确保工程质量达标。

(3)运营管理阶段:进入运营管理阶段后,项目管理方通过调研用户和公众的意见,收集反馈信息。结合政府开展的项目后评价中发现的问题,对项目进行不断的改进和完善,确保项目能够高效运营,满足用户和社会的需求。这一阶段还包括定期检查维护、优化运营流程等工作,以保证项目的长期稳定运行。

(4)回收处置阶段:项目到期后,需要提出改建、扩建或拆除方案,对其进行回收处置。这一阶段包括对项目资产进行评估,决定是否继续使用、升级或改造现有设施,或者进行拆除处理。项目回收处置工作需遵循相关法律法规的要求,确保处理过程既环保又经济合理。同时,回收处置方案还需考虑项目对周边环境的影响,确保在不影响周边社区和环境的前提下完成处置工作。

三、基础设施投资项目的利益相关者

基于上述分析,结合专家访谈法识别出的基础设施投资项目利益相关者主体包括:项目业主(发起人)、运营管理单位、投资人、政府部门、金融机构(银行/保险公司)、咨询单位、承建方(分包单位、设计单位、勘察单位、施工单位、监理单位)、供应商、直接用户、社区、NGO 组织、公共媒体、社会公众。除此之外,笔者在对一知名 ESG 评级机构负责人进行访谈时,该负责人曾表示:"我觉得环境本身,也是非常重要的相关方。"如前所述,基础设施与自然环境的互动是贯穿其全生命周期过程的,故将自然环境纳入基础设施投资的利益相关者行列。借鉴 Frederick 的分类方法,根据利益相关者与项目的影响关系将其区分为直接利益相关者、间接利益相关者、非特定利益相关者,如表 8-2 所示。

表 8-2 基础设施投资利益相关者主体

类别	利益相关主体
直接利益相关者	项目业主、项目管理单位、项目投资人、政府部门、金融机构(银行/保险公司)、承建单位(设计单位、勘察单位等)、监理单位、咨询单位、供应商
间接利益相关者	直接用户、社区、社会组织、公共媒体、社会公众
非特定利益相关者	自然环境

效用是指消费者购买商品或服务时,心理上所感受到的满足度和愉悦度。不同消费者对同一种商品或服务的效用评价一般是不相同的。根据对效用不同的理解,先后出现了客观效用论和主观效用论两种观点,前者注重商品服务本身所具有的有用性,而后者则是人们主观上的心理评价。在经济学中,效用则强调人们在决策过程中对风险的受损或受益期望(杨永康 等,2011)。林晓言等(2015)以社会效用作为评价标准,研究了公路建设与沿线经济发展情况的影响。其中,将社会效用分为空间联系、人口结构、区域经济三个类别,用客运周转量、人均 GDP、人口密度等 9 项具体指标进行衡量。

通俗来讲,效用即某项事物、活动会带来哪些好处,对效用的评价会因服务模式、获取途径、个人立场不同而有所差异(田玉麒,2015)。

基础设施投资是政府出于战略意义考虑的宏观调控,在配置过程中既要考虑投资项目本身的运营效益,也要考虑对经济、文化、政治、社会、环境等各方面的影响。本书认为,环境、社会、治理(ESG)为衡量基础设施投资社会效用提供了新的考察视角和框架。基础设施投资项目由于是多要素集合体,交汇了各方利益的诉求,每一方利益相关者在基础设施投资活动生命周期中所处的地位和发挥的作用不同,各种利益的矛盾和冲突成为必然。换句话说,基础设施实现过程也是各方利益相关者价值冲突不断协调的过程。

笔者在本节结合专家访谈着重分析利益相关者的需求及其效用差异(图8-2)。

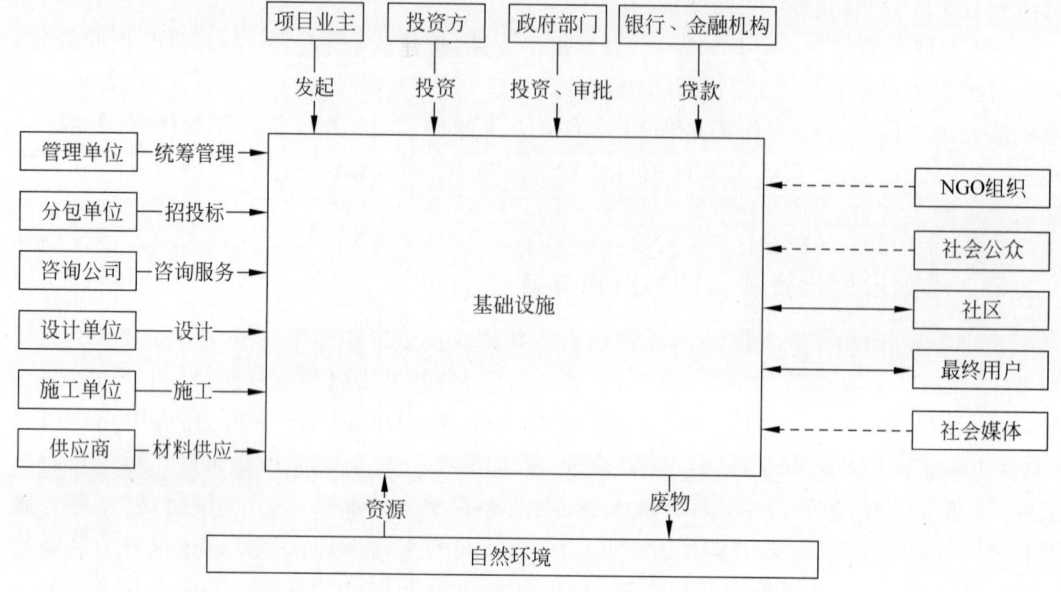

图8-2 基础设施投资项目利益相关者效用分析示意图

项目业主:基础设施投资、建设等各项工作按计划实施,完成项目建设,质量符合相关规定,按时竣工并进入运营盈利状态,尽早回收投资成本,实现盈利。

投资方:基础设施项目顺利进行,控制建设、经营成本,保障工程质量,实现预期经济回报。

政府部门:基础设施建设合理、合规、合法,保障工程质量安全,项目顺利落成。建设过程中,保障相关方权益,规避可能发生的社会风险。

银行、金融机构:基础设施投资项目顺利进行,投资获得盈利。

管理单位:统筹管理项目的各个方面,获得相应酬劳。

分包单位:管理分包合同内任务工作,获得相应酬劳。

咨询公司:提供咨询服务并获得合同报酬。

施工单位:基础设施建设顺利实施,按时、按质完工,按期取得合同款项。

供应商:材料或设备使用量高,便于生产,获得盈利。

社会公众:直接用户希望获得成本低、质量优的基础设施服务,其他社会公众希望不损害自身利益,不产生其他负面社会效应影响安全稳定。

社区:项目驱动地区经济发展,带动周边居民就业。

NGO组织/社会媒体:符合社会标准和规范,不损害公众权益。

自然环境:使用绿色材料、技术,自然资源集约、高效利用,废物达标排放,减少环境负面影响。

基于上述的分析和识别,可以把利益相关者的需求进行初步划分,如表8-3所示。

表 8-3　不同利益相关者效用需求分析

利益相关者类别	效用需求	效用类别
直接利益相关者	项目顺利建成,获得相应回报	治理(G)
间接利益相关者	提供社会服务,提高生活质量	社会(S)
非特定利益相关者	资源节约,污染减排,环境可持续	环境(E)

四、投资项目 ESG 的利益相关者矩阵

基于利益相关者理论,投资项目的建设和运营过程涉及众多主体,投资项目的成功不仅取决于项目的经济效益,还涉及多方利益相关者的需求和期望的平衡。通过分析投资项目的审批、建设和运营等过程,主要可以划分为以下几类利益相关者。投资项目的成功需要综合考虑和满足不同利益相关者的需求和期望,在经济、社会和环境层面实现可持续发展,如表 8-4 所示。

表 8-4　基础设施投资项目各方利益相关者识别

利益相关者	主要关注点	主要关注 ESG 维度
投资者、融资方	投资回报、项目风险、财务可持续性	治理(G)
政府与监管机构	公共利益、法规遵守、环境和社会影响	环境(E) 社会(S) 治理(G)
项目所在社区和公众	环境影响、社会影响、就业机会	环境(E) 社会(S)
项目开发者和承包商	项目成本、施工安全、项目进度	治理(G)
社会组织	环境保护、社会正义、可持续发展	环境(E) 社会(S)
供应商和合作伙伴	商业机会、合作关系、供应链稳定性	治理(G)

投资者、融资方主要关注投资回报、项目风险和财务可持续性。投资者、融资方最核心的关注点是项目的财务表现,包括投资回报率、现金流稳定性和风险管理,他们需要确保项目能够按时完成,且在预算范围内,以保障投资的安全和盈利。Freeman(1984)提出,投资者和融资方作为关键利益相关者,对项目的财务健康和风险管理有直接影响,他们通过资本分配决策,影响项目的可行性和可持续性。

政府与监管机构主要关注公共利益、法规遵守、环境和社会影响,关注基础设施项目对社会、经济和环境的长期影响。他们确保项目符合相关法律法规,促进地区发展,提升公共服务质量,并考虑到环境保护和可持续发展的要求。Mitchell 等(1997)讨论了政府作为利益相关者的权力和合法性。政府确保项目遵守法律法规,同时平衡公共利益和项目发展。

项目所在社区和公众主要关注环境影响、社会影响、就业机会。项目所在社区和公众关注项目对他们生活质量的影响,包括环境保护、社会福祉和就业机会。他们希望项目能够带来正面的社会效益,如提供新的就业机会,带动周边配套建设,同时减少对环境的负面影响。Clarkson(1995)强调了社区作为利益相关者的合法性和紧迫性,社区关注项目对其生活质量的直接影响,包括环境、健康和经济条件。

项目开发者和承包商主要关注项目成本、施工安全、项目进度，关注项目的实施效率和成本控制，包括确保施工安全、按时完成项目、控制成本等。他们需要与其他利益相关者（如政府、融资方和社区）密切合作，以确保项目顺利进行。Olander（2007）提出了项目开发者和承包商应该如何管理项目风险和利益相关者的期望，需要寻求技术和管理创新，以提高项目效率和盈利能力。

社会组织主要关注环境保护、社会公平正义、可持续发展。社会组织主要从社会责任角度关注项目可能造成的影响，包括对环境的影响、资源的合理利用和社会公平性等问题。他们可能会对项目进行监督和评估，确保项目开发不会对环境和社会造成不可逆转的损害。Brammer等（2006）指出，社会组织通过提高公众意识和倡导政策变革，对项目的环境和社会表现施加影响。

供应商和合作伙伴主要关注商业机会、合作关系、供应链稳定性。供应商和合作伙伴寻求通过项目获得商业机会，包括提供材料、设备、技术和服务。他们关注与项目开发者的长期合作关系和供应链的稳定性。Cox（1999）讨论了供应商和合作伙伴在项目供应链中的角色。他们通过提供关键材料和服务，支持项目的成功。

综上所述，本书在利益相关者理论的基础上，以"利益相关程度"和"项目关注程度"两个维度构建了基础设施投资项目的利益相关者分析框架，具体如图8-3所示。

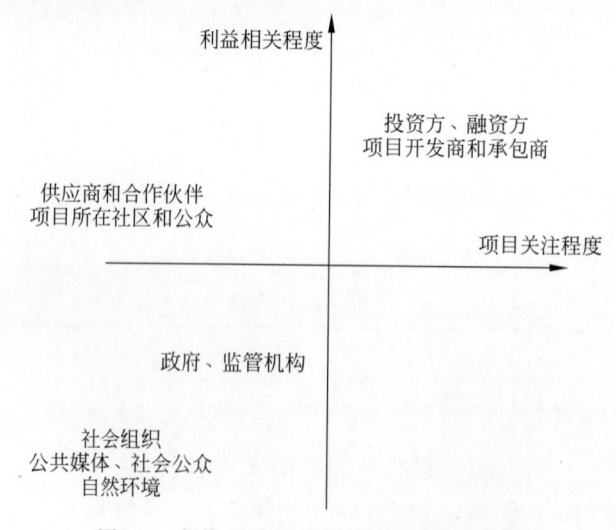

图 8-3　投资项目外部性的利益相关者矩阵

第三节　基于外部性的投资项目 ESG 概念框架

基础设施投资事关国家发展、社会民生，如何用 ESG 这一工具管理、规范和体现基础设施投资外部性在社会主义制度下的社会效用，是本文讨论的重要议题。我国 ESG 发展尚处于早期阶段，各市场参与者尚未形成完备的 ESG 认知体系，对于责任投资（ESG）内涵和外延的理解不明确，没有完全一致共识基础，甚至存在与可持续发展、社会责任投资、影响力投资等相关概念混用的情况。构建基础设施投资外部性的 ESG 理论框架，对于推进 ESG 评价体系建立、应用和推广影响深远。本节从理论层面探讨 ESG 视角下基础设施投资外部性管理的理论框架，通过界定 ESG 责任概念内涵，基于利益相关者理论，借鉴"差序格局"，构建基础设施投资项目外部性的 ESG 概念框架。

一、责任内涵归纳

ESG 是投融资主体履行环境、社会和治理责任的核心框架及评价体系，体现了兼顾环境、社会、治理效益的可持续发展价值观，相比财务指标等传统评价方法，ESG 更加关注实现长期可持续回报和促进社会可持续发展等评价指标和方法，主张投资回报与其外部性的均衡，旨在实现"义利并举"。这一理念与我国新发展理念、共同富裕等发展观高度契合，但 ESG 视角的基础设施投资外部性仍是新兴事物，本节将基于半结构化访谈，结合文献梳理，解析基础设施的环境责任、社会责任和治理责任。

（一）E：环境责任

环境是人类赖以生存的重要生产资料，具有如下功能：①为开展经济活动提供能源、水、矿物等原材料；②消解、容纳人类生产生活所产生的废弃物；③维持生命所需的必要条件，包括空气、气候；④愉悦性服务，如优美风景观赏等。从环境功能的角度出发，在经济生产过程中人类所关注的环境责任可以归纳为三部分：①资源消耗利用；②污染物排放与治理；③生态环境改善。正如访谈过程中，受访者曾提到的：

"应当在企业经营的全过程考虑其环境影响和环境效益，如生产过程中的资源能源消耗、资源再生利用、废弃物排放等。"（访谈记录：20220118-高校研究生-胡）

"在环境的维度之下受到普遍关注的议题，比如，气候变化、水资源、碳排放、生物多样性、空气污染等。"（访谈记录：20220111-行业专家-罗）

基础设施建设是众多经济生产活动基本单元的集成，其环境责任与企业环境责任具有相似性。基础设施投资产生的一系列开发行动可能会改变原有的生态环境或形成新的环境条件，包括对土地的开发利用、水资源消耗及利用率、能源消耗及利用效率、"三废"排放等，如图 8-4 所示。

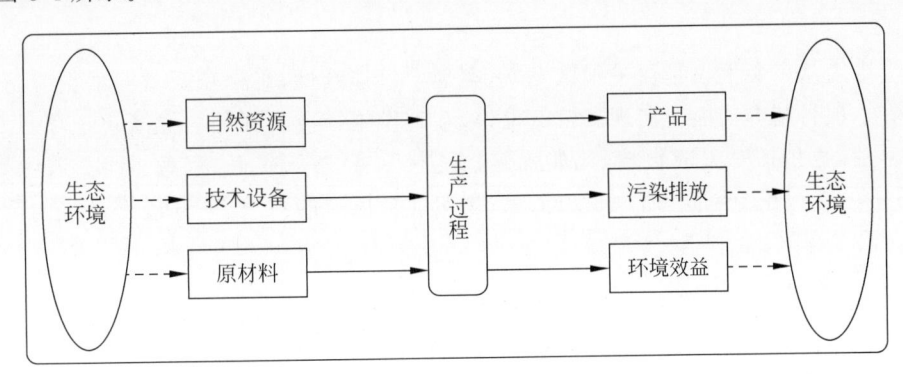

图 8-4 生态环境在生成过程中的投入-产出过程示意图

综上所述，笔者将项目环境责任定义为：关注基础设施生命周期过程中与自然环境的交互过程，识别、预测和评价这一过程中的环境资源效率及环境负外部性，并以此为基础提出的规避或消除不利影响的合理措施，涉及能源、水、土地等自然资源的集约利用、废水、废气等污染物的达标排放以及在技术、材料等层面的环境友好型创新。

（二）S：社会责任

我国社会发展观经历了从"以经济增长为中心"到"以人为本"再到"以人为本的可持续发展"三个阶段，那么社会责任归根结底其实是对"人"的责任。落到ESG的社会层面，是否符合社会规范，能否满足大众需求，对实现人的全面发展有益与否，就是衡量社会责任履行程度和效果的根本标准。国际标准化组织2010年发布的ISO26000：2010《社会责任指南》(Guidance on Social Responsibility)中，认为企业履行社会责任的行为包括促进社会可持续发展、关注包括社会福利在内的安全健康和福利、尊重法律法规、考虑其他利益相关者需求等（孙中瑞 等，2012）。对于社会责任的定义，不同学者、研究机构尚未达成一致。企业社会责任是很早就提出的概念，虽然不同的学者对这一概念界定存在差异，但对其内涵的认知具有较高的一致性。正如访谈过程中，专家曾提到的：

"对于社会(S)，大家可能关心的是弱势群体、征地拆迁移民、少数民族、妇女等问题。所以说，过去讨论的社会问题可能关注的共同目标主要是这四类，可以称为脆弱群体或者弱势群体，现在可能范围更广一点，包括社会福利这些问题，基本上达成了一致的意见。"（访谈记录：20220110-行业专家-徐）

在多元化社会中，无论是个体、组织还是企业、项目都需要遵循社会标准。对于企业来说，它是私有性质的，以利润最大化为企业经营的目标，所以在关注利润之外，能够惠及其他利益相关者的行为都属于社会责任范畴。但是对于基础设施投资来说，基础设施的准公共性以及服务社会生产生活的功能是基本功能，其实现就是社会责任的体现。除此之外，还要关注基础设施对于地区经济、人民生活的溢出效应，滕敏敏等（2014）认为基础设施项目对于人们的生活方式、社会关系、组织方式等社会文化影响深远，甚至会改变其行为准则、价值观、信仰等，其社会影响涉及居民就业、生活收入水平、弱势群体感受等诸多方面。在访谈过程中，某工程咨询类央企负责人曾说：

"社会评价肯定是包含的面更宽，它不仅是社会风险、社会稳定性问题，它可能还包括其他的社会影响，比如项目的建设和运营如何把利益广惠于民。"（访谈记录-20220110-专家-徐）

社会维度从广义上说是促进地区发展，实现项目连续性，确保项目效益的公平分配，从狭义上看是项目基本功能的实现。也就是说，基础设施社会责任的内涵既包括项目与需求的匹配程度，也包括对人的影响，比如就业、安全、卫生健康、贫困、宗教、性别等问题，需要评价、分析可能存在的风险，研究提出消除、规避社会风险的对策，使其既满足人的需要，又能促进社会公平、社会和谐。

（三）G：治理责任

全球治理委员会将治理界定为调和不同或相互冲突的利益，使联合行动得以进行且持续的过程。责任投资领域专家在接受笔者访谈时曾指出：

"治理的核心在于什么？是大家共同商量来做一件事情，如果是企业一家说了算，这就不是治理。事实上在基础设施项目或者大型的投资项目生命周期过程中，除非是这种纯股权投资，否则我们说的投资，这里面一定会涉及协调、沟通、合作，这些都是治理的典型情况。"（访谈记录：20211228-专家-王）

"在实际的项目建设过程中，项目的任何阶段治理重点都是在于：第一，你有没有这样的一个机制？在每个阶段有没有治理合作的机制？第二，这个治理合作机制能不能去解决问题？"（访谈记录：20211228-专家-王）

治理是一种由共同的目标支持的活动，通过协商、合作处理公共事务，实施这些活动的主体可以包括政府、社会组织、私人机构、企业、项目等。在不同对象视角下，治理的概念和内涵有所差异。治理责任强调的是协调不同利益相关者的制度或机制。基础设施投资项目通常是多种资源要素的集合体，对于基础设施治理而言，G（governance）强调的是对资源要素提供者的协调和组织，通过科学合理的制度、机制和组织行为，进行权、责、利的分配和风险分担，调动各项资源满足项目目标实现需要，同时满足不同资源提供方的效用预期。

综上所述，笔者认为ESG是基于"主体-利益相关者"的效用层次差异，本节将基础设施投资外部性的ESG责任内涵界定为关注基础设施投资外部性，并采取相应措施以满足不同利益相关者的效用预期。具体包括以下三部分。①环境责任：有效识别、分析基础设施投资活动与自然环境互动过程中造成的环境外部性和影响因素，并采取相应措施规避或减少负外部性，增强正外部性。②社会责任：强调"以人为本的可持续发展"，实现基础设施生产、服务功能的同时，发挥拉动经济增长、稳定就业等作用，增强社会正外部性，促进社会公平，提高社会福利水平。③治理责任：通过科学的制度机制、得力的管理组织，协调基础设施资源提供方之间的价值、利益冲突，实现合理职权分布、收益分配及风险分担。

二、概念框架提出

适度超前地开展基础设施投资是我国扩大内需的重要政策措施之一，旨在启动一批产业基础再造工程项目，并确保资金、土地、能源等关键要素能够紧跟项目需求。在这种背景下，如何有效地识别和筛选优质项目成为基础设施投资高质量转型的关键。在这方面，ESG（环境、社会、治理）投资可以成为我国实现基础设施高质量投资的有效工具。

从信息披露、ESG评级到投资应用，国际资本市场上的ESG体系发展已经相当成熟，而我国在这方面仍处于起步阶段。当前被广泛接纳和认可的ESG评价机构，如MSCI和汤森路透等，大多是欧美公司。在这些占据主导地位的ESG评价体系中，指标的设定反映了欧美社会对于ESG问题的认识和态度，这些指标可能并不完全适用于所有国家和地区。由于人类社会对于环境污染和保护问题普遍具有一致的认识，环境指标具有较好的通用性。然而，社会和治理方面的指标往往与当地的社会文化和国家体制紧密相关，且不同文化和体制之间的差异往往难以进行统一的价值判断。因此，要求评价机构立足本地，设计出符合本国国情的评价体系显得尤为重要。

此外，基础设施投资进入国际ESG评级体系可能会面临较高的成本和信息风险。一方面，国际ESG信息披露标准烦琐复杂，需要投入大量的时间和人力资源来完成相应的信息披露报告；另一方面，考虑到基础设施投资的基础性和战略性特点，对于信息披露的尺度和范围都需要谨慎把握。因此，基础设施投资评价往往不会轻易纳入全球ESG评级体系之中，构建符合我国国情的基础设施投资外部性的ESG评价体系不仅是必要的，而且是非常紧迫的。在明确了基础设施ESG责任的概念内涵之后，笔者从我国社会主义初级阶段的基本国情出发，结合所归纳的ESG重要议题，构建一个基于基础设施外部性的投资项目ESG概念框架。

ESG的议题包括环境风险、污染控制、气候变化、生物多样性、劳工、消费者、拆迁和移民、环境社会风险管理等。在中国,面对经济增长放缓、社会需求多元化、资源压力剧增等多重压力,ESG 议题众多,具体来说,结合我国国情主要包括以下方面:

(1) 资源利用:项目建设需要投入土地、能源、水资源等大量自然资源,全球在可持续发展战略上已达成共识,认为粗放、高消耗的资源利用方式会危及当代人及后代人的公共福利,需要更高效的资源利用,包括废物回收利用、资源效率提高,促进资源可持续。

(2) 污染控制:项目生命周期过程中应尽量避免排放污染物,无法避免时,要做到符合排放标准,达标排放并在最大限度上减少和控制污染物排放的强度和总量。

(3) 生态保护:项目建设会改变当地自然环境(包括陆地、海洋、河流、空气等),进而对区域生态平衡造成影响。工程施工往往也会破坏项目所在地的动植物栖息地,损害植被和减少野生动物活动区域,进而对生态平衡造成负面影响,破坏生物多样性。

(4) 职业健康安全:为员工提供健康、安全的工作条件和环境是项目建设应尽的责任和义务,需要考虑工作区域内特定行业和具体危险类工作固有的风险,并采取措施,尽可能减少致险因素,预防有关事故、伤害和疾病的发生。

(5) 拆迁补偿和移民安置:征地和移民安置是关联社会稳定和公平、区域发展的重要议题。这一过程中的公众需求、政府性行为和经济发展之间的矛盾十分尖锐,尤其涉及移民补偿、社区接纳程度、心理适应性等问题。因此,需在基础设施投资初始阶段对移民补偿和安置政策作好考量和规划。

(6) 贫困消除:基础设施投资往往能带来集聚效应,并带动相关产业的快速发展,从而促进生产率的整体提升,有效提高居民收入和就业率,具有减贫效应。然而,相关研究认为基础设施有时也会产生负外部性,尤其是非自愿移民造成集聚效应的落差,会进一步导致次生贫困。

(7) 反腐败:在基础设施建设中,腐败丑闻屡见不鲜,严重危害工程质量与安全,甚至会导致政府公信力下降和公众不满情绪增长。由于基础设施涉及产业众多,利益相关者、合同关系、账务状况复杂,行业标准相对松散,腐败现象得以滋生。

基于我国"正处于并将长期处于社会主义初级阶段""人民日益增长的美好生活需要和不平衡不充分的发展之间的矛盾"等基本国情,结合上述基础设施投资外部性的 ESG 关键议题,笔者初步构建了基础设施投资 ESG 概念框架,将环境、社会、治理作为目标层,主题层把目标层解构为资源利用、废物排放、生态保护、发展效益、减贫效应、稳定就业、管理团队、制度机制、风险应对 9 个方面,作为目标层的具象表述,为后续构建基础设施投资外部性的 ESG 评价指标体系、ESG 指数奠定基础,如表 8-5 所示。

表 8-5 投资项目 ESG 概念框架

目标层	主 题 层	内　　涵
环境	资源利用	提高能源、水资源及其他资源消耗和材料投入的利用效率,促进资源(水、能源、土地等)可持续利用
	废物排放	最大限度上减少或控制废弃物、污染物排放的强度和总量;减少温室气体排放
	生态保护	通过绿色技术创新、清洁生产等实现环境友好型生产,修复和改善区域生态环境,保护生物多样性和生态资源

续表

目标层	主题层	内涵
社会	发展效益	基础设施建设提高当地居民收入,改善生活水平,补足产业链
	减贫效应	通过征地、移民拆迁及帮扶措施减少贫困发生,促进社会公平
	稳定就业	基础设施投资创造就业岗位及提供员工健康、安全保障
治理	管理团队	基础设施项目组织架构设计以及管理团队成员结构、能力和素质
	制度机制	基础设施全生命周期过程决策程序、奖惩激励、监督监管等制度的设计和执行,实现项目有序运转,保障工程质量,预防贪污腐败现象
	风险应对	识别基础设施投资的各项风险因素并提出相应的风险分担和应对管理措施

三、圈层结构分析

圈层结构的思路源于"差序格局"的启发。著名社会学家费孝通提出的"差序格局"生动形象地描述了中国乡土社会的结构。在《乡土中国》一书中,他将中国传统社会中的人际关系和社会结构阐述为"差序格局",认为乡土结构中的社会关系以人或家庭为中心,"就像把一块石子丢在水面上,水的波纹就是和别人所联系成的社会关系,一圈圈推出去,愈推愈远,愈推愈薄"(费孝通,2019)。除了代表伦理道德模式或社会关系格局,"差序格局"也是社会配置稀缺资源的格局(孙立平,1996)。

此外,许多学者对"差序格局"进行了进一步探索和扩展,相关研究将其应用领域拓展到企业管理、公共管理等方面。例如,代佳欣(2017)提出城市公共资源配置的差序格局,认为公共资源的配置规则是有次序的。阎波等(2011)基于利益相关者理论,在研究市级政府问责主体状况时,从参与率和优先权两个维度进行分析,认为以被问责对象为中心,问责主体存在差序格局。邹宇春等(2012)研究了个体的人际信任之间的差序格局,实证结果表明,个体在对于自然人的信任和对各类制度的信任中均存在"差序格局",拜年网、饭局网、职业网等社会资本会对个体信任的"差序格局"造成不同程度的影响。

"差序格局"是在亲缘、地缘等社会关系的基础上,以己为中心产生的不同圈子,是以亲疏远近为标准将网络关系划分为不同的"圈层"而形成的社会格局。笔者认为,在基础设施投资中,利益相关者之间也存在差序格局。以基础设施项目为中心,按照项目价值感知链条长度向外依次延伸,直接利益相关者、间接利益相关者和非特定利益相关者对项目的影响程度递减,构成基础设施利益相关者的差序格局,如图8-5所示。

以利益相关者差序格局为基础,结合不同利益相关者效用需求在环境(E)、社会(S)、治理(G)三个维度的差异,笔者构建了基础设施ESG效用圈层结构,作为基础设施投资外部性研究的分析框架,并据此对基础设施管理进行讨论,如图8-6所示。

具体而言,ESG责任中的E(environment)关注经济活动与自然环境的互动,包括能源、水等资源投入及废物排放、生态影响等;S(social)是"以人为本",关注其在社会发展层面的贡献,涵盖能否满足社会发展需求、改善民生等方面;G(governance)主要指对相关资源提供方的协调、合作机制,涉及内部或外部的治理结构、制度等。无论是环境、社会还是治理内涵,都是基于效用视角的界定,其本质是基础设施投资外部性对于社会效用的综合考量。由于基础设施投资外部性对于不同利益相关者的责任效用有所差异,其外部性形成了环境、社会和治理(ESG)的层次差异。

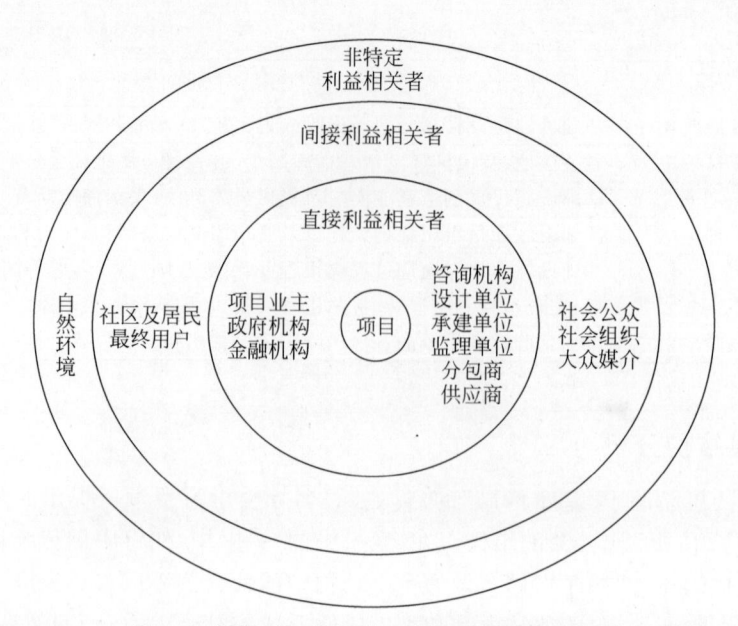

图 8-5　投资项目的利益相关者差序格局示意图

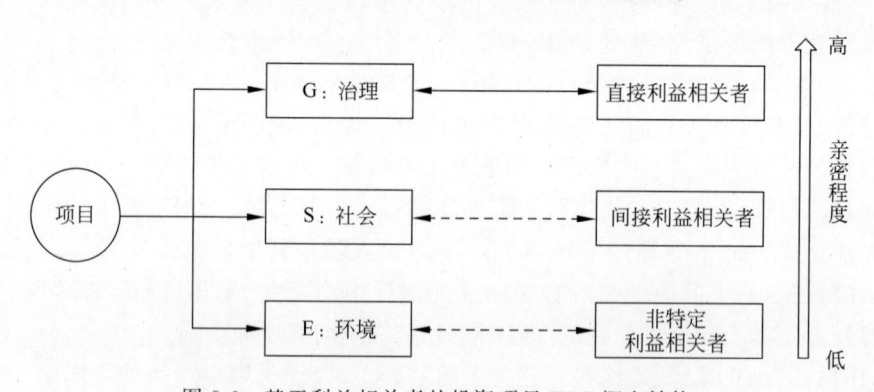

图 8-6　基于利益相关者的投资项目 ESG 概念结构

笔者基于利益相关者分析和效用差序，提炼了基础设施投资项目 ESG 概念的圈层结构，如图 8-7 所示。

其概念结构特征内涵具体如下：

其一，为基础设施投资外部性管理呈现治理、社会、环境三个视角。基础设施的溢出效应一直受到社会各界的广泛关注，但是基础设施外部性的内部化管理至今没有系统的管理理论和方法。基础设施 ESG 圈层结构基于利益相关者的效用差异为基础设施外部性管理提供了新的理论视角和研究框架。

其二，ESG 中的治理维度关注为基础设施投资提供相关资源的利益相关者之间存在的经济效益、理念、价值等方面冲突，需要通过合理的效益分配、科学的制度安排进行治理，促进目标的达成；社会维度关注以"人"为本的社会发展理念，其目标是促进社会福利、社会公平；环境维度关注与自然环境的互动过程及因此带来的负外部性。在圈层结构中，建立了环境、社会、治理有序的内在联系，这为建立基础设施投资外部性的 ESG 评价指标体系提供了理论基础。

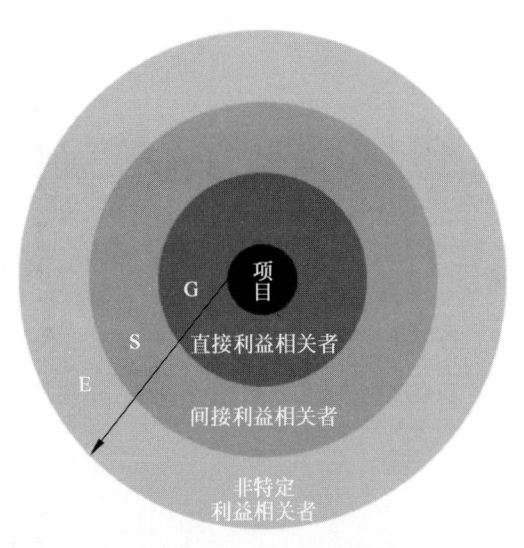

图 8-7　投资项目 ESG 概念的圈层结构

其三,ESG 在当前的认知中代表了环境、社会、治理三部分,是一个"混合词"概念。事实上,环境、社会、治理(ESG)之间存在相互作用的关联关系,笔者认为治理是实现基础设施投资目标的基础,其社会责任、环境责任均属于溢出效应。换句话说,环境、社会与治理三者的结构关联和作用体现为治理因素对环境、社会的影响,三者的权重和优先级可能有所差异。社会是基于对人类自身的关注,环境则关注"地球村""自然和谐"的概念,从这个角度来说,社会维度的优先级高于环境。基础设施 ESG 圈层结构呈现出以治理为基础的基础设施投资外部性环境、社会、治理的"差序关系"。换言之,环境、社会和治理三者的重要程度不同,基础设施投资 ESG 表现在一定程度上受到治理因素的影响更高。当然,需要更进一步理论和实证研究对此观点进行论证。

第四节　本章小结

本章旨在从基础设施外部性视角剖析并建构投资项目 ESG 概念框架。首先,系统回顾了当前关于投资项目外部性的相关研究,梳理了该领域的主要理论和实证成果。其次,深入探讨了投资项目的利益相关者识别,详细分析了不同利益相关者的效用和层次关系。最后,构建了投资项目外部性的 ESG 概念框架,明确了其责任内涵、概念特征及圈层结构。

在这一框架中,责任内涵涵盖了企业在环境保护、社会责任和公司治理方面的具体义务;概念特征则包括外部性在不同情境下的表现形式和影响机制;圈层结构将投资项目的外部性分为核心圈层、次级圈层和外围圈层,逐层揭示其影响范围和程度。具体来说,核心圈层包含最直接的利益相关者,如项目的投资者、员工和紧密合作的供应商;次级圈层则涉及社区居民、地方政府和间接供应链;外围圈层进一步扩展到广泛的社会大众和环境生态系统。

通过这种系统化的分析和框架构建,本章为进一步研究投资项目的 ESG 评估提供了理论基础和实践指导。同时,本章还探讨了如何在实际操作中应用 ESG 评估框架,确保企业在投资决策过程中更好地平衡经济效益、环境保护和社会责任。此外,还对比了国际上先进的 ESG 评估方法,提出了适合我国国情的改进建议,旨在推动我国可持续投资的健康发展。

本章不仅从理论层面系统地梳理了投资项目外部性的 ESG 评估视角下的研究进展,还结合实际案例,提供了具体的实施路径和策略,为学术研究和实践操作提供了有力支持。

第九章

投资项目ESG评估框架：以基础设施REITs为例

第一节 评估内涵

一、基础设施 REITs 的利益相关者

基础设施项目通过 REITs 方式处置，是一种创新的基础设施投融资模式，通常涉及资产的证券化、上市交易和收益分配。这一模式的核心在于将基础设施项目的所有权和经营权分离，将底层基础设施资产作为项目打包成 REITs，通过公开市场出售给投资者，投资者通过购买份额间接持有基础设施资产的权益，从而达到盘活存量资产，实现基础设施项目的价值最大化，促进国家基础设施高质量发展的目的。这种模式在运营模式、管理模式和运营理念等方面体现了鲜明的特点，如图 9-1 所示。

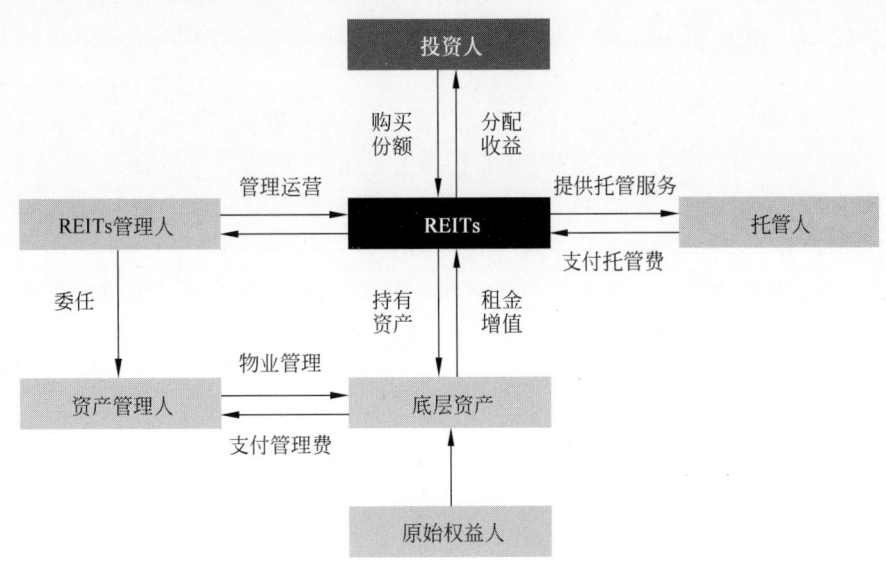

图 9-1 基础设施 REITs 项目交易结构

在运营模式方面，基础设施 REITs 采用了相比于传统模式更加专业化、市场化的运营方式。传统的基础设施项目通常由政府部门、国有企业或是传统基建类民营企业直接投资和运营，存在效率低下、决策机制僵化等问题。而通过 REITs 方式处置的基础设施项目，由专业的 REITs 管理团队负责运营和管理。相比之前，他们具有丰富的专业知识和管理经验，能够根据市场需求和项目特点，制定更加科学的运营策略，提高项目的运营效率和盈利能力(Inderst et al.,2014)。同时，REITs 模式引入了市场化的竞争机制，不同的 REITs 管理团队可以通过竞标等方式获得项目的运营权，这种竞争有利于优胜劣汰，促进管理团队不断提升运营水平和服务质量，从而促进基础设施项目的可持续发展。

在管理模式方面，基础设施 REITs 的管理模式包括资产的运营管理和基金的投资管理。资产运营管理通常由专业的第三方机构负责，这些机构负责日常的维护、修缮和租赁等工作，以确保资产的持续运营和价值增长。投资管理则由 REITs 的管理层负责，包括资产的购买、出售、融资和分配政策等决策。基础设施 REITs 实行规范化、透明化的项目治理。作为上市交易的投资产品，基础设施 REITs 需要遵循严格的信息披露制度和监管要求，定期公布财务报告、运营数据等关键信息，接受投资者和市场的监督。同时，基础设施 REITs 通常设有董事会、监事会等治理机构，对管理层的决策和执行进行监督和制衡，防范道德风险和代理问题(Feng et al.,2011)。规范化的项目治理有利于提高基础设施项目的管理水平，保障投资者利益，促进项目的长期稳健发展。

最后，在运营理念方面，基础设施 REITs 本身就是对 ESG 理念的一种实践，在运营中更加重视 ESG 因素。随着可持续发展理念的深入人心，越来越多的投资者关注企业在环境保护、社会责任等方面的表现。基础设施项目作为重要的公共产品，其建设和运营对环境和社会影响巨大。通过 REITs 方式处置的基础设施项目，将更多的利益相关方纳入到项目的管理中，采用更加透明的信息披露方式，向各方披露资产运营状况、财务状况和市场信息等，同时在运营中更加重视节能环保、社区发展等 ESG 因素，将其作为重要的决策依据和绩效考核指标(Inderst et al.,2012)。这种理念有利于推动基础设施项目的可持续发展，平衡经济效益、社会效益和环境效益，实现多方共赢。

总的来说，通过 REITs 方式处置的基础设施项目，其运营模式更加专业化和市场化，管理模式更加规范化和透明化，在运营理念上更加重视 ESG 因素。可以说，这种处置模式是对 ESG 理念的一种生动实践，有利于提高基础设施项目的运营效率和盈利能力，完善项目治理结构，平衡各利益相关者利益，推动基础设施事业的可持续发展。

不过，基础设施 REITs 在实践中仍面临一些挑战。例如，基础设施项目投资规模大、回收期长，可能面临较大的市场风险和政策风险，这对 REITs 管理团队的专业能力和风险管理水平提出了更高要求(Haslam et al.,2015)。因此，在推广基础设施 REITs 的过程中，对其进行 ESG 评价，以评促改，推动基础设施 REITs 可持续发展势在必行。

本书在利益相关者理论的基础上，以"利益相关程度"和"项目关注程度"两个维度构建了基础设施 REITs 项目的利益相关者分析框架，具体如图 9-2 所示。

二、基础设施 REITs 的评估内涵

在基础设施项目通过 REITs 模式运作后，基础设施项目的各利益相关者与项目的利益

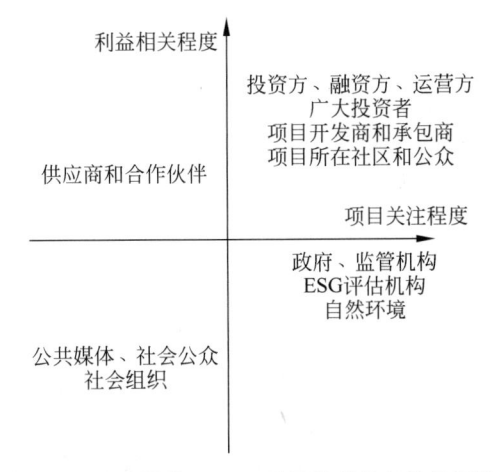

```
              利益相关程度 ▲
                         │
                         │   投资方、融资方、运营方
                         │         广大投资者
                         │      项目开发商和承包商
         供应商和合作伙伴   │      项目所在社区和公众
                         │
                         │                    项目关注程度
         ─────────────────┼─────────────────────────▶
                         │
                         │        政府、监管机构
                         │         ESG评估机构
                         │           自然环境
                         │
         公共媒体、社会公众 │
             社会组织     │
                         │
```

图 9-2　基础设施 REITs 项目的利益相关者矩阵

相关程度,以及项目对各利益相关者的关注程度发生了一定变化,主要表现为以下几个方面:

第一,投资者群体的扩展与多样化分析。在传统的基础设施投资领域,投资主体往往局限于政府部门、私营企业以及金融机构。然而,随着房地产投资信托基金(REITs)模式的引入,投资者基础得到了显著扩展,涵盖了更多的个人投资者和机构投资者。这些投资者不仅追求经济回报,同时对项目在环境保护、社区发展与治理结构等社会责任方面的表现也给予了更多关注。因此,REITs 管理公司在追求财务绩效的同时,必须确保其项目在社会责任方面能够满足投资者的期望。

第二,项目的环境与社会责任拓展。作为项目运营的核心,REITs 管理公司不仅承担资产管理与财务绩效的责任,还需确保项目的可持续发展,并在投资者中树立良好的项目形象,承担相应的环境与社会责任。这包括确保项目的可持续运营,减少对环境的负面影响,积极参与社区发展,以及维护高标准的治理结构等。管理层的决策与行为将直接影响项目的长期价值与声誉。

第三,政府及监管机构角色的强化。在 REITs 模式下,政府及监管机构的角色变得更加重要。由于 REITs 作为一种公开交易的金融产品,必须遵循更加严格的市场规则与披露要求。监管机构不仅要确保 REITs 的合规性,还需监督其在社会责任实践方面的表现,如环境保护、劳工标准与社区参与等。这要求 REITs 项目在运营中更加注重透明度与责任感。

第四,运营商的社会责任适应。在 REITs 的运行结构中,运营商需要适应新的管理要求和更高的利益相关者的期望。运营商不仅要保证基础设施的日常运行效率,还要在社会责任方面做出更多贡献,如提供高质量的公共服务、确保工作场所安全和促进员工发展。这些社会责任的实践将有助于提升项目的公共形象并吸引更多的社会支持。

第五,公众利益的重新评估。在 REITs 模式下,公众作为利益相关者,其关注点不再局限于基础设施项目的直接服务,还包括项目对环境、社会和经济的长期影响。REITs 需要在项目规划和运营中考虑公众的利益,通过环境影响评估、社区咨询和公共参与机制来确保项目的社会接受度和可持续性。

第六,社会责任的长期价值创造。引入REITs模式要求基础设施项目在追求经济效益的同时,也需关注社会责任与环境的可持续性。这种长期价值创造的理念要求REITs管理公司在决策过程中平衡短期的财务目标与长期的社会、环境目标。通过这种方式,REITs能够为投资者提供稳定的回报,同时为社会与环境带来积极的影响。

总的来说,REITs模式前后基础设施项目的利益相关者之间的变化体现在利益相关者群体的扩展、管理责任的增加、监管要求的强化、运营商角色的调整、公众利益的重新评估以及对社会责任长期价值创造的重视。这些变化影响了项目各方利益相关者与项目的利益相关程度,并从项目内部改变了对各方的关注度。这也要求基础设施REITs在运营中采取更为全面和综合的策略,以实现项目的成功和可持续发展。

在基础设施REITs的评估内涵中,环境、社会和治理(ESG)评估成为不可忽视的重要组成部分。基础设施REITs不仅需要关注财务回报,还必须重视项目的环境影响、社会贡献和治理结构。具体来说,基础设施REITs需要考虑如何通过绿色建设和可再生能源的使用减轻环境负担,如何通过社区建设和就业机会的创造提升社会福祉,以及如何通过透明和有效的治理机制增强企业的信任度和可靠性。

此外,ESG评估的结果将直接影响REITs的市场表现和投资者信心。投资者越来越倾向于选择那些注重可持续发展和社会责任的项目,因而基础设施REITs需要不断优化其ESG策略,以满足监管要求和市场期望,从而促进长期价值的创造和维护。综上所述,基础设施REITs在其运营和管理过程中必须综合考虑利益相关者变化和ESG评估,才能实现项目的全面成功与可持续发展。

第二节 评估模块

可持续发展的概念在中国"天人合一"的思想中就有所体现,但是相关理论最早由西方学者提出。它将全世界作为一个完整的系统,强调要在保证后代生存环境的基础上进行发展,联合国在2015年提出了17个可持续发展目标,体现了包容性发展的理念(黄世忠,2021)。而ESG表现是综合考虑了环境、社会、治理三方面的情况,不同国际组织有不同的ESG评价视角,但是绝大部分都基于可持续发展的理论进行构建,可以通过ESG评级的表现来反映其可持续发展的能力(Velte,2017)。

根据ESG概念,使用"切块式"的分类方法,投资项目ESG评价框架由三个维度组成,如图9-3所示。

在基础设施投资项目的ESG评价中,我们可以从以下三个维度进行分析和评价:

首先是环境(E)评价。这个维度主要考察投资项目在生态环境保护和自然资源利用方面是否符合相关行为规范,以及是否达到行业领域的道德标准。其目的在于通过评价,增强投资项目的环境保护责任意识,解决投资项目与自然环境互动中的价值协同问题。

其次是社会(S)评价。这个维度关注投资项目在社会秩序维护和社会影响方面的表现,评估其是否符合相关行为规范,并达到行业道德标准。其目的是通过评价,提升投资项目的社会责任意识,解决投资项目与社会环境互动中的价值协同问题。

最后是治理(G)评价。这个维度评估投资项目的治理能力和治理体系是否达到行业标

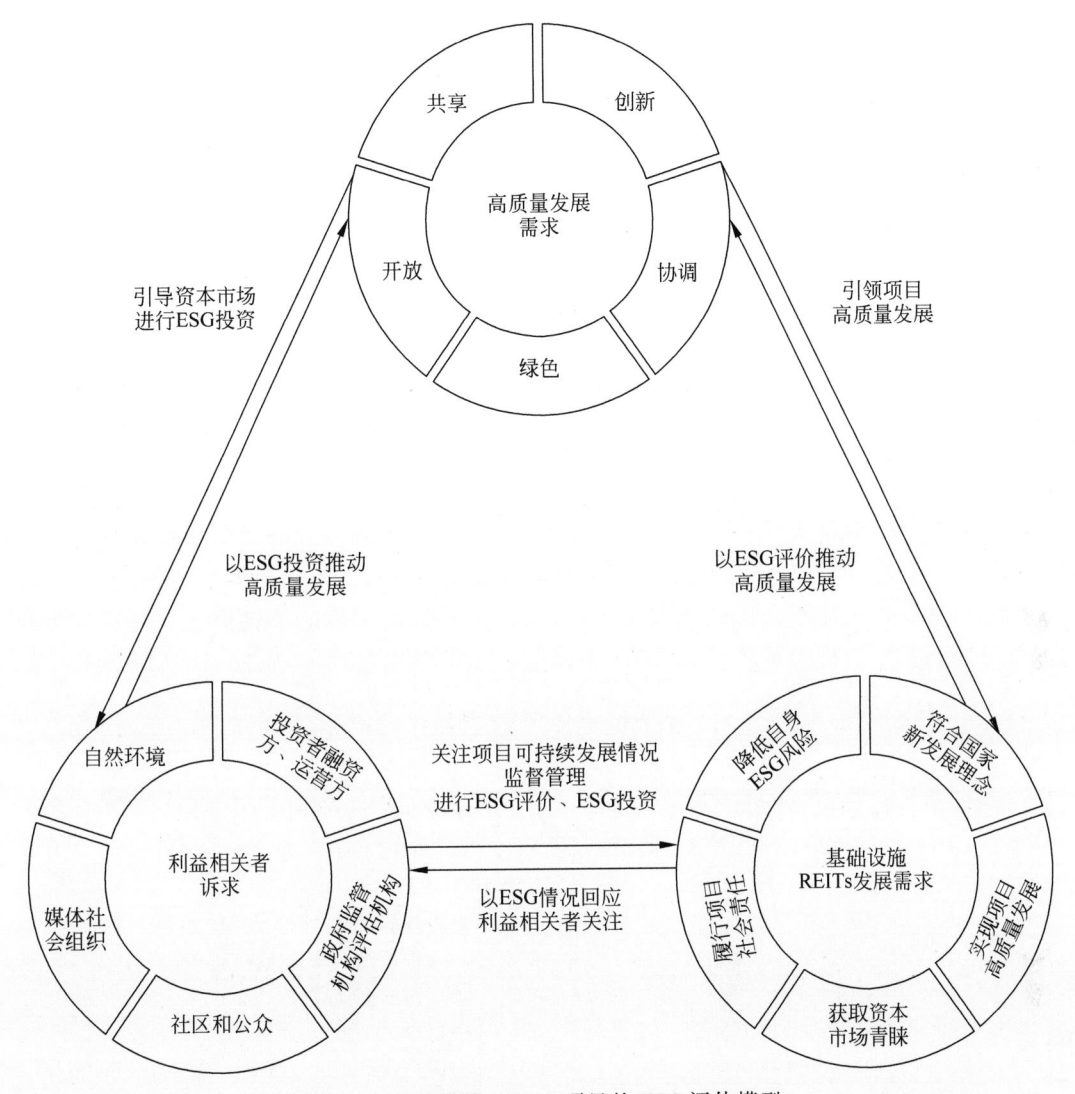

图 9-3　基础设施 REITs 项目的 ESG 评估模型

准,目的是通过评价,引导投资项目增强自身的治理能力,解决因治理能力不足而阻碍价值创造的问题。

基于上述维度的评价,我们可以识别基础设施投资项目的各类利益相关者,并以创新、协调、绿色、开放、共享的新发展理念为指导思想。在借鉴国际经验的基础上,结合中国国情,构建基础设施 REITs 的 ESG 评价模型。通过 ESG 评价,促进投资项目特别是基础设施投资项目的改革与发展,推动高质量发展的要求落到实处,吸引资本市场的投资,实现项目的可持续发展,并滚动式盘活国家存量资产。

宏观层面的经济高质量发展必然依赖于中观产业和微观项目主体的高质量发展。在新发展阶段,高质量发展对微观项目主体的发展方向和模式提出了新的要求,通过科学的 ESG 评价,可以更好地实现这些目标。

第三节 评估指标

一、文本分析

1. 开放式编码

截至目前,尽管企业 ESG 信息披露采用了广泛应用的披露框架,但不同企业的具体披露内容和方式仍然存在显著差异。因此,第三方机构在确定 ESG 评级的具体指标时必须考虑行业特点、数据可获得性等因素进行筛选,每个评级机构的 ESG 评级在评级模型和具体指标设置方面并不一致,导致不同机构的评级结果存在一定差异,尤其是国外评级组织对于中国企业的 ESG 评价普遍不高。尽管如此,不同机构数据的核心来源相似,因此,各机构的 ESG 评级内容在概念层面上存在一定的共识基础,主要关注环境可持续性、社会责任、企业(项目)治理、风险暴露等非财务绩效方面。本节通过检索国内外各主要责任评价机构所发布的 ESG 信息披露和 ESG 评价体系,共收集了 MSCI、中证、商道融绿等机构的 18 份指标文本,对这些指标文本进行开放式编码,再通过编码提取指标的关键概念。特别说明的是,部分原始数据指标同时涉及 ESG 的多个维度,编码时重复计数,如表 9-1 所示。

表 9-1 基础文本数据情况

编号	指标文本	编号	指标文本
A01	DJSI ESG 评价指标体系	A10	嘉实基金 ESG 评价指标体系
A02	GRI3 的实质性议题专项标准(2021 版)	A11	联合赤道 ESG 评价体系
A03	MSCI ESG 评价指标体系	A12	润灵 ESG 评价体系
A04	SASB 准则可持续性主题	A13	商道融绿 ESG 评价体系
A05	Wind ESG 评价指标体系	A14	社会价值投资联盟 ESG 评价指标体系
A06	FTSE ESG 评价指标体系	A15	汤森路透 ESG 评价体系
A07	国证 ESG 评价指标体系	A16	中财绿金院 ESG 评价指标体系
A08	华测 ESG 评价指标体系	A17	中国企业改革与发展研究会企业 ESG 指标
A09	华证 ESG 评价体系	A18	中证 ESG 评价指标体系

结合开放式编码,提取出 33 个基本指标,按照出现频数降序排列,其中风险管理、碳排放、员工权益保护、决策体制、废弃物(包括废物、废水、废气)排放和价值协同等指标在原始数据中出现频率最高,说明国内外的主要 ESG 评级机构更加关注企业的治理风险管理、碳排放与气候变化影响、员工权益、公司治理的结构体制、废弃物排放和企业各方利益价值协同等方面,如表 9-2 所示。

表 9-2 原始数据指标开放式编码

具体指标	出现频数	原始数据(初始概念)
风险管理	57	A02:重大事故风险管理 A16:公司治理负面信息
员工权益保护	55	A08:员工发展与多样性 A14:职业发展政策

续表

具 体 指 标	出 现 频 数	原始数据（初始概念）
决策体制	49	A07：机构运作 A11：管理创新
碳排放量	46	A03：碳排放 A12：气候变化
环保技术采纳	45	A12：海绵城市 A13：污染处理措施
价值协同	45	A03：融资可得性 A10：反腐败与贿赂
可持续发展能力	44	A12：可持续认证 A18：可持续发展
固体废弃物产生量	43	A01：废弃物 A15：危险固体废弃物排放
法人治理	41	A03：所有权及控制权 A12：管理层稳定性
废水排放量	35	A09：废水 A10：污水排放
废气排放量	35	A10：废气排放 A15：有毒有害气体排放
消费者	30	A01：市场表现 A07：客户与消费者
社区福祉	28	A03：营养和健康领域的机会 A12：社区投资
企业供应链	28	A06：供应链情况
产品与服务	28	A09：可持续产品 A10：产品/服务质量管理
社会效益	27	A07：企业贡献 A08：公益事业
项目使命	26	A11：战略驱动 A18：战略与文化
生物多样性	25	A01：生物多样性 A12：土地利用及生物多样性
信息披露	24	A07：信息披露质量 A10：信息披露
能耗	20	A10：能源消耗 A12：可再生能源
水耗	20	A01：水资源和污水 A12：水资源消耗
提供就业岗位数	20	A02：员工参与 A04：人力资本开发
生态修复	19	A14：生态保护 A16：污染防治

续表

具体指标	出现频数	原始数据（初始概念）
妇女/少数族裔平等就业机会	18	A01：多元性与平等机会 A05：人权争议
社区补偿机制	16	A01：原住民权利 A12：普惠
小股东权益保护	16	A05：股东权利争议 A12：股东权益保护
社区公众参与	15	A04：劳动实践指标 A18：社区安全管理
股权集中度	12	A09：董监高股权及股东 A12：大股东行为
土地产值	10	A07：自然资源 A14：资源使用
高管薪酬占比	9	A05：高管薪酬争议 A10：高管薪酬
文化遗产保护	6	A15：社区影响 A17：社区建设和贡献
绿色金融	5	A07：绿色金融 A15：普惠金融
财务税收	5	A07：财务风险 A12：税收透明度

2. 主轴编码

根据微观层面投资项目具体基本指标在概念层面的相互关系，以 ESG 的三个维度（环境责任、社会责任、项目治理）和企业治理作为主轴，对基本指标进行归类，并在此基础上提取整合概念，形成 10 个主题，具体包括数据结构与编码过程如表 9-3 所示。

表 9-3　主轴编码形成的指标体系

主维度	主题	具体指标	频数	原始数据（初始概念）
环境责任（E）	资源利用（E1）	能耗（E11）	20	A10：能源消耗 A12：可再生能源
		水耗（E12）	20	A01：水资源和污水 A12：水资源消耗
		土地产值（E13）	10	A07：自然资源 A14：资源使用
	排放控制（E2）	废水排放量（E21）	35	A09：废水 A10：污水排放
		废气排放量（E22）	35	A10：废气排放 A15：有毒有害气体排放
		固体废物产生量（E23）	43	A01：废弃物 A15：危险固体废弃物排放

续表

主维度	主题	具体指标	频数	原始数据(初始概念)
环境责任（E）	排放控制（E2）	碳排放量（E24）	46	A03：碳排放 A12：气候变化
	生态保护（E3）	生物多样性（E31）	25	A01：生物多样性 A12：土地利用及生物多样性
		生态修复（E32）	19	A14：生态保护 A16：污染防治
		环保技术采纳（E33）	45	A12：海绵城市 A13：污染处理措施
社会责任（S）	就业机会（S1）	提供就业岗位数（S11）	20	A02：员工参与 A04：人力资本开发
		妇女/少数族裔平等就业机会（S12）	18	A01：多元性与平等机会 A05：人权争议
		员工权益保护（S13）	55	A08：员工发展与多样性 A14：职业发展政策
	社区发展（S2）	社区补偿机制（S21）	16	A01：原住民权利 A12：普惠
		社区福祉（S22）	28	A03：营养和健康领域的机会 A12：社区投资
		社区公众参与（S23）	15	A04：劳动实践指标 A18：社区安全管理
		文化遗产保护（S24）	6	A15：社区影响 A17：社区建设和贡献
	社会赋能（S3）	社会效益（S31）	27	A07：企业贡献 A08：公益事业
		可持续发展能力（S32）	44	A12：可持续认证 A18：可持续发展
项目治理（G）	治理理念（G1）	项目使命（G11）	26	A11：战略驱动 A18：战略与文化
		价值协同（G12）	45	A03：融资可得性 A10：反腐败与贿赂
	治理体系（G2）	法人治理（G21）	41	A03：所有权及控制权 A12：管理层稳定性
		决策体制（G22）	49	A07：机构运作 A11：管理创新
		风险管理（G23）	57	A02：重大事故风险管理 A16：公司治理负面信息
	股东权益（G3）	股权集中度（G31）	12	A09：董监高股权及股东 A12：大股东行为
		高管薪酬占比（G32）	9	A05：高管薪酬争议 A10：高管薪酬
		信息披露（G33）	24	A07：信息披露质量 A10：信息披露
		小股东权益保护（G34）	16	A05：股东权利争议 A12：股东权益保护

续表

主维度	主题	具体指标	频数	原始数据（初始概念）
企业层面因素（EP）	企业治理（EP1）	企业供应链（EP11）	28	A06：供应链情况 A13：供应商
		绿色金融（EP12）	5	A07：绿色金融 A15：普惠金融
		产品与服务（EP13）	28	A09：可持续产品 A10：产品/服务质量管理
		消费者（EP14）	30	A01：市场表现 A07：客户与消费者
		财务税收（EP15）	5	A07：财务风险 A12：税收透明度

在环境责任（E）维度，资源利用、排放控制和生态保护是当前 ESG 评价体系中最为关注的三个主题。其中温室气体排放受到最高程度的重视，其次为环保技术的应用与固体废物排放。这一发现表明，重视对绿色生产和环境保护在企业生产过程中的重要性，以及企业在减少环境影响方面所承担的责任的重要性。这不仅体现了相关机构对气候变化挑战的响应，也反映了实现可持续发展相关目标。

在社会责任（S）维度，就业机会、社区发展和社会赋能是关注的主体。其中，员工权益保护和企业对社会可持续发展的影响尤为突出。这说明企业在保障人权和推动社会可持续发展中负有重要责任。通过保障员工权益和参与社区发展，项目企业在提升自身社会形象的同时，还能够促进社会和谐与进步。

在项目治理（G）维度，治理理念、治理体系和股东权益是 ESG 评价中的核心主题。特别是，风险管理受到了极大的重视，这强调了企业在治理过程中对风险的识别、评估和应对的能力。此外，决策体制的关注点在于其透明度、效率以及利益相关方的参与，这些因素对于提升企业治理水平和增强投资者信心至关重要。

在企业层面因素（EP）维度，供应链管理、绿色金融、产品与服务、消费者满意度和财务税收是被关注的主要指标。研究发现，企业对提供高质量的产品和服务以及满足消费者需求给予了高度重视，而相对较低的关注度被给予绿色金融和财务税收。这表明，尽管财务健康和绿色金融对于企业的长期发展至关重要，但在当前的 ESG 评价体系中，企业更倾向于通过直接影响消费者满意度和市场表现的方式来展示其社会责任和环境责任。

3. 编码结果分析

通过编码分析原始数据发现，国内外主流 ESG 信息披露和评级机构对于中观企业层面的 ESG 评价指标关注聚焦在绿色生产、资源利用、治理结构、员工权益以及公司的业绩可持续发展等方面，同时特别关注部分企业层面相对于微观项目层面的特有指标，包括企业的供应链、企业绿色金融、产品与服务、消费者感受以及公司财务税收等方面。聚焦到微观的投资项目层面，考虑实际的项目建设及运营情况，涉及更多与地方社区以及其他受项目影响的利益相关者合作，更关注工业建设及运营过程中的废物处理、周边社区影响和项目实施运营中的具体问题（O'Rourke，2014）。主维度编码分析情况如图 9-4 所示，相应主题分析情况如图 9-5 所示。

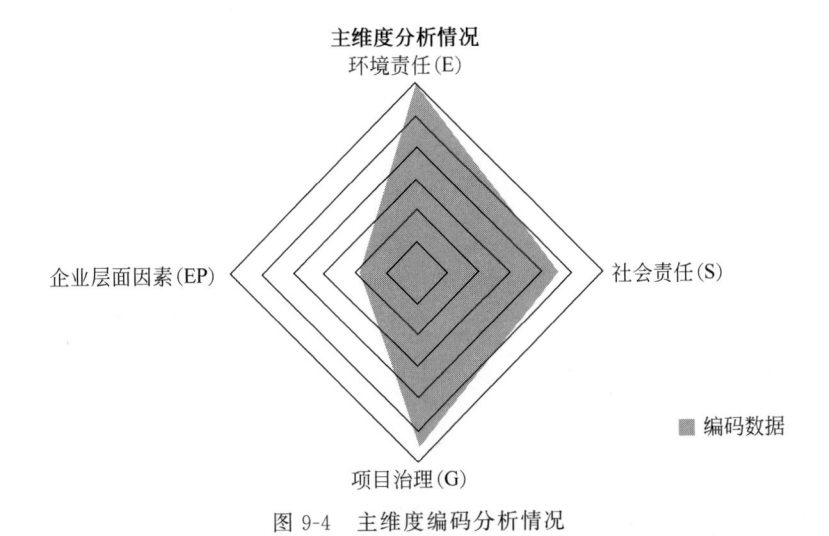

图 9-4 主维度编码分析情况

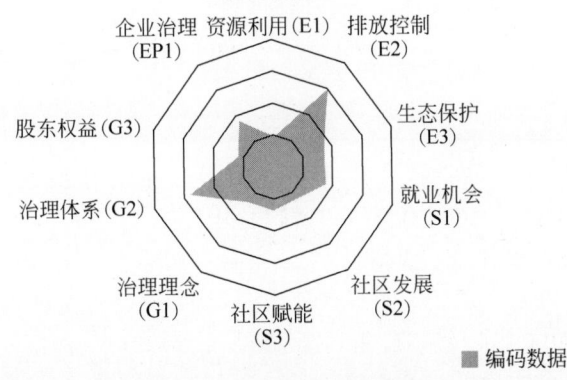

图 9-5 主题编码分析情况

在上述分析的基础上,进一步探讨 ESG 主维度编码数据的内在联系。

通过对编码的主维度分析,环境责任(E)和社会责任(S)两个维度的编码数据合计占比超过 50%,这表明企业在履行 ESG 责任时,更加重视环境和社会层面的表现。这一结果与当前全球可持续发展议程的重点是一致的。联合国可持续发展目标中,与环境和社会相关的目标占据了主导地位,如气候行动、清洁能源、体面工作等。

环境责任(E)维度在编码数据中占比最高,达到 33%,位于四个主维度中的最高位,反映出当前 ESG 评价中对环境责任的高度重视。这一结果与全球对于气候变化、资源枯竭等环境问题的日益关注相吻合。中观企业在资源利用、排放控制和生态保护等方面的表现,不仅影响着其自身的可持续发展,也对社会和环境产生深远影响。因此,加强环境责任的管理,实施绿色生产和环保技术的应用,对于提升企业的 ESG 评价和市场竞争力至关重要。社会责任(S)涵盖了就业机会、社区发展、社会赋能等多个方面,其中员工权益保护和企业对社会可持续发展的影响尤为重要。这说明,企业在追求经济效益的同时,也需要关注其对社会的贡献和责任,通过保障员工权益、参与社区发展等措施,履行自身社会责任。在制定 ESG 战略时,企业和项目应将环境保护和社会责任作为重中之重,积极采取措施减少负面影响，并为社会创造积极价值。项目治理（G）维度的编码数据占比达 30.9%，仅次于环境责任，凸显了良好治理在企业 ESG 表现中的基础性作用。治理结构的完善不仅能够保障合规运营，还能促进企业在环境和社会责任方面的有效管理和信息披露。进一步从微观项目层面来说，应将 ESG 理念纳入治理的各个层面，建立健全的 ESG 管理体系和风险控制机制，并强化与利益相关方的沟通与互动，以提升项目的 ESG 表现和市场认可度。

企业层面因素（EP）这一维度涉及了企业运营的方方面面，如供应链管理、产品质量、消费者权益等，对于企业的可持续发展有着重要作用。但在投资项目，尤其是大规模的基础设施投资项目中，更加强调的是如何通过良好的环境、社会和治理实践，确保项目的可持续性和社会效益。因此，项目方应重点关注这三个维度的表现，以实现基础设施投资项目的长期成功和可持续发展。

综上所述，在基础设施投资项目中，ESG 三个维度的作用至关重要。项目规划和实施过程应将环境责任、社会责任和良好治理作为核心考量因素，通过系统性的 ESG 管理方法，统筹兼顾各个维度，最大限度地提升项目的可持续性和整体效益。在项目评估、实施和运营过程中，应该更加关注如何通过有效管理环境、社会和治理层面的因素，来确保项目的可持续性和社会效益最大化，由此才能实现长期成功和可持续发展。

二、指标识别

1. 环境责任评价维度

环境是人类赖以生存的重要资源，也是人类命运共同体的重要组成部分。因此，维护生态环境的良好状态是每位公民的责任。现阶段，国际三大组织的 ESG 评价指引（国际标准化组织 ISO26000 社会责任指引、可持续发展会计准则委员会的指引、全球报告倡议组织可持续发展报告指引）以及全球较大的五家评级公司的 ESG 评价体系中，环境方面的主要评价内容包括：温室气体排放、环境政策、废物污染及管理政策、能源的使用与消费、自然资源的使用与管理政策、生物多样性以及环境保护合规性。

在项目生产经营过程中，环境方面的作为不仅要符合现有的法规、道德准则等标准，还要关注其对未来可能产生的潜在影响。结合国际公约、已有研究和项目特征，本文将投资项目环境评价定义为测度并评判项目生产经营过程中的环境绩效或项目单位产出的环境成本，其中对未来的潜在影响以风险系数的形式体现在绩效或成本中。

结合生态环境保护的相关研究和实践，投资项目的环境评价维度需要进一步细化。本文采用环境三分法，将环境评价（E）分解为资源利用（E1）、排放控制（E2）、生态保护（E3）三个子主题。

1）资源利用（E1）

资源利用（E1）主题主要关注项目节约、循环以及有效利用资源的能力，这是保证投资项目价值形成的基础。主要包含以下三个具体指标：

单位产值综合能耗（E11）主要考虑项目建设和运营过程中对化石燃料、非化石燃料等能源的消耗总量与整个项目的总产值之间的比值。具有负外部性属性，即该项指标越高，ESG 相关评价越低。

单位产值水耗（E12）主要考虑项目建设和运营过程中对于水资源（包括地表水、地下水等新鲜水）的消耗总量与整个项目总产值的比值。具有负外部性属性。

单位面积产值(E13)为项目总产值与项目用地或项目建筑总面积的比值。具有正外部性属性。

2) 排放控制(E2)

排放控制(E2)主题主要关注投资项目实施过程中的各项排放污染物,这是我国当下在环境领域最为重视的污染问题。主要包含以下四个具体指标:

单位产值废水排放量(E21)考虑项目建设和运营过程中产生的废水排放量与项目总产值的比值。

单位产值废气排放量(E22)考虑项目建设和运营过程中产生的废气排放量与项目总产值的比值。

单位产值固体废物产生量(E23)考虑项目建设和运营过程中产生的固体废物量与项目总产值的比值。

单位产值碳排放量(E24)考虑项目排放的温室气体量与项目总产值的比值。所有这些具体指标均具有负外部性属性。

3) 生态保护(E3)

生态保护(E3)主题主要关注投资项目的建设、运营过程及后续结果是否起到了对生态环境、生物多样性等生态保护的促进作用。主要包含以下三个具体指标:

生物多样性(E31)考虑项目建设及运营过程中采取的对自然生态系统、自然保护区和栖息地、动植物和微生物及濒危物种等的减缓影响措施。

生态修复(E32)考虑项目建设和运营过程中能源和资源的一体化利用的情况,以及基础设施建设过程中涉及的生态修复、生态保护等措施及影响。

环保技术采纳(E33)考虑项目是否引入绿色环保技术及可持续可再生循环技术等减少对环境和资源的影响。所有这些具体指标均具有正外部性属性。

综上,环境责任维度共构建 3 个二级指标,9 个三级指标,采用正外部性和负外部性指标相结合进行综合评价,具体如图 9-6 所示。

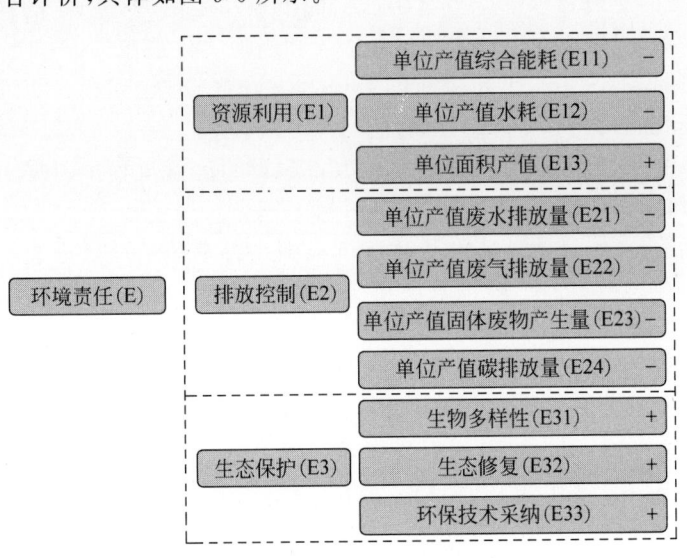

图 9-6 环境责任(E)维度指标

2. 社会责任评价维度

社会是由人类活动通过自由交往、自愿结合而形成的群体,是实现"以人为本"发展的关键载体。因此,维护良好的社会秩序是最广大人民的根本利益所在。社会评价是指项目在社会方面的积极作为,包括遵守现有法规、社会道德等,同时关注未来潜在的社会影响。社会评价的内容应侧重于国家发展战略的重点和项目的实际情况。

结合国家发展战略,社会评价的内容主要包括以下几个方面:首先,项目应向社会提供充足的就业岗位;其次,项目实施应促进周边社区的发展;最后,项目投资应具有积极的社会能力建设作用。现阶段,投资项目的社会评价(S)主要包括就业创造(S1)、社区发展(S2)和社会赋能(S3)三个子主题。社会评价(S)维度涉及项目的直接利益相关者和间接利益相关者,包括项目员工、项目周边社区的带动发展以及更宏观的社会效益。

1) 就业创造(S1)

就业创造(S1)主题主要关注项目具有向社会提供就业岗位的能力。在这个基础上,项目是否关注妇女和少数族裔的平等就业机会,以及是否具有保护项目员工各项权益的制度和机制等,都在就业创造的维度内。该主题主要包含提供就业岗位数(S11)、妇女/少数族裔平等就业机会(S12)和员工权益保护(S13)三个具体指标,均具有正外部性属性。

提供就业岗位数(S11)主要指项目在整体前期建设及后期运营过程中提供的就业岗位累计数量。

妇女/少数族裔平等就业机会(S12)主要指员工就业中妇女和少数族裔就业人数占同期人数的比例,需要考虑不同行业的特殊属性。

员工权益保护(S13)包含员工的劳动安全和健康保护、合法用工、职业培训、薪酬保障、员工工会建设和申诉等制度措施,在中国特殊国情下,特别考虑农民工和临时工等劳务人员的合法权益保护。

2) 社区发展(S2)

社区发展(S2)主题主要关注项目所具有的保障和促进周边社区发展的能力。具体来说,基础设施项目的建设和运营应当对所占据的土地和居民进行一定的补偿,促进周边的配套基础设施发展,并考虑周边社区的公众参与和当地文化遗产的保护等方面。该主题主要包含社区补偿机制(S21)、社区福祉创造(S22)、社区公众参与(S23)和文化遗产保护(S24)四个具体指标,均具有正外部性属性。

社区补偿机制(S21)考虑因在基础设施项目建设和运营过程中占据土地资源,需要对征地进行资金拨付、人员迁移补偿、移民安置设计等举措。

社区福祉创造(S22)指项目建设和运营过程中是否带动了社区周边的相关配套发展,如商业、教育、医疗、娱乐等设施,以及项目是否参与到周边社区安全防疫、灾害救助、安全和治安等方面的情况。

社区公众参与(S23)指项目在初期设计、环境评价、社会评价等方面的公众参与程度,以及该项目是否具有较为完善的公众参与方式相关的制度体系。

文化遗产保护(S24)指项目对于当地风俗习惯、历史文化、民族宗教、物质和非物质文化遗产等方面的保护措施,以减少项目建设对文化方面的不利影响。

3) 社会赋能(S3)

社会赋能(S3)主题主要关注项目本身对于社会所创造的各项软实力效益,以及对于社会应对自然风险、社会风险等方面的贡献。主要包含社会效益(S31)和可持续发展能力

(S32)两个指标。

社会效益(S31)主要包含项目本身为社会创造的各项效益,如提升交通通达性、提供清洁绿色可持续能源、促进科技创新、加强乡村振兴建设和促进资源可持续利用等方面的相关措施。

可持续发展能力(S32)关注项目实施对于社会应对自然风险、社会风险等方面的贡献,以及促进经济社会可持续发展的能力。

综上所述,社会责任(S)维度共构建3个二级指标,9个三级指标,该部分主要涉及部分直接利益相关者及间接利益相关者,均具有正外部性属性,具体如图9-7所示。

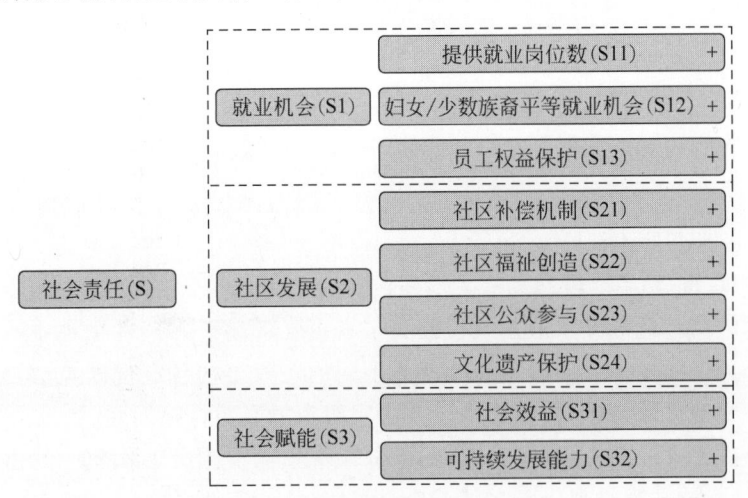

图 9-7　社会责任(S)维度指标

3. 项目治理评价维度

治理是多元主体之间有机结合并共同管理公共事务的工具。全球治理委员会提出,治理是一个调和相互冲突的不同利益使得联合行动得以进行且持续的过程。治理具有调节不同利益主体、目标的能力,是对利益冲突协调起作用的原则、规范、规则和决策程序等的集合。在投资项目的层面上,治理从宏观的概念进一步向微观拓展,投资项目的治理评价(G)主要包括治理理念(G1)、治理体系(G2)、股东权益(G3)三个子主题,其核心是强调建立协调不同利益相关者的理念和机制。对于基础设施投资项目来说,政府、民众等间接利益相关者在治理维度的参与尤为重要。

1) 治理理念(G1)

治理理念(G1)主题主要考虑项目建设与运营的使命是否与国家、世界的发展战略及发展前景相吻合,同时项目建设过程中各方参与者的利益是否高度协同。该主题主要包含项目使命(G11)和价值协同(G12)两个具体指标,均具有正外部性属性。

项目使命(G11)主要关注该项目的宗旨使命是否符合联合国可持续发展目标,是否与中国高质量发展理念相符,从宏观的角度对项目的使命进行评价。

价值协同(G12)主要考虑项目中的各利益相关方的价值协同度情况,项目建设与运营是否对各间接利益相关方具有正外部性,同时是否对各直接利益相关方有所帮助。

2) 治理体系(G2)

治理体系(G2)主题主要考虑投资项目的管理模式和整体治理体系是否从项目建设运

营出发设计,以符合其发展需要。主要包含法人治理(G21)、决策体制(G22)和风险管理(G23)三个具体指标,均具有正外部性。

法人治理(G21)指标考虑项目实际控制人的性质、董事会构成、高管结构多元化(女性高管占比)、关键决策监督机制等治理体系是否健全。

决策体制(G22)主要关注项目决策流程的科学化、民主化、规范化,以及少数股东是否能够参与决策相关机制的健全程度。

风险管理(G23)在基础设施投资项目中尤为重要,主要包含项目是否具有预防及处理意外事故、利益受损、产生弱势群体、引发社会稳定风险、群体事件、突发事件等的应急管理预案,以及在相关应急事件中的处理情况。

3) 股东权益(G3)

股东权益(G3)主题主要考虑项目的主要直接利益相关者,即主要股东、各小股东和高管的权益机制设计,股权分配情况尤为重要,因为股权结构决定了公司内部权力归属和利益的分配。该主题包含股权集中度(G31)、高管薪酬占比(G32)、信息披露(G33)和小股东权益保护(G34)四个具体指标。

股权集中度(G31)主要考虑第一大股东的持股比例,从投资项目的角度出发,第一大股东的持股比例较高可能导致大股东或控股股东有更强的动机和条件损害中小股东利益,该指标具有负外部性属性。但同时也需要考虑不同的股权结构各有优缺点,需要根据具体情况衡量股东的权益风险、股东监督作用以及中小股东的利益保障问题。

高管薪酬占比(G32)主要考虑项目公司高管薪酬在整体员工薪酬中的占比,考虑实际情况,项目中高管的薪酬呈现较高水平,该指标具有负外部性属性。

信息披露(G33)指项目的信息公开披露的健全程度,是否依法依规完成各项披露,包括项目法人股东信息、重大事项、主要风险、经营活动、年报、分红政策及可持续发展(ESG)报告等,具有正外部性属性。

小股东权益保护(G34)考虑项目中小股东尤其是广大普通投资者的知情权、参与权、提案权、投票权、诉讼权、退股权等健全程度,具有正外部性属性。

综上所述,项目治理(G)维度共构建了 3 个二级指标,10 个三级指标。这部分主要涉及部分直接利益相关者及间接利益相关者,均具有正外部性属性,具体如图 9-8 所示。

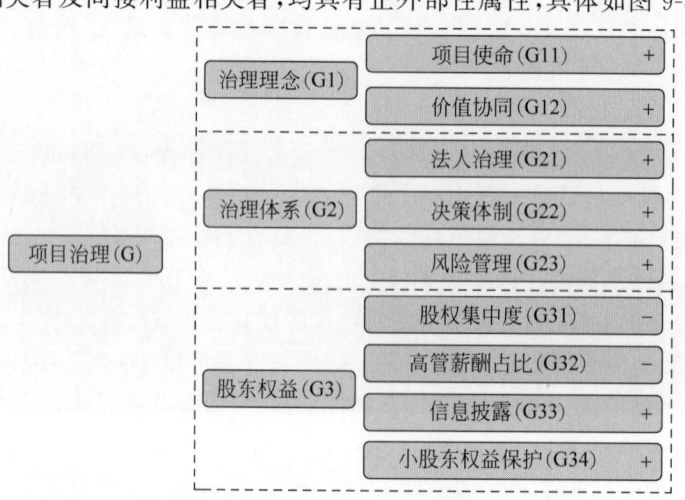

图 9-8　治理责任(G)维度指标

三、指标体系

（一）指标体系表格

投资项目 ESG 评价的指标体系如表 9-4 所示。

表 9-4　投资项目 ESG 评估的指标体系

维度	主题	具体指标	属性	单位	评级方式	说　明
环境责任（E）	资源利用（E1）	单位产值综合能耗（E11）	－	tce/万元	设定行业阈值和标准	项目建设和运营过程中对化石、非化石等能源的消耗总量与项目总产值的比值
		单位产值水耗（E12）	－	t/万元	设定行业阈值和标准	项目建设和运营过程中对地表水、地下水等新鲜水的消耗总量与项目总产值的比值
		单位面积产值（E13）	＋	万元/m²	设定行业阈值和标准	项目总产值与项目用地总面积的比值
	排放控制（E2）	单位产值废水排放量（E21）	－	t/万元	设定行业阈值和标准	项目建设和运营过程中产生的废水排放量与项目总产值的比值
		单位产值废气排放量（E22）	－	kg/万元	设定行业阈值和标准	项目建设和运营过程中产生的废气排放量与项目总产值的比值
		单位产值固体废物产生量（E23）	－	t/万元	设定行业阈值和标准	项目建设和运营过程中产生的固体废物排放量与项目总产值的比值
		单位产值碳排放量（E24）	－	kg/万元	设定行业阈值和标准	项目排放的温室气体量与项目总产值的比值（应对气候变化）
	生态保护（E3）	生物多样性（E31）	＋		定性评价	项目对自然生态系统、自然保护区和栖息地、动植物和微生物及濒危物种等减缓影响措施
		生态修复（E32）	＋		定性评价	项目对能源资源一体化利用、矿山生态修复、流域生态保护等修复措施及其产生的影响
		环保技术采纳（E33）	＋		定性评价	项目是否引入环保技术来减少对生态和环境的影响
社会责任（S）	就业机会（S1）	提供就业岗位数（S11）	＋	人	设定行业阈值和标准	项目建设和运营过程中预计提供就业岗位累计数量
		妇女/少数民族裔平等就业机会（S12）	＋	%	设定行业阈值和标准	项目建设和运营过程中妇女/少数民族裔就业人数与同期就业总人数的比值
		员工权益保护（S13）	＋	项	定性评价	项目建设和运营过程中劳动安全和职业健康保护（HSE）、合法用工、职业培训、薪酬保障、员工申诉等措施，特别是农民工和临时工等劳务人员的合法权益保护

续表

维度	主题	具体指标	属性	单位	评级方式	说明
社会责任（S）	社区发展（S2）	社区补偿机制（S21）	+	项	定性定量结合	项目建设和运营过程中迁移户数和人数、补偿标准、征地补偿资金拨付、移民安置计划落实等措施
		社区福祉创造（S22）	+	项	定性定量结合	项目为社区配套商业、教育、医疗、娱乐等设施，以及社区卫生防疫、灾害救助、安全和治安等方面的改善情况
		社区公众参与（S23）	+	项	定性评价	项目选址、环境评价、社会评价等环节的公众参与程度，包括公众参与方式、申诉等公众参与机制健全程度
		文化遗产保护（S24）	+	项	定性评价	项目对当地风俗习惯、历史文化、民族宗教、物质和非物质文化遗产的传承及减缓影响相关措施
	社会赋能（S3）	社会效益（S31）	+	项	定性定量结合	项目本身为社会所创造的效益，比如提升交通通达性、提供清洁可持续能源、社会受益面、科技创新、乡村振兴、粮食安全和高质量发展等相关措施或计划
		可持续发展能力（S32）	+	%	定性定量结合	项目实施对于社会应对自然风险和社会风险、实现经济社会可持续发展的贡献
项目治理（G）	治理理念（G1）	项目使命（G11）	+	%	定性评价	项目是否吻合联合国SDG目标、吻合中国新发展理念等
		价值协同（G12）	+	%	定性评价	项目各利益相关方的价值协同度
	治理体系（G2）	法人治理（G21）	+	%	定性评价	项目实控人性质、董事会构成、高管结构多元化（女性高管占比）、关键决策监督机制等治理体系
		决策体制（G22）	+	%	定性评价	项目决策的科学化、民主化、规范化及少数股东决策参与机制的健全程度
		风险管理（G23）	+	项	定性评价	是否编制了有助于降低导致意外事故、利益受损、产生弱势群体、引发社会稳定风险、群体事件、突发事件等的应急管理预案
	股东权益（G3）	股权集中度（G31）	−	%	设定行业阈值和标准	项目公司第一大股东持股比例
		高管薪酬占比（G32）	−	%	设定行业阈值和标准	项目公司高管薪酬与总体工资福利的比值
		信息披露（G33）	+	%	定性评价	项目信息公开披露的健全程度，包括项目法人股东信息、重大事项、主要风险、经营活动、年报、分红政策或可持续发展报告等
		小股东权益保护（G34）	+	%	定性评价	项目中小股东知情权、参与权、提案权、投票权、诉讼权、退股权等健全程度

（二）指标体系使用说明

如表 9-4 所示，投资项目 ESG 评估的指标体系与企业 ESG 评估的一级指标框架相同，均为三个模块，还有二级指标和三级指标，实际上存在四级指标，可以结合实际情况取舍具体指标或合成一些指标。

指标属性为"＋"表示计算得到的结果按正向加权计入指数，为"－"则按负向加权计入指数。

指标单位为该指标原始值可能对应的单位，比如，定性评价的优良中差可能会转化为相对的百分位。

评级常常使用不同的评价方式来衡量和比较各种标准，本研究结合指标的属性，初步采用了三种评级方式。

1. 定性评价

定性评价是通过描述性语言和主观判断来评估对象的特征、行为或表现，而不是用数值衡量。它通常依赖专家的意见、访谈、观察和文献分析等方法。它的优点是能够捕捉复杂且难以量化的因素，如组织文化、领导风格和客户满意度。它的缺点是主观性强，可能因评估者的个人偏见而产生差异，难以进行精确比较。

2. 设定行业阈值和标准（即定量评价）

这种方法通过设定具体的行业标准和阈值来进行评价。标准和阈值通常是根据行业最佳实践或法规要求制定的，用来评估对象是否达到了预期的基准。它的优点是提供了明确且可衡量的指标，使得评价过程更加客观和标准化。它的缺点是可能忽略了某些特定情境下的特殊情况，限制了灵活性。

3. 定性定量相结合

这种方法综合了定性和定量评价的优点，通过将主观判断与客观数据相结合，以获得更加全面和准确的评价结果。它的优点是能够全面考虑各种因素，既有数据支持，又能捕捉复杂背景和细节，提高评价的可靠性和有效性。它的缺点是方法复杂，可能需要更多的资源和时间来进行数据收集和分析，且需要评估者具备多方面的专业知识。

通过合理选择和组合这些评价方式，可以更全面地评估对象的各个方面，从而提供有价值的洞见和决策支持。

在具体应用上述指标体系时，要根据项目信息披露情况和行业实际特征来确定指标体系，如有行业中更好的指标，则可以更新进指标体系以丰富指标库。比如，本研究的基础设施 REITs 项目并没有采用全部的指标体系，详见后文应用分析过程。

第四节　评估方法

一、基本流程

层次分析法的基本流程如图 9-9 所示。

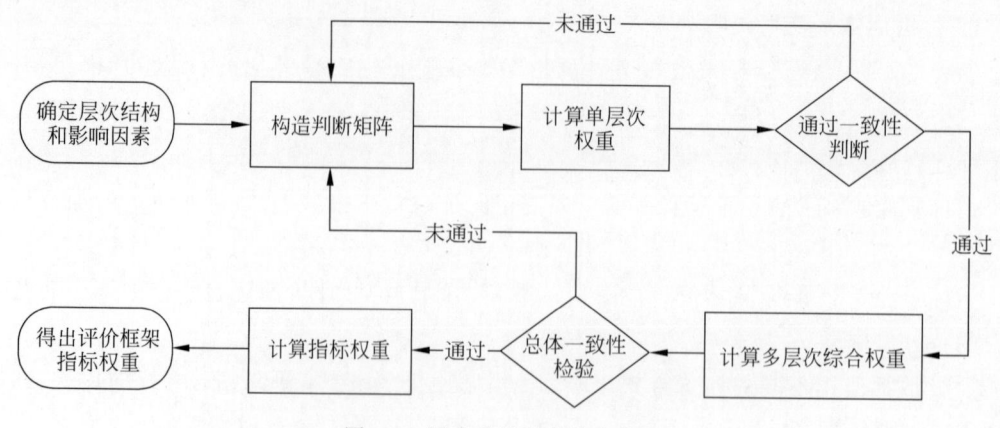

图 9-9　层次分析法的基本流程

二、主要步骤

（一）建立层次结构模型

通过对前文所述 ESG 评价框架逐层分解，将被评价体系分为目标层、维度层、主题层以及具体指标层四个层次，构建层次结构模型。通过设定判断矩阵对各层次的指标进行两两比较，计算权向量，进行一致性检验并计算权重值，以确定各层次指标相对重要性。最后根据各模块权重进行综合评分，得出项目 ESG 评价结果。

（二）建立判断矩阵

建立两两比较矩阵，得到如下所示的判断矩阵 $\boldsymbol{A}_{n\times n}$。

$$\boldsymbol{A}_{n\times n} = \begin{bmatrix} a_{11} & a_{12} & \cdots & a_{1n} \\ a_{21} & a_{22} & \cdots & a_{2n} \\ \vdots & \vdots & & \vdots \\ a_{n1} & a_{n2} & \cdots & a_{nn} \end{bmatrix}$$

判断矩阵 $\boldsymbol{A}_{n\times n}$ 所采用的标度赋值（兰继斌 等，2006），如表 9-5 所示。

表 9-5　层次分析法标度赋值表

赋　值	重　要　性
$a_{ij}=1$	第 i 元素与第 j 元素对上一层次同样重要
$a_{ij}=3$	第 i 元素比第 j 元素稍微重要
$a_{ij}=5$	第 i 元素比第 j 元素更重要
$a_{ij}=7$	第 i 元素比第 j 元素非常重要
$a_{ij}=9$	第 i 元素比第 j 元素极端重要
$a_{ij}=1\sim9$ 的偶数	第 i 元素比第 j 元素重要性介于相邻判断之间
$a_{ij}=1/3$	第 i 元素比第 j 元素不太重要
$a_{ij}=1/5$	第 i 元素比第 j 元素不重要
$a_{ij}=1/7$	第 i 元素比第 j 元素更不重要
$a_{ij}=1/9$	第 i 元素比第 j 元素极不重要

基于层次分析法确定行业各评价指标的权重,采用以下步骤进行分析:选择按照 ESG 的三个维度进行构建,即从环境责任(E)、社会责任(S)和项目治理(G)三个目标层构建准则层和指标层,并采用判断标准将各项指标进行量化并两两比较,以计算指标的权重值。

(三)计算判断矩阵相对权重

本书采取几何平均法(方根法)计算权重,公式如下:

$$W_i = \frac{(\prod_{j=1}^{n} a_{ij})^{\frac{1}{n}}}{\sum_{i=1}^{n}(\prod_{j=1}^{n} a_{ij})^{\frac{1}{n}}}, \quad i=1,2,\cdots,n$$

根据以上公式,将判断矩阵 $\boldsymbol{A}_{n\times n}$ 的元素按行相乘得到新向量,之后对新向量的每一个具体数据开 n 次方,即可通过方根法将所得向量进行归一化,计算得到该判断矩阵的权重向量。

(四)判断矩阵的一致性检验

在实际操作中,专家在对指标进行两两比较时有可能会出现不一致的结论,因此需要对判断矩阵进行一致性检验,从而保证指标权重的合理性。CR 作为判断矩阵一致性的标准,CR 为一致性指标 CI 和平均随机一致性指标 RI 的比值。若 CR<0.1,则表明矩阵符合要求无须修改;否则,需请专家再次修正判断矩阵,重复以上两个步骤以使计算结果 CR<0.1。CR 的计算公式如下:

$$CR = \frac{CI}{RI} = \frac{\lambda_{\max} - n}{(n-1)RI} < 0.1$$

CI 计算公式如下:

$$CI = \frac{\lambda_{\max} - n}{(n-1)}$$

式中,$\lambda_{\max}$ 为判断矩阵的最大特征值,计算公式如下:

$$\lambda_{\max} = \sum_{i=1}^{n} \frac{\boldsymbol{A}_i}{n_i}$$

其中 $\boldsymbol{A}$ 为判断矩阵,$\boldsymbol{A}_i$ 为矩阵 $\boldsymbol{A}$ 的第 i 个分量。

RI 值与矩阵阶数有关具体数值如表 9-6 所示。

表 9-6 矩阵平均随机一致性指标 RI 值判断表

矩阵阶数	1	2	3	4	5	6	7	8	9	10	11	12
RI	0	0	0.52	0.89	1.12	1.26	1.36	1.41	1.46	1.49	1.52	1.54

(五)评价模块的权重计算

将每位专家通过上述第(二)步骤得到的权重组合构建成权重矩阵(i 为第 i 个指标,j 为第 j 个专家):

$$\boldsymbol{W}_c = \begin{bmatrix} w_{11} & w_{12} & \cdots & w_{1j} \\ w_{21} & w_{22} & \cdots & w_{2j} \\ \vdots & \vdots & & \vdots \\ w_{n1} & w_{n2} & \cdots & w_{ij} \end{bmatrix}$$

对每个专家基于指标的打分权重进行加权平均,即可得到该判断矩阵下的所有指标的集成权重向量 W:

$$W = [W_1, W_2, W_3, W_4, \cdots, W_n]$$

(六)评价框架权重计算

根据构建的层次结构模型,按照以上步骤从上至下对每一个层次进行分别计算,即可得出每一元素针对上一层元素的权重,经过逐层计算即可得到每一个具体指标的权重值。特别是,如果每个判断矩阵均通过一致性检验,那么层次总排序的一致性检验一定通过。

第五节 本章小结

本章试图构建一套投资项目 ESG 评估框架,以基础设施 REITs 投资项目为例进行理论分析。基于利益相关者理论,基础设施 REITs 投资项目的利益相关者包括政府、投资者、运营方、承租方和社区公众等。REITs 运营模式本身便体现了项目的 ESG 理念,通过信息公开披露和接受社会监督等方式,加强与各利益相关者的沟通联系。对于基础设施 REITs 项目而言,需加强对各利益相关者的持续关注,充分考虑各利益相关方的诉求,将 ESG 理念嵌入项目全过程管理中。通过 ESG 自评和外部机构的 ESG 评价,有效引导基础设施 REITs 项目在追求经济效益的同时,注重社会责任和环境保护,从而实现项目的长期稳定发展,推动国家经济高质量发展。投资项目 ESG 评估框架由环境责任、社会责任和项目治理三个一级指标,以及资源节约、污染防治、生态保护、员工权益、产品责任、社区发展、股东权益、信息披露和风险管理九个二级指标构成。该框架能够全面反映基础设施 REITs 投资项目的 ESG 表现。

第十章

投资项目ESG评估应用：以基础设施REITs为例

第一节 案例概况

一、中国基础设施 REITs 市场概览

自第一批 9 个基础设施 REITs 项目发行以来，基础设施 REITs 迎来了发展元年，截至 2024 年 2 月，已有 36 单正式发行，可根据项目类型分为收费公路、产业园区、仓储物流、保障性住房租赁、新能源发电、污染处理、文旅消费 7 种类型，行业分布情况如图 10-1 所示。

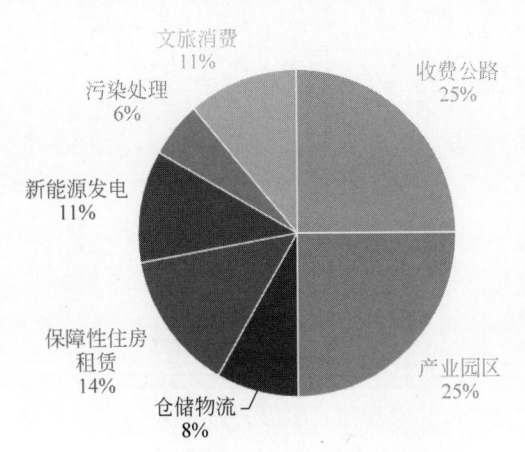

图 10-1 基础设施 REITs 行业分布情况

目前，基础设施 REITs 在行业分布、设施形态、底层资产地域分布、所有权类型、治理主体、经营类型等多个维度上呈现出不同的情况。

从行业分布来看，目前基础设施 REITs 的投资广泛分布在各个行业领域，主要集中在收费公路、新能源发电、文旅消费，以及保障性住房租赁等行业。这种分布情况反映出基础设施 REITs 投资领域的广泛性和灵活性，也说明投资者越来越认可投资于基础设施项目的优势，如稳定的现金流、高收益率和抗通胀的特性(Bessembinder et al.，2013)。在收费公路行业的 REITs，如易方达深高速 REIT，其主要投资对象是公路车辆征收通行费的收费权等

资产。这种类型的 REITs 往往具有稳定的现金流和较高的资产使用率,是非常稳定的投资工具(Brounen et al.,2018)。在新能源发电行业的 REITs,如嘉实中国电建清洁能源 REIT,其主要投资对象是水电站的不动产、生产设备以及电费收费权等。这类基础设施项目具有正向的环境和社会影响,符合了 ESG 投资的趋势(Clark et al.,2014)。在文旅消费行业中,如嘉实物美消费 REIT 和华夏金茂商业 REIT,其底层资产主要包括地上商业地产和地下车库等。这类 REITs 通常能够为投资者提供较高的投资回报,但与此同时,也可能会带来较高的投资风险(Ooi et al.,2007)。在保障性住房租赁行业的 REITs,如国泰君安城投宽庭保租房 REIT,则主要投资于房主所有权和建设用地使用权等资产。这类 REITs 往往能为投资者提供稳定的租金收益,并能够在一定程度上对冲通胀风险(Ambrose et al.,2007)。基础设施 REITs 在诸多行业中的广泛分布,既体现了投资者对基础设施投资的多样性和灵活性的需求,也展示了 REITs 自身的投资优势和吸引力。

从地域分布的角度来看,基础设施 REITs 的底层资产主要分布在湖南、四川、北京和上海等地。例如,湖南地区包括了易方达深高速 REIT 和华夏金茂商业 REIT,主要投资对象分别是高速公路和商业地产;四川地区有嘉实中国电建清洁能源 REIT,主要投资对象是新能源发电;北京地区的嘉实物美消费 REIT 主要投资标的是商业地产,而上海地区的国泰君安城投宽庭保租房 REIT 主要投资对象是租赁住房。基础设施 REITs 底层资产的不同地域分布与各地产业特点和政策导向有关。湖南和四川地区由于地理和资源条件的优势,新能源和交通基础设施的投资显得更为活跃。而在北京和上海这样的一线城市,由于人口流动和城市发展的需求,商业地产和保障性租赁住房相关的投资活动更为频繁(Chen et al.,2017)。

基础设施 REITs 的所有权类型主要以国企为主,民营企业和外资企业为辅。这种所有权类型的分布一方面反映了政策指引下国家和地方政府对基础设施建设的重视,另一方面也反映了民营企业在基础设施投资领域的活跃性(Newell et al.,2016)。治理主体是 REITs 的重要组成部分,负责 REITs 的日常运营和管理工作,目前的所有权分布如图 10-2 所示。

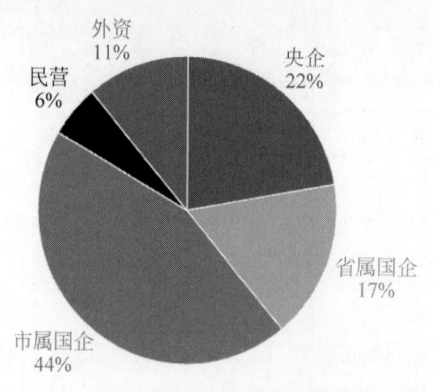

图 10-2 基础设施 REITs 项目的所有权情况

在这些 REITs 中,有的治理主体由原始权益人直接管理,如嘉实物美消费 REIT 由物美商业直接管理;有的则是由特定的运营公司或开发公司进行管理,如易方达深高速 REIT 由湖南益常高速公路运营管理有限公司负责管理,嘉实中国电建清洁能源 REIT 则由四川松林河流域开发有限公司进行管理。

在经营类型上，基础设施 REITs 主要可以划分为运营型和工程型两类。运营型的 REITs 主要是通过对已经营成熟、现金流稳定的基础设施项目进行投资，得到的是租金收益和资产升值带来的收益。如易方达深高速 REIT、华夏金茂商业 REIT。工程型的 REITs 则主要是投资于正在建设或者尚未投产的基础设施项目，这种类型的 REITs 风险更大，但其投资回报也可能更高，如嘉实中国电建清洁能源 REIT(Bessembinder et al.,2013)。

自"十四五"规划《纲要》明确推动基础设施领域不动产投资信托基金(REITs)健康发展以来，基础设施 REITs 逐渐从试点区域扩展到了全国各地，并在行业类型上不断拓展，目前已经在各个方面都呈现出了丰富和多样的特性，从行业分布、设施类态、底层资产地域分布、所有权类型、治理主体、经营类型等各个方面都反映出基础设施 REITs 在应对复杂投资环境，有效盘活存量资产，形成存量资产和新增投资的良性循环的独特优势。为进一步推进基础设施 REITs 提供公共服务和促进可持续经济发展，将 ESG 评价从企业层面扩展到基础设施 REITs 层面，有利于实现 REITs 的财务回报与其基础设施环境、社会责任价值的统一。

二、案例选取依据

基于已发行的 36 单 REITs 选取案例作为分析对象，根据行业咨询和数据搜索，共获得 4 个项目的 5 份社会、责任和管治(ESG)报告，如表 10-1 所示，选取三例园区相关 REITs，即中金普洛斯 REIT(案例 1)、建信中关村 REIT(案例 2)、华夏合肥高新 REIT(案例 3)作为分析对象，以三份 ESG 报告文本作为主要数据，辅以年度报告、招募说明书及其他公开披露信息，对所选择的三个案例进行 ESG 评价。

表 10-1 已发布 ESG 报告的 REITs 情况

项目名称	ESG 报告发布年份	项目类型
华夏越秀高速 REIT	2021、2022	收费公路
建信中关村 REIT	2022	园区类(产业园区)
华夏合肥高新 REIT	2022	园区类(产业园区)
中金普洛斯 REIT	2022	园区类(仓储园区)

根据 ESG 评价的一般原则，应针对同一行业或是同一类型的项目进行指标选取及权重确定，本文选取的三个案例均为园区类基础设施 REITs 项目，均主要采用收取租金等方式获得收益。同时，作为运营类项目，运营过程中的环境责任、社会责任和项目治理关注方面基本相同，可以作为同类案例进行对比分析。

结合前文所述的 ESG 评价框架，针对建信中关村产业园 REIT、中金普洛斯 REIT、华夏合肥高新 REIT，对 ESG 报告文本、年度报告、招募说明书等材料进行文本分析和数据分析，但受限于国内 ESG 评价和 ESG 披露发展进程，数据披露不够完善，已发布的园区项目对于废水排放(E21)、废气排放(E22)、生物多样性(E31)、生态修复(E32)、社区补偿机制(S21)、文化遗产保护(S24)和高管薪酬占比(G32)指标均无具体文字定性披露或数据定量披露，故本文针对 3 单园区类的下述分析中不考虑以上 7 项具体指标，基于 3 个维度、9 个主题、21 个具体指标作为评价分析框架进行项目 ESG 评价。

三、产业园区 REITs 项目案例信息

（一）案例 1：中金普洛斯 REIT

中金普洛斯 REIT（股票代码 508056.SH），全称为"中金普洛斯仓储物流封闭式基础设施证券投资基金"，于 2021 年 6 月 21 日在上海证券交易所上市交易。作为中国首批基础设施公募 REITs 之一，它也是上交所首支"仓储物流类"基础设施 REIT。中金普洛斯 REIT 采用"公募基金＋ABS"产品结构，通过公募基金向广大投资者募集资金，并投资于特定的基础设施资产，同时通过 ABS 等方式进行资产支持和管理。

中金普洛斯 REIT 的原始权益人为普洛斯"GLP, 资产运营管理机构也是普洛斯"GLP, 基金管理人为中金基金，REITs 计划管理人为中金基金公司。前五大持有人包括普洛斯资本、泰康人寿、北京首源、大家投资和中金公司。该基金的大部分资产最终用于投资基础设施项目，具有权益属性，其市场价值及现金流情况可能受经济环境、运营管理和不可抗力等因素影响而发生变化。2023 年 6 月 16 日，中金普洛斯 REIT 成功进行了首次扩募并在上海证券交易所上市，标志着其成为中国首批完成扩募的基础设施公募 REITs 之一。中金普洛斯 REIT 项目交易结构如图 10-3 所示。

中金普洛斯 REIT 拥有的基础设施资产分布于京津冀、长三角、粤港澳大湾区、环渤海经济带及成渝经济圈等核心物流枢纽地区，涵盖 10 处普洛斯仓储物流园，总建筑面积达到 116 万 m^2。在首次公开发行过程中，中金普洛斯 REIT 成功募集资金总额为 58.35 亿元。在运营方面主要收入来源包括租金和管理费。截至目前，普洛斯中国作为项目的原始权益人，已完成首发后净回收资金的全额投资。在扩募方面，中金普洛斯 REIT 自完成首次扩募以来，所持仓储物流数量由 7 个增加至 10 个，可租赁面积约为 116 万 m^2。截至 2023 年 12 月 31 日，其资产的整体出租率约为 91.83%（包括已签尚未起租的面积）。中金普洛斯 REIT 项目的底层资产情况如表 10-2 所示。

在评价年度 2022 年，中金普洛斯 REIT 持有的基础设施项目包括 7 个位于京津冀、长三角、大湾区城市群的仓储物流园，建筑面积总计约 70.5 万 m^2。截至 2022 年 12 月 31 日，中金普洛斯 REIT 持有的基础设施项目累计收入为人民币 3.49 亿元，供分配金额约为 2.66 亿元，实际完成分红为 2.0646 亿元，有效市场化租户数量达 53 个。2022 年末平均出租率为 94.18%，较上年末下降 4.60 个百分点。期末合同租金及物业管理服务费（不含税）的有效平均单价为 44.43 元/m^2·月，较上年增长了 3.52%。基础设施项目的租户结构稳定，主要涵盖运输业、商业与专业服务业以及软件与服务业。

就租赁需求而言，受疫情影响，宏观经济及相关产业受到不利冲击，尽管仓储物流市场整体保持稳定，但市场租赁需求相对疲软。短期内，虽然部分市场租户有所调整，但行业整体租户结构基本保持稳定，食品、电商、第三方物流依旧是较为活跃的租户行业。特别是围绕食品供应、应急物资、医药等方面的冷链仓库需求显著增长。中金普洛斯 REIT 项目底层资产所在区域均为物流枢纽城市，市场整体空置率较低，租金整体维持上涨趋势。同时，仓储物流是一个高度市场化的行业，参与企业和机构众多，竞争格局复杂。仓储物流企业、金融机构以及电商企业等纷纷进入市场，行业呈现一超多强的市场格局，普洛斯公司的市场占有率持续保持全行业第一。未来随着新增的仓储物流项目进入市场，中金普洛斯 REIT 等仓储物流基础设施项目将继续面临激烈的市场竞争。因此，将 ESG 理念纳入基础设施项

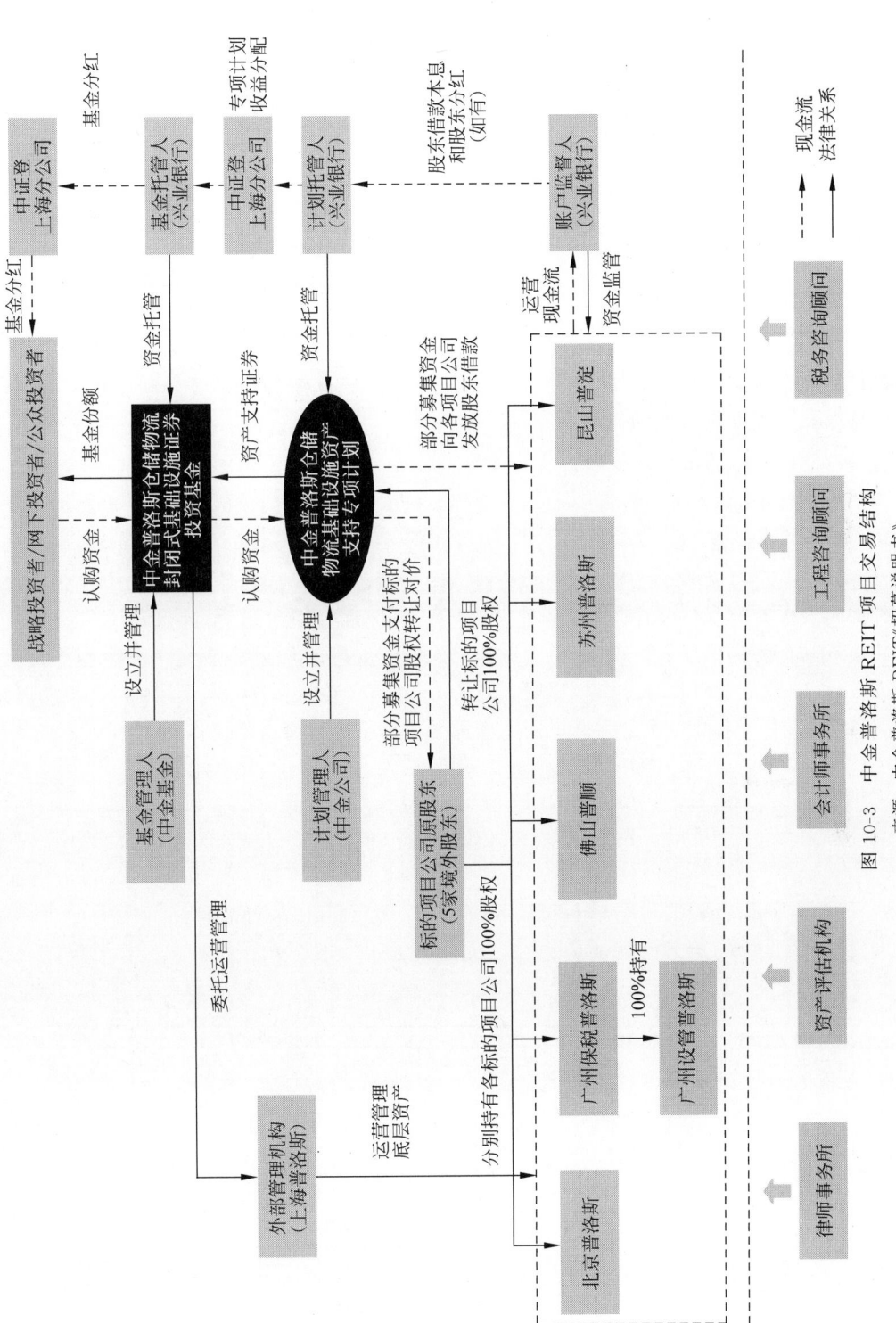

第十章 投资项目ESG评估应用：以基础设施REITs为例

图 10-3 中金普洛斯 REIT 项目交易结构

来源：中金普洛斯 REIT《招募说明书》

表 10-2　中金普洛斯 REIT 项目的底层资产情况表

募集批次	底层资产	地点
首次募集底层资产	普洛斯北京空港物流园	北京市
	普洛斯通州光机电物流	北京市
	普洛斯广州保税物流园	广州市
	普洛斯增城物流园	广州市
	普洛斯顺德物流园	佛山市
	苏州望亭普洛斯物流园	苏州市
	普洛斯淀山湖物流园	昆山市
扩母购入底层资产	普洛斯青岛前湾港国际物流园	青岛市
	普洛斯江门鹤山物流园	江门市
	普洛斯(重庆)城市配送物流中心	重庆市

目的建设与运营理念，加强项目的环境社会责任和自我治理，统筹协调各方利益相关者，将对其可持续发展起到重要推动作用。

(二) 案例 2：建信中关村 REIT

建信中关村 REIT(股票代码 508099.SH)，全称为"建信中关村产业园封闭式基础设施证券投资基金"，于 2021 年 12 月 17 日在上海证券交易所上市。建信中关村 REIT 为基础设施基金，采用"公募基金＋ABS"的产品结构。作为原始权益人和运营管理机构的北京中关村软件园发展有限责任公司，负责基础设施项目的日常管理和运营，确保资产的稳定收益。建信资本作为专项计划管理人，负责 REIT 的资产支持证券管理，而建信基金则作为基金管理人，负责整个 REIT 的运作和管理。前五大持有人包括中关村发展集团、国寿投资、北京首钢基金、太平人寿和建信信托。建信中关村 REIT 项目交易结构如图 10-4 所示。

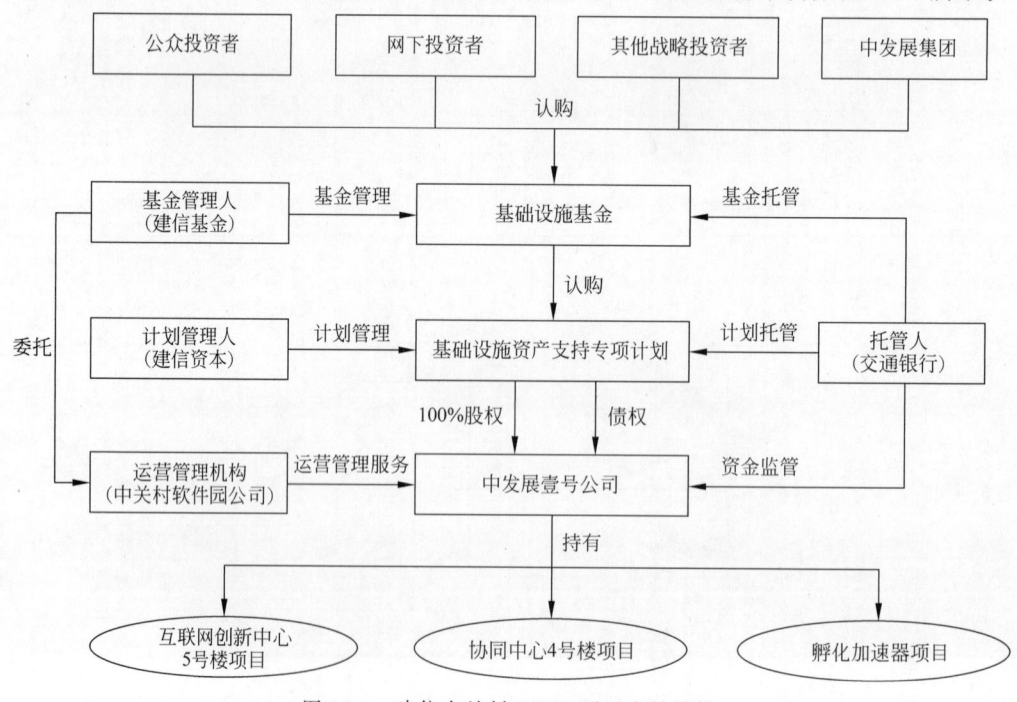

图 10-4　建信中关村 REIT 项目交易结构

来源：建信中关村 REIT《招募说明书》

建信中关村 REIT 的基础设施项目均位于中关村软件园，该园区坐落于中关村科技园区（第一个国家级高新技术产业开发区），是新一代信息技术产业高端专业化园区，也是北京建设世界级软件名城核心区。底层资产项目由北京市海淀区中关村软件园二期的互联网创新中心 5 号楼、协同中心 4 号楼以及一期的孵化加速器项目组成，项目组合合计可租赁面积为 13.3 万 m^2，车位数量合计 803 个。在首次募集方面，募集规模达到 28.8 亿元人民币。其中项目发起人北京中关村软件园发展有限责任公司认购了本 REIT 基金份额的 33.34%，表明了对项目良好的前景预期。建信中关村 REIT 项目的底层资产情况如表 10-3 所示。

表 10-3　建信中关村 REIT 项目的底层资产情况表

资产情况	土地使用面积/m^2	建筑面积/m^2
互联网创新中心 5 号楼	29619.62	82158.10
协同中心 4 号楼	10183.67	31802.06
孵化加速器	40428.20	52820.32

在评价年度 2022 年期内，基础设施项目公司的整体运营情况趋于稳定，基础设施项目公司累计实现收入 19199.54 万元，实现分红 4400 万元，租金收缴率 104.33%（包含客户提前退租罚没押金的收入），平均可出租面积为 133021.87m^2，基础设施项目公司租户 59 家，平均出租面积为 108133.47m^2，平均出租率为 81.29%。

同时，受整体经济形势及疫情影响，建信中关村底层资产项目部分客户经营情况出现压力，客户承租能力下降。针对这些问题，项目运营管理公司采取了减免租金、优化租户结构等一系列措施，使基础设施项目在 2022 年度运营整体稳定。

（三）案例 3：华夏合肥高新 REIT

华夏合肥高新 REIT（股票代码 508099.SZ），全称为"华夏合肥高新创新产业园封闭式基础设施证券投资基金"，于 2022 年 10 月 10 日在深圳证券交易所上市，成为安徽省本土企业的首单公募 REITs。项目原始权益人合肥高新股份有限公司是集开发建设、运营管理、产业投资等业务于一体的综合性产业园区开发运营商。外部管理机构为合肥高创股份有限公司，聚焦于科技企业孵化器、加速器和创新平台的运营管理。项目的计划管理人为中信证券，基金管理人为华夏基金，前五大持有人分别为合肥高新、太平人寿、新华人寿、华夏基金、中信证券。华夏合肥高新 REIT 项目交易结构如图 10-5 所示。

项目的底层资产为坐落于安徽省合肥高新区望江西路 800 号的"合肥创新产业园一期项目"所有权及对应范围内的国有建设用地使用权。项目底层基础设施资产的土地使用权面积为 14.68 万 m^2，总建筑面积 35.68 万 m^2，包含 22 栋房屋和 3 个地下车库，项目于 2011 年建成投入运营，主要包括研发办公楼、配套用房和车库，分别由合肥高新睿成科技服务有限公司（简称高新睿成）和合肥高新君道科技服务有限公司（简称高新君道）持有。其中：高新睿成持有 A1～A4、B4～B5、D2～D9 及 D2～D9 地下车库资产，高新君道持有 B1～B3、C1～C4 及 D1 资产。华夏合肥高新 REIT 在发售阶段就得到了投资人的认可，最终募集规模为 15.33 亿元。华夏合肥高新 REIT 项目的底层资产情况如表 10-4 所示。

图 10-5 华夏合肥高新 REIT 项目交易结构

来源：华夏合肥高新 REIT《招募说明书》

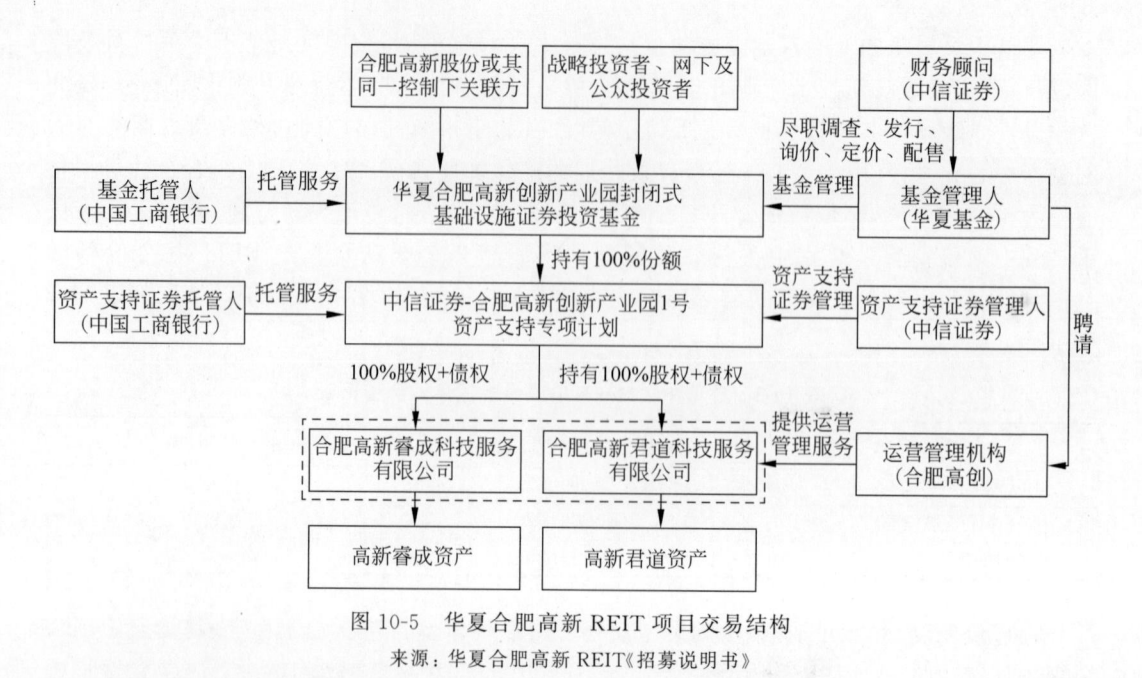

表 10-4 华夏合肥高新 REIT 项目的底层资产情况表

项目公司	建筑面积/万 m²	资产范围
高新睿成	16.96	合肥高新创业园一期 A1～A4、B4～B5、D2～D9 及 D2～D9 地下车库项目
高新君道	18.72	合肥高新创业园一期 B1～B3、C1～C4 及 D1 项目

2022 年年末，基础设施项目总可出租面积 297452.37m²，已出租面积为 268471.57m²，出租率为 90.26%。2022 年 9 月 20 日成立至 2022 年 12 月 31 日，华夏合肥高新 REIT 实现收入 3625.34 万元，净利润为 1892.57 万元，期内基金可供分配金额为 2077.09 万元，年化分派率为 4.80%。根据招募说明书资料，华夏合肥高新 REIT 底层资产的产业园 2019—2021 年平均出租率超 87%。根据基金披露的 2023 年运营数据显示，2023 年共达成营业收入 9575 万元，累计向持有人分红金额达 7737.8 万元。

在 2023 年的产业园退租潮中，华夏合肥高新 REIT 依靠优质的底层资产价值和专业化运营，实现整体经营稳中向好。

第二节 指数测算

一、层次分析法计算权重

（一）两两比较打分

结合前文所述评分标度针对基础设施 REITs 的具体指标，邀请 10 名相关领域专家进行判断打分。专家打分确定基础设施投资项目 REITs 在环境、社会、项目治理维度下各项指标的相对重要性的分值表，如表 10-5 所示。

表 10-5　赋值对应说明

赋　值	第 i 元素与第 j 元素相比重要性
$a_{ij}=1$	同样重要
$a_{ij}=3$	稍微重要
$a_{ij}=5$	很重要
$a_{ij}=7$	非常重要
$a_{ij}=9$	极端重要
$a_{ij}=1\sim 9$ 的偶数	重要性介于相邻判断之间
$a_{ij}=1/3$	不太重要
$a_{ij}=1/5$	不重要
$a_{ij}=1/7$	很不重要
$a_{ij}=1/9$	极不重要

专家们打分的表格具体如下。首先,对 ESG 评价下园区类基础设施 REITs 的环境责任(E)、社会责任(S)和项目治理(G)的重要性进行两两比较,并将标度值填写到相应表格中,如表 10-6 所示。

表 10-6　ESG 三个维度两两比较表

两两比较值	环境责任(E)	社会责任(S)	项目治理(G)
环境责任(E)	1	—	—
社会责任(S)	—	1	—
项目治理(G)	—	—	1

然后,对环境责任(E)维度下园区类基础设施 REITs 的资源利用(E1)、排放控制(E2)和生态保护(E3)的重要性进行两两比较,并将标度值填写到相应表格中,如表 10-7 所示。

表 10-7　E1、E2、E3 的两两比较表

两两比较值	资源利用(E1)	排放控制(E2)	生态保护(E3)
资源利用(E1)	1	—	—
排放控制(E2)	—	1	—
生态保护(E3)	—	—	1

接着,对资源利用(E1)主题下园区类基础设施 REITs 的单位产值综合能耗(E11)、水耗(E12)和单位土地面积产值(E13)的重要性进行两两比较,并将标度值填写到相应表格中,如表 10-8 所示。

表 10-8　E1 三个指标的两两比较表

两两比较值	综合能耗(E11)	水耗(E12)	土地产值(E13)
综合能耗(E11)	1	—	—
水耗(E12)	—	1	—
土地产值(E13)	—	—	1

对排放控制(E2)主题下园区类基础设施 REITs 的单位产值固体废物产生(E23)和碳

排放(E24)的重要性进行两两比较,并将标度值填写到相应表格中,如表10-9所示。

表10-9 E2 两个指标的两两比较表

两两比较值	固体废物产生(E23)	碳排放(E24)
固体废物产生(E23)	1	—
碳排放(E24)	—	1

对社会责任(S)维度下园区类基础设施 REITs 的就业机会(S1)、社区发展(S2)和社会赋能(S3)的重要性进行两两比较,并将标度值填写到相应表格中,如表10-10所示。

表10-10 S1、S2、S3 的两两比较表

两两比较值	就业机会(S1)	社区发展(S2)	社会赋能(S3)
就业机会(S1)	1	—	—
社区发展(S2)	—	1	—
社会赋能(S3)	—	—	1

对就业机会(S1)主题下园区类基础设施 REITs 的提供就业岗位数(S11)、妇女/少数族裔平等就业机会(S12)和员工权益保护(S13)的重要性进行两两比较,并将标度值填写到相应表格中,如表10-11所示。

表10-11 S1 三个指标的两两比较表

两两比较值	提供就业岗位数(S11)	妇女/少数族裔平等就业机会(S12)	员工权益保护(S13)
提供就业岗位数(S11)	1	—	—
妇女/少数族裔平等就业机会(S12)	—	1	—
员工权益保护(S13)	—	—	1

对社会赋能(S2)主题下园区类基础设施 REITs 的社区补偿机制(S21)、福祉创造(S22)和公众参与(S23)的重要性进行两两比较,并将标度值填写到相应表格中,如表10-12所示。

表10-12 S2 三个指标的两两比较表

两两比较值	社区补偿机制(S21)	社区福祉创造(S22)	社区公众参与(S23)
社区补偿机制(S21)	1	—	—
社区福祉创造(S22)	—	1	—
社区公众参与(S23)	—	—	1

对社区发展(S3)主题下园区类基础设施 REITs 的社会效益(S31)和可持续发展能力(S32)的重要性进行两两比较,并将标度值填写到相应表格中,如表10-13所示。

对项目治理(G)维度下园区类基础设施 REITs 的治理理念(G1)、治理体系(G2)和股东权益(G3)的重要性进行两两比较,并将标度值填写到相应表格中,如表10-14所示。

表 10-13　S3 三个指标的两两比较表

两两比较值	社会效益(S31)	可持续发展能力(S32)
社会效益(S31)	1	—
可持续发展能力(S32)	—	1

表 10-14　G1、G2、G3 的两两比较表

两两比较值	治理理念(G1)	治理体系(G2)	股东权益(G3)
治理理念(G1)	1	—	—
治理体系(G2)	—	1	—
股东权益(G3)	—	—	1

对治理理念(G1)主题下园区类基础设施 REITs 的项目使命(G11)和价值协同(G12)的重要性进行两两比较,并将标度值填写到相应表格中,如表 10-15 所示。

表 10-15　G1 两个指标的两两比较表

两两比较值	项目使命(G11)	价值协同(G12)
项目使命(G11)	1	—
价值协同(G12)	—	1

对治理体系(G2)主题下园区类基础设施 REITs 的法人治理(G21)、决策体制(G22)和风险管理(G23)的重要性进行两两比较,并将标度值填写到相应表格中,如表 10-16 所示。

表 10-16　G2 三个指标的两两比较表

两两比较值	法人治理(G21)	决策体制(G22)	风险管理(G23)
法人治理(G21)	1	—	—
决策体制(G22)	—	1	—
风险管理(G23)	—	—	1

对股东权益(G3)主题下园区类基础设施 REITs 的股权集中度(G31)、信息披露(G33)和小股东权益保护(G34)的重要性进行两两比较,并将标度值填写到相应表格中,如表 10-17 所示。

表 10-17　G3 三个指标的两两比较表

两两比较值	股权集中度(G31)	信息披露(G33)	小股东权益保护(G34)
股权集中度(G31)	1	—	—
信息披露(G33)	—	1	—
小股东权益保护(G34)	—	—	1

(二) 权重计算

首先,针对维度层的一级指标进行权重计算,根据专家打分情况对 3 个一级指标构造判断矩阵。根据前文所述的层次分析法计算过程,以一个专家为例,得到该模块的专家打分情况如表 10-18 所示。

表 10-18　专家 1 的维度层判断矩阵

两两比较值	E	S	G
E	1	1	1
S	1	1	1
G	1	1	1

根据公式计算得到指标计算结果,显示一致性校验通过,如表 10-19 所示。

表 10-19　专家 1 的维度层指标权重计算结果

评价指标	相对权重	λ_{max}	CI	CR
E	0.3333	3	0	0＜0.1 一致性校验通过
S	0.3333			
G	0.3333			

针对其余 9 名专家的打分矩阵重复上述操作,得到 10 名专家的维度层计算结果权重矩阵汇总,如表 10-20 所示。

表 10-20　所有专家的维度层权重矩阵

专家序号	E	S	G	λ_{max}	CI	CR
1	0.3333	0.3333	0.3333	3	0	0
2	0.1884	0.7306	0.081	3.0649	0.03244	0.0624
3	0.4545	0.0909	0.4545	3	0	0
4	0.4444	0.1111	0.4444	3	0	0
5	0.3333	0.3333	0.3333	3	0	0
6	0.2426	0.6694	0.0879	3.007	0.00351	0.0068
7	0.4286	0.1429	0.4286	3	0	0
8	0.3333	0.3333	0.3333	3	0	0
9	0.4444	0.1111	0.4444	3	0	0
10	0.3333	0.3333	0.3333	3	0	0

得到针对基础设施 REITs 园区类项目的维度层指标权重,如表 10-21 所示。

表 10-21　维度层指标权重

维度	E	S	G
权重	0.3536	0.3189	0.3274

然后对主题层的二级指标进行权重计算,共分为环境责任(E)、社会责任(S)、项目治理(G)三个维度模块,需要分别计算每个维度内的指标相对权重,首先对环境责任(E)维度内的资源利用(E1)、排放控制(E2)和生态保护(E3)指标进行权重计算。基于上述流程得到 E1、E2、E3 的集成权重矩阵,如表 10-22 所示。

表 10-22　环境责任(E)维度主题层的权重矩阵

专家序号	E1	E2	E3	λ_{max}	CI	CR
1	0.6694	0.2426	0.0879	3.007	0.00351	0.0068
2	0.1047	0.637	0.2583	3.0385	0.01926	0.037
3	0.2764	0.5954	0.1283	3.0055	0.00277	0.0053
4	0.0877	0.1392	0.7732	3.0536	0.02681	0.0516
5	0.5714	0.2857	0.1429	3	0	0
6	0.1634	0.5396	0.297	3.0092	0.0046	0.0088
7	0.3614	0.5736	0.065	3.0536	0.02681	0.0516
8	0.701	0.1929	0.1061	3.0092	0.0046	0.0088
9	0.2081	0.6608	0.1311	3.0536	0.02681	0.0516
10	0.7258	0.1721	0.102	3.0291	0.01453	0.0279

得到针对基础设施 REITs 园区类项目的环境责任(E)维度下各主题指标权重如表 10-23 所示。

表 10-23　环境责任(E)维度主题层的指标权重

维度	E1	E2	E3
权重	0.3869	0.4039	0.2092

依次对社会责任(S)、项目治理(G)两组指标进行权重计算,并整理维度层、主题层指标权重,如表 10-24 所示。

表 10-24　ESG 维度层及主题层的综合权重

维度层	权重	主题层	权重	综合权重
环境责任(E)	0.3536	资源利用(E1)	0.3869	0.13680784
		排放控制(E2)	0.4039	0.14281904
		生态保护(E3)	0.2092	0.07397312
社会责任(S)	0.3189	就业机会(S1)	0.3489	0.11126421
		社区发展(S2)	0.2544	0.08112816
		社会赋能(S3)	0.3967	0.12650763
项目治理(G)	0.3274	治理理念(G1)	0.2346	0.07680804
		治理体系(G2)	0.3787	0.12398638
		股东权益(G3)	0.3867	0.12660558

接着对具体指标层三级指标进行权重计算,共分为资源利用(E1)、排放控制(E2)、生态保护(E3)、就业机会(S1)、社区发展(S2)、社会赋能(S3)、治理理念(G1)、治理体系(G2)、股东权益(G3)9 个主题模块,需要分别计算每个主题内的指标相对权重。首先对资源利用(E1)主题内的单位产值综合能耗(E11)、单位产值水耗(E12)和单位面积产值(E13)指标进行权重计算。基于上述流程得到 E11、E12、E13 的集成权重矩阵和最终指标权重,如表 10-25 所示。

表 10-25　资源利用(E1)主题的具体指标层集成权重矩阵

专家序号	E11	E12	E13	λ_{max}	CI	CR
1	0.7504	0.1713	0.0782	3.0999	0.04997	0.0961
2	0.2583	0.1047	0.637	3.0385	0.01926	0.037
3	0.3332	0.5917	0.0751	3.0142	0.00708	0.0136
4	0.0936	0.2797	0.6267	3.0858	0.04288	0.0825
5	0.5278	0.3325	0.1396	3.0536	0.02681	0.0516
6	0.2222	0.1111	0.6667	3	0	0
7	0.0754	0.229	0.6955	3.0764	0.03821	0.0735
8	0.7306	0.1884	0.081	3.0649	0.03244	0.0624
9	0.1392	0.0877	0.7732	3.0536	0.02681	0.0516
10	0.5695	0.3331	0.0974	3.0246	0.0123	0.0236

依次对其他 8 个主题模块的指标进行权重计算，并整理维度层、主题层和具体指标层指标综合权重，如表 10-26 所示。

表 10-26　园区基础设施 REITs 项目 ESG 评估的指标权重

维度层	权重	主题层	综合权重	具体指标层	权重	综合权重
环境责任（E）	0.3536	资源利用（E1）	0.13680784	单位产值综合能耗（E11）	0.37	0.050618901
				单位产值水耗（E12）	0.2429	0.033230624
				单位面积产值（E13）	0.387	0.052944634
		排放控制（E2）	0.14281904	单位产值固体废物产生量（E23）	0.2326	0.033219709
				单位产值碳排放量（E24）	0.7674	0.109599331
		生态保护（E3）	0.07397312	环保技术采纳（E33）	1	0.07397312
社会责任（S）	0.3189	就业机会（S1）	0.11126421	提供就业岗位数（S11）	0.3665	0.040778333
				妇女/少数族裔平等就业机会（S12）	0.1867	0.020773028
				员工权益保护（S13）	0.4468	0.049712849
		社区发展（S2）	0.08112816	社区福祉创造（S22）	0.6042	0.049017634
				社区公众参与（S23）	0.3958	0.032110526
		社会赋能（S3）	0.12650763	社会效益（S31）	0.5463	0.069111118
				可持续发展能力（S32）	0.4537	0.057396512
项目治理（G）	0.3274	治理理念（G1）	0.07680804	项目使命（G11）	0.3569	0.027412789
				价值协同（G12）	0.6431	0.049395251
		治理体系（G2）	0.12398638	法人治理（G21）	0.1649	0.020445354
				决策体制（G22）	0.3616	0.044833475
				风险管理（G23）	0.4735	0.058707551
		股东权益（G3）	0.12660558	股权集中度（G31）	0.1322	0.016737258
				信息披露（G33）	0.6013	0.076127935
				小股东权益保护（G34）	0.2665	0.033740387

二、模糊评价法计算得分

邀请专家对项目在各具体指标项的表现情况进行模糊评价,参考评价集如下:

$$V = (5,4,3,2,1)$$

其中对应的含义如表 10-27 所示。

表 10-27　模糊评价法的隶属及含义

评价情况	对应含义
5	表现优秀,远超行业标准
4	表现良好,略高于行业标准
3	表现一般,与行业标准持平
2	表现较差,略低于行业标准
1	表现不佳,远低于行业标准

结合专家评价情况,构建隶属度矩阵:

$$U = [u_{ij}]$$

矩阵中的元素 u_{ij} 表现了具体项目案例在指标 i 下属于评价等级 j 的隶属度,描述了专家评分的表现情况,根据隶属度矩阵,针对基础设施 REITs 项目在每个指标上进行加权平均计算,即可得到具体项目在指标 i 下的隶属度评价得分 u_i。

三个案例的 E 维度得分情况如表 10-28 所示。

表 10-28　基础设施 REITs 项目的环境责任(E)模糊评价

案例 1

指标	得分	资料
单位产值综合能耗(E11)	3.7	营业收入 35802.545623 万元 综合能耗 46574.29MW·h
单位产值水耗(E12)	3.8	用水总量 299352.78m^3
单位面积产值(E13)	3.6	建筑面积 70.50 万 m^2
单位产值固体废物产生量(E23)	2.9	进行严格管理,与相关单位合作,对废弃物进行合理处置与回收
单位产值碳排放量(E24)	4.9	温室气体排放 22773.80t 二氧化碳当量
环保技术采纳(E33)	4.8	在仓储物流园区部署屋顶光伏发电设施,总计装机容量约 18MW,覆盖面积约 198000m^2,2022 年光伏发电总量超 8200MW·h,自用比例约 80%,助力温室气体减排约 4700t

案例 2

指标	得分	资料
单位产值综合能耗(E11)	4.6	营业收入 19487.565597 万元 耗能共 17102289.09kW·h
单位产值水耗(E12)	4.7	共用水 101924m^3
单位面积产值(E13)	4.7	总土地使用权的面积为 80231.49m^2 建筑面积为 166780.48m^2

续表

指　标	得分	资　料
单位产值固体废物产生量(E23)	3.7	选择有资质的单位对包括但不限于绿化、生活、厨余、电子废弃物等垃圾进行分类处理,同时确保垃圾清运后的第一级处置可追踪
单位产值碳排放量(E24)	4.1	温室气体排放 15695.87t 二氧化碳当量
环保技术采纳(E33)	4.4	部分项目采用地源热泵的供暖方式,减少对于电力、化石能源等能源的消耗 利用智慧能源系统,优化能源配置,定期复盘分析能源使用情况,实现高效用能

案例 3

指　标	得分	资　料
单位产值综合能耗(E11)	2.3	2022 年 1—3 月营业收入 2242.14 万元 基金自 2022 年 9 月 20 日成立至 2022 年年底,营业收入 3625.34 万元 总用电量 20426323kW·h
单位产值水耗(E12)	2.2	2022 水资源使用量 145036t
单位面积产值(E13)	4	土地使用权面积为 14.68 万 m^2,总建筑面积 35.68 万 m^2
单位产值固体废物产生量(E23)	3.6	聘请具备资质的第三方专业机构开展垃圾分类储存和处理
单位产值碳排放量(E24)	2.4	温室气体排放 14370t 二氧化碳当量
环保技术采纳(E33)	4.3	推进园区内新能源供给的试点项目 考虑逐步实施智能数控、智慧储能、智慧楼宇等举措

三个案例的 S 维度得分情况如表 10-29 所示。

表 10-29　基础设施 REITs 项目的社会责任(S)模糊评价

案例 1

指　标	得分	资　料
提供就业岗位数(S11)	4.2	提供超过 200 个就业岗位
妇女/少数族裔平等就业机会(S12)	2.9	无具体披露
员工权益保护(S13)	4.3	开设运营学社,内容涵盖客户服务管理、安全管理、设施设备管理、应急管理等多方面
社区福祉创造(S22)	3.4	开展安全生产月专项活动:主题宣讲及培训教育、安全活动宣传、安全应急演练、安全巡视检查
社区公众参与(S23)	3.8	开展园区活动、参与公益慈善、支持当地重大活动开展,加强与外部相关方沟通,让社区更有温度
社会效益(S31)	4.3	应用气象灾害云防控系统提升气候风险防控能力
可持续发展能力(S32)	4.8	期末平均出租率 94.18%

案例 2

指　标	得分	资　料
提供就业岗位数(S11)	2.9	无具体披露
妇女/少数族裔平等就业机会(S12)	4.8	坚持平等雇佣原则,反对性别歧视,充分尊重和保障女性员工权益,公平公正地提供均等的职业发展机会

指标	得分	资料
员工权益保护(S13)	4.5	维护员工休假权益,包括带薪年假、法定节假日、探亲假、婚丧假、产假等国家规定的假期
社区福祉创造(S22)	4.3	园区内通过举办产业、文化、体育、商业等一系列跨界活动,推动跨界融合的创新资源聚集,多角度构筑"前沿、开放、创意、活力"的城市生活社交磁力场,促进沟通交流,打造人文乐享的科技园区
社区公众参与(S23)	3.7	制定《客户满意度监测及投诉处理控制程序》对于职责划分、满意度调查及投诉处理等工作程序进行规范
社会效益(S31)	4.7	建信中关村REIT的基础设施资产位于中关村软件园内,集聚了众多国内外知名IT企业总部和全球研发中心,区域产业聚集效应非常明显
可持续发展能力(S32)	3	2022年分红总额为4410万元人民币 针对可能出现的极端天气制定应急预案,包括防汛应急预案、恶劣天气应急预案等

案例3

指标	得分	资料
提供就业岗位数(S11)	2.1	共计50名员工
妇女/少数族裔平等就业机会(S12)	3.7	包含24名男性员工及26名女性员工,男女比例保持均衡 禁止因性别、容貌、年龄、婚姻和生育状况等因素产生歧视行为
员工权益保护(S13)	4.1	按照法律规定提供带薪年假、足额缴纳社会保险及其他商业保险 员工百分百受训,平均受训89h,总培训时数4450h
社区福祉创造(S22)	3.7	开展幸福驿站建设,为环卫工人、快递员、外卖员等户外劳动者提供便捷休憩场所
社区公众参与(S23)	3.4	与社区增进沟通,强化群众基础,清楚了解社区群众的真实诉求
社会效益(S31)	4.8	应用互联网、人工智能等技术,打造集园区服务、线上审批、线上办理、园企互动等于一体的"智慧"平台,提升了园区整体的办事与沟通效率 设置青创资金,2022年296家企业融资,融资金额29245万元
可持续发展能力(S32)	3.8	通过细化入驻企业的综合评估与筛查标准、释放无效空间并改善空间利用率、完善线上服务平台以提高服务效率、提供政策辅导与融资渠道支持等一系列举措,为促进入驻企业的合规与可持续经营不断发力,以此提升出租率 2022年整体园区出租率维持在90%以上的较佳水平

三个案例的G维度得分情况如表10-30所示。

表 10-30　基础设施 REITs 项目的治理责任（G）模糊评价

案例 1

指　标	得分	资　料
项目使命(G11)	4.2	将 ESG 视为商业模式的核心,制定了《环境·社会·治理(ESG)政策框架综述》等一系列政策文件,并正式签署联合国负责任投资原则(UN PRI),将 ESG 融入管理和运营原则
价值协同(G12)	4.4	综合考虑基金份额持有人、政府及监管部门、员工、租户、环境、供应链及合作伙伴、社区、行业协会和媒体等利益相关方,回应其关注与期待
法人治理(G21)	4.6	基金管理人：中金基金 计划管理人：中金公司 运营管理机构：上海普洛斯
决策体制(G22)	4.5	基金管理人通过召开月度、半年度、年度、专题会议,加强与外部管理机构的沟通,并及时调整完善管理决策
风险管理(G23)	4.1	基金管理人每半年对外部管理机构的履职情况进行检查,核查其从事运营管理活动而保存的合同等文件,巡查基础设施项目的各项设施等
股权集中度(G31)	3.9	原始权益人持有 20%
信息披露(G33)	4.3	基金管理人与外部管理机构建立了重大事项沟通机制,有效推进重大事项的落实和披露
小股东权益保护(G34)	4.6	设立了中金普洛斯 REIT 运营咨询委员会

案例 2

指　标	得分	资　料
项目使命(G11)	4.1	坚持公司"创新、诚信、专业、稳健、共赢"核心价值观和"梧桐精神",将 ESG 理念与公司企业文化有机融合
价值协同(G12)	3.7	综合考虑基金投资者、政府及监管机构、租户、供应商及合作方、员工、环境、社区、媒体、行业协会和学术机构等利益相关方,回应其关注与期待
法人治理(G21)	4	基金管理人：建信基金 专项计划管理人：建信资本 运营管理机构：北京中关村软件园发展有限责任公司
决策体制(G22)	4.5	项目公司制定了完善的管理制度,包括财务管理制度、资金管理制度、费用开支管理制度、资金计划考核办法、档案管理制度、印章及刻章管理制度等
风险管理(G23)	3.4	在管理规范上,明确安全防范系统、消防安全规范、消防设施设备维修养护等要求,并通过与物业管理单位签订安全责任书,将安全相关要求明确在客户手册内,明确各方责任,共同维护一个安全的空间。 在制度层面,全面盘点现有的安全管理制度以及应急预案等,持续完善安全管理,并提高应急事故的处置能力
股权集中度(G31)	4.2	原始权益人持有 33.34%
信息披露(G33)	2.5	通过证券机构和基金公司等渠道进行信息披露
小股东权益保护(G34)	2.6	无具体披露

续表

案例 3

指　　标	得分	资　　料
项目使命(G11)	4.1	以提升基金可持续价值为核心,围绕治理、环境人才、社会和服务五大可持续价值外延开展一系列 ESG 管理举措,取得阶段成果
价值协同(G12)	4.5	综合考虑基金投资者、政府及监管机构、租户、供应商、员工、媒体、社区、环境等利益相关方,回应其关注与期待 通过系统化梳理 ESG 管理体系与方法,分阶段推进业务与 ESG 举措的融合,为各利益相关方传递全方位的价值
法人治理(G21)	4.2	基金管理人:华夏基金 计划管理人:中信证券 运营管理机构:合肥高创股份有限公司
决策体制(G22)	4.5	由各部门负责人拆解年度重点工作绩效目标,组织各层级员工代表建言献策、群策群力完善工作计划,并将最终方案及时传达至全部员工伙伴,让每一名员工都有发言、反馈的机会
风险管理(G23)	4.4	未发生任何形式的针对贪污和贿赂的举报和诉讼事件 定期检查园区内消防安全设施状态,检查园区监控、安全指示类设备和安全防护设施的工作状态,了解员工对应急响应措施的熟悉程度以及落实员工上下班安全提示等工作 无工伤及工亡相关事故
股权集中度(G31)	4.2	原始权益人持有 25%
信息披露(G33)	4.3	借助本年度聘请外部专家开展 ESG 实地调研评估机会,全面动员全员参与到 ESG 的信息披露准备工作中
小股东权益保护(G34)	2.7	无具体披露

三、ESG 评估指数计算结果

E 维度评估指数计算结果如表 10-31 所示。

表 10-31　基础设施 REITs 项目的 E 维度评估结果

具体指标	综合权重/%	案例1 模糊评价得分	案例1 综合得分	案例2 模糊评价得分	案例2 综合得分	案例3 模糊评价得分	案例3 综合得分
单位产值综合能耗(E11)	5	3.70	0.19	4.60	0.23	2.3	0.12
单位产值水耗(E12)	3	3.80	0.13	4.70	0.16	2.2	0.07
单位面积产值(E13)	5	3.60	0.19	4.70	0.25	4	0.21
单位产值固体废物产生量(E23)	3	2.90	0.10	3.70	0.12	3.6	0.12
单位产值碳排放量(E24)	11	4.90	0.54	4.10	0.45	2.4	0.26
环保技术采纳(E33)	7	4.80	0.36	4.40	0.33	4.3	0.32
E 维度	35	3.95	1.49	4.37	1.54	3.1333	1.10

S 维度评估指数计算结果如表 10-32 所示。

表 10-32　基础设施 REITs 项目的 S 维度评估结果

具体指标	综合权重/%	案例 1 模糊评价得分	案例 1 综合得分	案例 2 模糊评价得分	案例 2 综合得分	案例 3 模糊评价得分	案例 3 综合得分
提供就业岗位数(S11)	4	4.20	0.17	2.90	0.12	2.10	0.09
妇女/少数族裔平等就业机会(S12)	2	2.90	0.06	4.80	0.10	3.70	0.08
员工权益保护(S13)	5	4.30	0.21	4.50	0.22	4.10	0.20
社区福祉创造(S22)	5	3.40	0.17	4.30	0.21	3.70	0.18
社区公众参与(S23)	3	3.80	0.12	3.70	0.12	3.40	0.11
社会效益(S31)	7	4.30	0.30	4.70	0.32	4.80	0.33
可持续发展能力(S32)	6	4.80	0.28	3.00	0.17	3.80	0.22
S 维度	32	3.96	1.31	3.99	1.27	3.66	1.21

G 维度评估指数计算结果如表 10-33 所示。

表 10-33　基础设施 REITs 项目的 G 维度评估结果

具体指标	综合权重/%	案例 1 模糊评价得分	案例 1 综合得分	案例 2 模糊评价得分	案例 2 综合得分	案例 3 模糊评价得分	案例 3 综合得分
项目使命(G11)	3	4.20	0.12	4.10	0.11	4.10	0.11
价值协同(G12)	5	4.40	0.22	3.70	0.18	4.50	0.22
法人治理(G21)	2	4.60	0.09	4.00	0.08	4.20	0.09
决策体制(G22)	4	4.50	0.20	4.50	0.20	4.50	0.20
风险管理(G23)	6	4.10	0.24	3.40	0.20	4.40	0.26
股权集中度(G31)	2	3.90	0.07	4.20	0.07	4.20	0.07
信息披露(G33)	8	4.30	0.33	2.50	0.19	4.30	0.33
小股东权益保护(G34)	3	4.60	0.16	2.60	0.09	2.70	0.09
综合评价	33	4.33	1.42	3.63	1.13	4.11	1.37

第三节　E 表现分析

一、案例比较

综合分析以上三个案例在环境责任(E)维度的 ESG 表现,如表 10-34 所示。

表 10-34　案例 1～案例 3 的环境责任(E)维度分值比较

具体指标	案例 1	案例 2	案例 3
单位产值综合能耗(E11)	0.19	0.23	0.12
单位产值水耗(E12)	0.13	0.16	0.07

续表

具体指标	案例 1	案例 2	案例 3
单位面积产值(E13)	0.19	0.25	0.21
单位产值固体废物产生量(E23)	0.10	0.12	0.12
单位产值碳排放量(E24)	0.54	0.45	0.26
环保技术采纳(E33)	0.36	0.33	0.32
综合评价	1.49	1.54	1.10

在对中金普洛斯 REIT、建信中关村 REIT 和华夏合肥创新 REIT 的环境责任(E)维度进行综合评价时,可以看到,建信中关村 REIT 在各项环境指标上表现最佳,中金普洛斯 REIT 次之,而华夏合肥创新 REIT 则有待提升。这些评价结果与各 REIT 项目的地理位置、资产特性、管理策略及政策环境等因素紧密相关。

建信中关村 REIT 的资产位于北京市海淀区,该区域作为国家级高新技术产业开发区,对辖地的环境保护和可持续发展有着更为严格的要求。建信中关村 REIT 通过采用智能能源监控系统和绿色建筑设计等先进环保技术,有效地提升了资源利用效率,保障了周边环境质量。这些措施不仅顺应了政策导向,也满足了高新技术企业对于高品质办公环境的需求。

中金普洛斯 REIT 的资产分布在多个经济发达城市,由全球领先的物流设施提供商普洛斯公司运营管理。普洛斯公司在其可持续发展报告中指出,公司在全球范围内推广绿色物流和可持续发展理念,通过实施节能减排措施、优化供应链管理和提高能源效率,有效地降低了碳足迹和运营成本。这些实践提升了中金普洛斯 REIT 的环境责任表现。

虽然华夏合肥创新 REIT 在 2022 年度的 ESG 评价中环境责任维度的表现不尽如人意,但可以看出该项目已表现出对环境保护的重视,并提出了改进方向和具体举措。例如,计划通过智能数控、智慧储能和智慧楼宇等技术手段,提升能源使用效率和环境绩效。

综上所述,三个 REIT 项目均在不同程度上展现了对环境保护和可持续发展的关注。建信中关村 REIT 和中金普洛斯 REIT 在环境管理方面已经取得了一定的成效,而华夏合肥创新 REIT 虽然起点较低,但也在积极采取措施,努力提升其环境责任表现。随着环保政策的不断加强和公众环保意识的提高,REIT 项目在环境责任方面的表现将成为评价其整体绩效的重要指标之一。

为了进一步提升基础设施 REITs 项目的环境责任表现,为各项目提供以下建议。①增加环境数据的透明度:提供详细的数据来源和计算方法,以增强数据的可信度。②深入分析环境管理策略:分析 REIT 项目背后的环保技术创新和政策执行力度等方面的具体做法,以识别项目实践内涵和潜在的改进空间。③制定具体的改进措施:对于表现较差的指标,制定具体的改进措施和实施时间表,并对其长期效益进行预测和评估,以促进项目的持续改进和发展。

随着可持续发展成为全球共识,加强环境责任不仅是对政策的积极响应,也是 REIT 项目自身竞争力的重要组成部分。通过上述措施的实施,可以有效提升 REIT 项目的环境责任表现,为实现可持续的投资回报奠定坚实的基础。

二、案例 1

中金普洛斯 REIT 环境责任实践与国家"双碳"战略高度契合。作为国家重点支持的基础设施 REITs 之一，中金普洛斯 REIT 积极响应国家"双碳"战略，通过环境管理体系建设、绿色运营措施、能源管理、废弃物管理等一系列举措，持续提升园区的环境友好水平，为实现"双碳"目标贡献力量，也为其他基础设施 REITs 和物流仓储企业提供了宝贵的实践经验和示范效应。在环境责任（E）维度上，2022 年中金普洛斯 REIT 项目表现突出。

根据国务院发布的《"十四五"现代服务业发展规划》，国家明确指出大力发展绿色物流并推进物流行业节能减排的战略目标。中金普洛斯 REIT 通过在旗下园区广泛推广节能技术、优化能源使用结构，以及倡导行业绿色发展的一系列行动，不仅引领了物流行业的绿色变革，也为行业的高质量成长和产业结构的转型升级提供了有力支持。然而，在环境责任（E）的具体指标中，中金普洛斯 REIT 在固体废物处理方面的表现不尽如人意，缺乏对废物处理措施和处理量的详细披露。

在生态保护和碳排放管理方面，中金普洛斯 REIT 的表现尤为突出。通过采纳先进的环保技术，中金普洛斯 REIT 有效促进了碳排放的降低，从而提升了其 ESG 的整体表现，并进一步增强了投资者的信心。这种积极的环境管理策略不仅有利于吸引更多的社会资本投入基础设施建设，也为企业的可持续发展奠定了坚实基础。此外，中金普洛斯 REIT 通过持续提高园区环境质量，为租户创造了更加舒适和健康的办公空间，显著提升了租户的满意度和忠诚度。

为了进一步推动环保理念的普及和实践，中金普洛斯 REIT 还定期开展环保宣传教育和培训活动，旨在提高员工和社区居民的环保意识，促进企业与社区之间的和谐共生。

三、案例 2

在环境责任（E）维度上，2022 年建信中关村 REIT 项目表现突出。

建信中关村 REIT 在资源利用方面的表现极为出色。在综合能耗、用水以及土地使用等多个关键领域，该 REIT 均处于行业领先地位。通过引入智慧能源系统，建信中关村 REIT 实现了对能耗数据的实时监控与定期分析，从而显著提升了能源使用效率。此外，该 REIT 还通过采用先进的节能技术和管理措施，有效地优化了能源结构，进一步降低了能源消耗。

在排放控制和生态保护方面，建信中关村 REIT 通过推动绿色运营，采用地源热泵供暖等环保技术，较为显著地减少了对化石能源的依赖，从而提高了环境效益。这些措施不仅有助于减少温室气体排放，也对保护生态环境和推动可持续发展做出了积极贡献。

建信中关村 REIT 对环境保护和可持续发展的重视主要体现在其实施节能减排措施、优化水资源管理以及推进绿色运营等多重策略上。这些做法不仅有效地降低了运营成本，还显著提升了其在环境责任方面的表现。通过这些综合性的努力，建信中关村 REIT 不仅在环境保护方面取得了显著成就，也为我国构建绿色、可持续的产业园区模式提供了积极示范。

四、案例 3

在环境责任（E）维度上，2022 年华夏合肥高新 REIT 项目表现相对一般，具体评价如下：

华夏合肥高新 REIT 在资源利用方面的表现尚有待提升。具体而言,该 REIT 在综合能耗和水资源消耗方面的表现并不理想,且园区的能耗管理智能化水平较低。为了优化资源利用效率并实现降本增效,华夏合肥高新 REIT 需采取更为有效的措施,提升资源管理水平。尽管该 REIT 已通过实施雨污分流排查改造和提升企业职工节约用水意识等措施来提高水资源利用效率,但目前缺乏对这些措施具体成效的量化分析,这限制了对其水资源管理成效及改进能力的进一步评估。

在排放控制方面,华夏合肥高新 REIT 在公开披露中并未提供详尽的排放数据,在废物分类成效方面也缺少具体数据支持,如分类回收率和废物减量效果等关键指标。这些数据对于全面评估其环境管理成效至关重要。此外,尽管项目在低碳转型方面提出了相关举措和计划,但在实际执行和效果方面仍有待进一步推进和改进。

在生态保护方面,华夏合肥高新 REIT 展示了通过技术手段促进节能增效的意向,计划采用智能数控、智慧储能、智慧楼宇等先进技术手段,以推动环境责任的建设。这些技术的应用有望提升园区的环境绩效,但需要进一步明确具体的实施步骤、预期目标及其对生态保护的长远影响。

第四节 S 表现分析

一、案例比较

综合分析以上三个案例在社会责任(S)维度的 ESG 表现,具体如表 10-35 所示。

表 10-35 案例 1～案例 3 的社会责任(S)维度分值比较

具体指标	案例 1	案例 2	案例 3
提供就业岗位数(S11)	0.17	0.12	0.09
妇女/少数族裔平等就业机会(S12)	0.06	0.10	0.08
员工权益保护(S13)	0.21	0.22	0.20
社区福祉创造(S22)	0.17	0.21	0.18
社区公众参与(S23)	0.12	0.12	0.11
社会效益(S31)	0.30	0.32	0.33
可持续发展能力(S32)	0.28	0.17	0.22
综合评价	1.31	1.27	1.21

在对中金普洛斯 REIT、建信中关村 REIT 和华夏合肥创新 REIT 的社会责任(S)维度进行综合评价时,可以看到,中金普洛斯 REIT 在各项指标上综合表现最佳,建信中关村 REIT 次之,而华夏合肥创新 REIT 则有待提升。

中金普洛斯 REIT 在提供就业岗位、员工权益保护、社区公众参与和可持续发展能力等指标上均具有较为优异的表现。这与其在人力资源管理、社区参与和社会效益创造方面的积极投入有关,体现了该项目在社会责任承担方面的领先地位。项目在妇女/少数族裔平等就业机会相关指标上表现一般,关键在于缺少具体的信息披露以及行动举措。

建信中关村 REIT 在上述指标中表现也较为突出,特别是在社会效益方面表现最佳,这得益于其区位带来的产业科研聚集优势,表现出项目在促进社会经济效益和科技创新方面的贡献。在提供就业岗位数和社区公众参与方面,建信中关村 REIT 的得分略低于中金普洛斯 REIT,项目仍有进一步优化的空间。可持续发展能力较弱的主要原因在于项目租户不稳定,主要租户续约存在重要风险,可持续发展能力有待加强。在就业岗位数指标上建信中关村 REIT 的得分相对较低,主要在于缺乏具体数据披露,需进一步加强信息公开,详细披露就业岗位的数量、类型及其对当地就业市场的影响,以提高透明度和可信度。

华夏合肥创新 REIT 在社会责任(S)维度上整体表现尚可,但仍有提升空间。尤其是在提供就业岗位数和社区公众参与方面,反映出其在人力资源管理和社区互动方面的不足,建议华夏合肥创新 REIT 继续深化在人力资源管理、社区互动等方面的努力。在社会赋能方面,得益于项目的稳定收益和创业资金支持,社会效益和可持续发展能力相关指标评价突出。

综合评价结果显示,三个 REIT 项目在社会责任(S)维度上均有其优势和不足,但均展现出了对社会责任的重视和履行。中金普洛斯 REIT 表现最为全面,建信中关村 REIT 在社会效益方面表现突出,而华夏合肥创新 REIT 则在员工权益保护和社区福祉创造方面有所作为。未来,各 REIT 项目应继续深化其社会责任实践,不断提升在社会责任(S)维度的表现,以实现更全面和可持续的发展。

为了进一步提升基础设施 REITs 项目的社会责任表现,各项目可以采取以下措施:①细化和公开披露社会责任的具体措施和成效,以提高透明度和可信度。②加强与政府、社区和其他利益相关者的合作,共同推动社会责任的实现和社会效益的最大化。③定期进行社会责任的自我评估和第三方审计,确保社会责任措施的有效性,并根据评估结果进行调整和优化。④注重数据的量化分析和对比,在社会责任相关报告中更好地展示其在社会责任方面的进展和成效。

通过实施这些措施,REIT 项目可以进一步提升其社会责任表现,为实现可持续发展做出更大的贡献。

二、案例 1

在社会责任(S)维度上,2022 年中金普洛斯 REIT 项目表现优秀。

在就业机会上,中金普洛斯 REIT 持有的物流园区项目分布于 5 个城市(包括县级市昆山市),为当地创造了一定的就业岗位,吸纳了周边居民就业,有效带动了区域经济增长。中金普洛斯 REIT 坚持平等、非歧视的用工政策,但是在妇女/少数族裔平等就业相关的指标下,并未披露具体措施,因此评分较低。中金普洛斯 REIT 持续完善员工职业发展通道,为员工提供多样化的培训资源和发展机会。园区还定期开展员工满意度调查,积极响应员工诉求,促进员工与企业共同成长。在员工福利方面,园区工会组织开展了生日会、团建、员工子女关怀等活动,疫情期间为一线员工提供防疫物资和关怀慰问,切实保障员工的健康安全。

在社区发展上,中金普洛斯 REIT 比较注重企业发展与社区建设的有机结合,积极参与社区共建,助力社区发展。2022 年,中金普洛斯 REIT 以园区为纽带,通过开展园区活动、参与公益慈善等方式,加强与外部利益相关方的沟通。这有助于构建和谐的企业-社区关系,提升企业的社会形象。此外,在疫情防控常态化背景下,园区积极配合属地疫情防控,为社区防疫提供场地支持。

在社会赋能上,中金普洛斯通过系统＋智能设备仪表实现园区作业在线闭环管理,提高了园区智慧化运营,有助于提升园区运营效率,改善租户体验。智慧化运营也呼应了国家关于发展智慧城市的政策导向。2022年1月,国务院印发《"十四五"数字经济发展规划》,提出加快数字化发展,建设数字中国。这一智慧化运营实践为推进仓储物流行业的数字发展贡献了较为成功的案例。中金普洛斯REIT还通过加强与当地政府、企业的合作,引进优质物流企业入驻,进一步提供了就业岗位,提升了周边区域的物流水平,为当地贡献了一定的社会效益。

综上所述,中金普洛斯REIT在2022年通过就业机会创造、智慧化管理、安全生产保障、社区融入等方面的举措,协调了各方利益相关者,尤其是社区周边利益相关者的需求,较为完整地履行了社会责任。

三、案例2

在社会责任(S)维度上,2022年建信中关村REIT项目表现较为优秀。

在就业机会上,建信中关村REIT在妇女/少数族裔平等就业机会(S12)方面的得分较高,这反映出该REIT项目在性别平等和多元文化融合方面的积极努力。其坚持平等雇佣原则,反对性别歧视,充分尊重和保障女性员工权益,公平公正地提供均等的职业发展机会,这些措施不仅有助于提升员工满意度和工作效率,也为项目营造了良好的社会形象。在员工权益保护方面,建信中关村REIT同样取得了较高的得分。该REIT项目通过维护员工休假权益,包括带薪休年假、法定节假日、探亲假、婚丧假、产假等国家规定的假期,展现了对员工工作与生活平衡的重视。这种对员工全面福利的关注,有助于提高员工的忠诚度和留存率,同时也符合当前社会责任的发展趋势。

在社区发展上,建信中关村REIT对社区福祉创造方面有积极贡献。通过在园区内举办产业、文化、体育、商业等一系列跨界活动,该REIT项目不仅促进了创新资源的聚集,还构筑了一个多元化的城市生活社交平台,为居民和企业提供了一个促进沟通交流的场所,从而增强了社区的凝聚力和活力。

在社会赋能上,社会效益方面的较高评价凸显了建信中关村REIT在区域经济发展中的重要作用。该REIT的基础设施资产位于中关村软件园内,区域产业聚集效应显著。这种产业聚集不仅为项目提供了良好的发展环境,也为当地经济带来了增长动力,促进了就业和创新。然而,在可持续发展能力方面,建信中关村REIT的得分相对较低,主要在于该项目租户的不稳定性,影响了项目的可持续发展,导致在经济收入、分红总额等方面表现较差。为了提高项目的可持续发展指标得分,建信中关村REIT需要在确保投资者利益的同时,更加注重长期的可持续发展战略。

对于提供就业岗位数等得分较低的指标,建信中关村REIT目前披露情况较差,应当提供更具体的数据和措施细节,以便利益相关者能够更全面地了解其社会责任实践的成效。

四、案例3

在社会责任(S)维度上,2022年华夏合肥高新REIT项目表现相对一般。

在就业机会上,华夏合肥高新REIT在提供就业岗位数这一指标的得分相对较低。尽管报告中提及了共计 50 名员工,但一方面缺乏对于就业岗位分布、类型及其对当地就业市场影响的详细分析,另一方面对于基础设施项目而言,直接创造的就业岗位的创造数相对较少,建议增加对间接创造就业岗位的披露介绍。在妇女/少数族裔平等就业机会方面,华夏合肥高新 REIT 展现了一定的绩效。报告显示,该 REIT 项目在员工性别比例上保持了均衡,且明确禁止了基于性别、容貌、年龄、婚姻和生育状况等因素的歧视行为,符合社会责任的国际标准和趋势。员工权益保护是华夏合肥高新 REIT 得分较高的指标之一。该项目进行了定量和定性描述的信息披露,通过依法提供带薪年假、足额缴纳社会保险及其他商业保险,以及确保员工百分百受训(平均受训 89h,总培训时数达 4450h),展现了对员工权益的重视。

在社区发展上,华夏合肥高新 REIT 通过开展幸福驿站建设、为户外劳动者提供便捷休憩场所,实现了社区福祉创造。然而,在社区公众参与方面的得分则表明,华夏合肥高新 REIT 在与社区沟通和了解社区群众真实诉求方面还有待加强。建议该 REIT 项目在未来的社会责任实践中,更加注重与社区的互动和参与,加强社区周边利益相关者对于项目的参与,以增进社区的理解和支持。

在社会赋能上,社会效益方面的高分凸显了华夏合肥高新 REIT 在提升园区信息化和产业支持方面的成就。通过应用互联网、人工智能等技术打造的"智慧"平台,该项目提升了园区服务效率;通过设置青创资金等方式支持了园区内企业的发展,促进了区域经济的增长。在可持续发展能力(S32)方面,华夏合肥高新 REIT 的得分相对较低。尽管该 REIT 项目通过一系列举措提升了出租率并维持在 90% 以上的较佳水平,但基于底层资产的往期运营情况,在可持续发展的具体措施和长期规划方面,仍有待进一步明确和加强。建议该 REIT 项目在未来提供更为详尽的可持续发展战略和具体实施成效。

第五节 G 表现分析

一、案例比较

综合分析以上三个案例在项目治理(G)维度的 ESG 表现,具体如表 10-36 所示。

表 10-36 案例 1~案例 3 的治理责任(G)维度分值比较

具体指标	案 例 1	案 例 2	案 例 3
项目使命(G11)	0.12	0.11	0.11
价值协同(G12)	0.22	0.18	0.22
法人治理(G21)	0.09	0.08	0.09
决策体制(G22)	0.20	0.20	0.20
风险管理(G23)	0.24	0.20	0.26
股权集中度(G31)	0.07	0.07	0.07
信息披露(G33)	0.33	0.19	0.33
小股东权益保护(G34)	0.16	0.09	0.09
综合评价	1.42	1.13	1.37

良好的项目治理是基础设施 REITs 可持续发展的基石。在对三个项目的项目治理(G)维

度进行综合评价时,可以看到,中金普洛斯 REIT 在各项治理指标上表现最佳,华夏合肥创新 REIT 次之,而建信中关村 REIT 则有待提升。

中金普洛斯 REIT 在项目治理的多个方面表现较为均衡。项目在各项具体指标上的得分均较为稳定,体现了其在项目治理方面的全面性和一致性。这得益于项目在治理结构和流程上的规范化管理,以及对风险控制和信息透明度的重视。中金普洛斯 REIT 通过建立健全的法人治理结构,确保了项目决策的科学化、民主化和规范化。此外,项目还积极采取措施,加强对小股东权益的保护,确保信息的及时披露,以及通过有效的风险管理策略来规避潜在的风险。

建信中关村 REIT 在项目治理的某些方面表现稍逊于中金普洛斯 REIT,尤其是在风险管理和信息披露方面得分较低。这是其信息披露的不透明所导致的,在 2022 年年底,建信中关村 REIT 不再披露实际租户数量和出租面积,仅披露平均出租率为 81.29%,之后一年项目的出租率进一步下降。这表明建信中关村 REIT 在信息透明度方面存在不足,需要加强信息披露机制,提高透明度,以增强投资者信心。此外,建信中关村 REIT 还需要进一步优化其风险管理策略,以应对市场变化带来的挑战。

华夏合肥创新 REIT 的综合评价得分较好,尤其在风险管理(G23)和信息披露(G33)方面表现突出,项目的治理措施和实践较为完善和有效。此外,华夏合肥创新 REIT 在项目使命和价值协同方面的得分也较为理想,反映了其在确立项目目标和实现价值共享方面的明确努力和具体计划举措的有效性。华夏合肥创新 REIT 通过建立有效的决策体制,确保了项目决策的科学性和合理性,同时,通过积极的风险管理措施,有效地控制了项目运营中的潜在风险。华夏合肥创新 REIT 还注重小股东权益的保护,通过健全的信息披露机制提高了项目的透明度。

综合评价结果显示,中金普洛斯 REIT 在项目治理(G)维度上整体表现最为突出,华夏合肥创新 REIT 和建信中关村 REIT 则在部分指标上有待进一步提升。良好的项目治理对于基础设施 REITs 的可持续发展至关重要,它不仅关系到项目的长期稳定运营,也是提升投资者信心和市场竞争力的关键因素。

为了进一步提升项目治理水平,建议各 REIT 项目可以采取以下措施。①加强信息披露:提高信息的透明度,确保所有相关方都能及时获得准确的信息。②优化决策机制:确保决策过程的科学化、民主化和规范化,增强项目的适应性和灵活性。③强化风险管理:通过有效的风险管理策略来预防和应对潜在风险,确保项目的稳健运营。④保护小股东权益:建立健全的机制,确保小股东的权益得到充分保护。

通过上述措施的实施,可以有效提升基础设施 REITs 项目的治理水平,为实现可持续的发展奠定坚实的基础。

二、案例 1

在项目治理(G)维度上,2022 年中金普洛斯 REIT 项目表现优秀。

在治理理念上,中金普洛斯 REIT 比较全面地识别了各利益相关方,通过定期召开项目沟通会、设置投资者热线、开展满意度调查等多种形式,了解其期望和诉求,并在决策中予以考虑。

在管理及决策机制方面,中金普洛斯 REIT 建立了由基金管理人、外部管理机构、托管人、运营咨询委员会等多方参与的治理架构,明确权责,形成有效的制衡机制。同时,基金管理人制定了一系列内部控制和风险管理制度,为规范运作提供制度保障。这些措施有利于提升REITs的ESG表现,降低ESG风险。

在信息披露方面,中金普洛斯REIT通过发布年度报告、临时公告等方式,披露其ESG理念、目标、行动和绩效,提高了运作的透明度。定期披露ESG信息有助于缓解信息不对称,促进资本市场对REITs的ESG表现进行有效监督和评价,进而推动基础设施REITs项目更好地践行ESG理念。

中金普洛斯REIT在治理架构、项目全周期管理、利益相关方沟通、信息披露质量等方面的探索,有效推动了其ESG管理水平的提升。

三、案例2

在项目治理(G)维度上,2022年建信中关村REIT项目表现较为一般。

在治理理念上,建信中关村REIT在项目使命指标表现较好,表明项目在坚持其核心价值观和企业文化方面有积极努力。但是在价值协同方面,项目得分并不十分理想,还需要进一步加强与各利益相关方的沟通和协作,以实现更有效的价值协同。

在治理体系上,建信中关村REIT表现较为突出,相关管理制度的完善水平和科学水平均有一定的优势,这些制度的完善有助于提升项目的透明度和运营效率。在安全管理规范和制度层面,项目也做出了一定的努力,建立安全防范系统,制定消防安全规范等要求,并持续完善安全管理措施。

但是在股东权益上,建信中关村REIT表现较差,主要原因在于信息披露方面做得不透明、不完善,有重要租户退租等重要信息并未披露,导致其可持续发展能力受到影响。在小股东权益保护方面,也缺乏具体披露,这可能影响小股东对项目治理透明度和公正性的信任。建信中关村REIT应加强信息披露的全面性和及时性,确保投资者的权益得到充分保护。

四、案例3

在项目治理(G)维度上,2022年华夏合肥高新REIT项目表现突出。

在治理理念上,华夏合肥高新REIT将ESG理念融入项目治理和企业文化,并取得了积极的进展。在价值协同方面,华夏合肥高新REIT的得分较高,通过系统化梳理ESG管理体系与方法,分阶段推进业务与ESG举措的融合,在综合考虑和回应多方利益相关方的关注与期待方面表现较为出色。

在决策体制上,华夏合肥高新REIT在法人治理和决策体制两个指标的得分同样较高,这表明其在基金管理人、计划管理人和运营管理机构的设置上,以及决策体制的建立上均有一定的优势,有助于提升项目的运营效率。华夏合肥高新REIT在安全管理规范和制度层面有着较为有效的努力。通过定期检查园区内的安全设施状态,了解员工对应急响应措施的熟悉程度,并进行员工上下班安全提示等工作,落实了安全生产和风险管理要求。

在股东权益上,华夏合肥高新REIT的原始权益人持有比例为25%,显示出较为合理的股权分散度,有利于避免权力过度集中带来的风险。项目在信息披露方面的得分较高,这表明项目有着较为积极的努力,包括通过聘请外部专家开展ESG实地调研评估,并全面动员全员参与到 ESG 信息披露准备工作中,该 REIT 项目展现了其对信息透明度和公开性的重视。然而针对小股东权益保护方面,项目缺乏具体信息披露,这可能影响小股东对项目治理透明度和公正性的信任。

第六节 本 章 小 结

自第一单基础设施 REITs 公开发行上市以来,我国基础设施 REITs 发展已有两年之久,REITs 成为当前盘活存量资产,实现基础设施资产证券化的重要模式。在当前全球经济环境下,在国家高质量发展的重大指引下,宏观层面的经济高质量发展意味着中观企业层面的 ESG 理念贯彻,更意味着要以微观项目主体的高质量发展作为支撑。在新发展阶段,基础设施 REITs 作为一种创新的金融工具,其所体现的 ESG 内涵和可持续发展表现,对于吸引投资者、提升市场竞争力以及实现长期稳定运营具有重要意义。

本节通过对三个具有代表性的基础设施 REITs 项目——中金普洛斯仓储物流 REIT、建信中关村产业园 REIT 和华夏合肥高新创新产业园 REIT 进行深入分析,构建了基础设施 REITs 的 ESG 评价框架,通过层次分析法和模糊评价法确定项目在环境责任(E)、社会责任(S)和项目治理(G)方面的综合评价得分,探讨了这些项目在 ESG 实践中的具体表现,如表 10-37 所示。

表 10-37 案例 1～案例 3 的 ESG 评估结果分值比较

	案 例 1	案 例 2	案 例 3
环境责任(E)	1.49	1.54	1.10
社会责任(S)	1.31	1.27	1.21
项目治理(G)	1.42	1.13	1.37
模糊评价得分	4.22	3.93	3.68
最终得分	4.22	3.13	3.68

综合分析三个案例在 ESG 表现上的差异,可以看出,ESG 理念的贯彻、环境责任的履行、社会责任的承担,以及良好的项目治理对于基础设施 REITs 的可持续发展至关重要。中金普洛斯 REIT 在多个方面表现较为均衡,得益于其在治理结构和流程上的规范化管理,以及对风险控制和信息透明度的重视。华夏合肥高新 REIT 在部分方面有待提升,建信中关村 REIT 需要在信息披露和可持续发展方面进一步加强。

需要特别说明的是,当评价对象出现重大风险时,需要根据相关负面事项的数量和影响程度进行扣分。例如,建信中关村 REIT 在 2022 年出现了主要租户退租的重大风险,但并未对此进行相关披露。综合专家意见,我们对建信中关村 REIT 的综合评价扣除了 0.8 分。

在环境责任(E)维度上,中金普洛斯 REIT 积极响应国家"双碳"战略,通过建立环境管理体系、实施绿色运营措施、优化能源结构等一系列措施,有效提升了园区的环境友好水平。建信中关村 REIT 通过引入智慧能源系统和采用节能技术,显著提升了能源使用效率,减少了对化石能源的依赖。然而,华夏合肥高新 REIT 在资源利用和排放控制方面表现一般,显示出在环境管理体系建设上尚有较大的提升空间。三个项目在环保技术采纳方面均有积极表现,但在固体废物处理和低碳转型的具体执行和效果方面仍有待进一步改进。

在社会责任(S)维度上,中金普洛斯 REIT 在提供就业岗位、员工权益保护、社区公众参与和可持续发展能力等方面表现优秀。建信中关村 REIT 在社会效益方面表现突出,其基础设施资产位于中关村软件园内,区域产业聚集效应显著,但在可持续发展能力方面有待加强。华夏合肥高新 REIT 在员工权益保护和社区福祉创造方面有所作为,但在提供就业岗位数和社区公众参与方面有待提升。

在项目治理(G)维度上,中金普洛斯 REIT 在治理理念、管理及决策机制、信息披露质量等方面表现优秀,建立了多方参与的治理架构,明确权责,形成了有效的制衡机制。建信中关村 REIT 在治理体系上表现较为突出,但在信息披露和小股东权益保护方面表现较差,需要加强信息披露的全面性和及时性。华夏合肥高新 REIT 在风险管理和信息披露方面表现突出,但在小股东权益保护方面缺乏具体披露,这可能影响小股东对项目治理透明度和公正性的信任。

综上所述,三个项目的 ESG 实践都相对充分地考虑了利益相关者的诉求。作为园区类基础设施 REITs,利益相关者包括投资者、租户、员工、社区等多个群体。其中,投资者日益重视项目的 ESG 表现,将其作为重要的投资决策依据。租户、员工和社区居民等也更加重视基础设施项目对于周边生存环境的影响,以及对于项目的沟通参与程度。基础设施项目通过 REITs 模式运营,强制要求项目进行具体信息披露,从机制上加强了各方利益相关者对于项目的了解。随着信息的畅通,利益相关者的态度对于项目的影响程度进一步加大,迫使项目加强对于各方利益相关者的诉求关注和利益重视。对于基础设施 REITs 进行 ESG 评价,将会进一步促进其关注环境责任、社会责任和项目治理,并加强其对于各方利益相关者的关注程度,更好地实现基础设施项目的可持续发展。

第十一章

结论与展望

第一节 主要结论

一、全球 ESG 政策模式的分类框架与形成机理

第一,基于"价值表达"和"监管工具"两个维度,本文构建了 ESG 政策模式的分类框架。在公共价值理论与政策工具选择理论文献梳理的基础上,提出了"价值表达协同性"与"监管工具强制性"两个变量维度。"价值表达协同性"用于衡量各国 ESG 政策模式对于环境、社会和治理(ESG)三个价值维度实现政策表达的协同性程度;"监管工具强制性"用于衡量各国 ESG 政策模式所用政策工具的强制性程度。运用类型学方法将 ESG 政策模式划分为"强制-协同模式""强制-非协同模式""非强制-协同模式""非强制-非协同模式"四种类型。基于该分类框架,以 G20 国家为样本,考察了 20 个国家的 ESG 政策并进行模式归类。分类结果为英国、德国、法国、韩国等国属于"强制-协同模式",中国、巴西、墨西哥、南非、印度尼西亚等国属于"强制-非协同模式",美国、澳大利亚、加拿大等国属于"非强制-协同模式",而日本、印度、意大利、土耳其等国则属于"非强制-非协同模式"。

第二,借鉴"主体-议程"范式,选取"主体力量均衡性"和"议程设置方向性"两个维度构建了二维分析框架。"主体力量均衡性"用于刻画公共部门政策主体和非公共部门政策主体之间的力量对比均衡性。"议程设置方向性"用于刻画政策议程在公共部门政策主体与非公共部门政策主体之间的传导方向。运用多案例比较的方法,选取英中美日四国作为四种模式的代表国家,搜集共计 225 份政策文本,进行案例研究与比较。研究发现,当议程设置方向自上而下、主体力量较为均衡时,国家采取"强制-协同模式";当议程设置方向自上而下、主体力量较为不均衡时,国家采取"强制-非协同模式";当议程设置方向自下而上,主体力量较为均衡时,国家采取"非强制-协同模式";当议程设置方向自下而上、主体力量较为不均衡时,国家采取"非强制-非协同模式"。

二、我国基础设施建设投资规制政策的 ESG 表现

第一,我国当前基础设施建设投资规制政策已具有一定的 ESG 表现,但三个维度之间存在丰富性和完备性等方面差异。其中,环境维度发展程度最高,具有专门的机构进行统

筹协调，形成了程序完备、约束性和指导性兼具的环境评价体系；社会维度次之，在现行政策体系中已覆盖部分安全评价、职业健康预评价等社会议题，在可行性研究报告编写中对社会评价有相应的要求，但议题覆盖范围较小，缺乏成体系的政策支持；治理维度，在基础设施投资管理政策中占比最高，但在现行评价和审批事项中尚无体现。而且，我国在基础设施建设投资领域的环境、社会和治理三方面规制方式和手段，与国际上主流评级机构的 ESG 评价存在差异，这与中国的实际情况和历史发展都有较大关系。此外，本书还建立了基础设施建设投资规制政策文本库，搜集了 660 篇资料并按照环境、社会、治理进行分类。

第二，我国当前基础设施建设投资项目可行性研究已涵盖 ESG 相关内容，表明投资项目 ESG 评估和规制具有一定基础。其中，环境信息披露最为完善，具有专门的机构进行统筹协调，形成了程序完备、约束性和指导性兼具的环境评价体系；社会维度次之，在现行政策体系中已覆盖部分安全评价、职业健康预评价等社会议题，可行性研究报告编写中对社会评价有相应的要求，但议题覆盖范围较小，缺乏成体系的政策支持；治理维度在基础设施投资管理政策中占比最高，但在现行评价和审批事项中尚无体现。ESG 为认识基础设施建设投资的外部性管理提供了新视角，但无论引进 ESG 评估工具与否，都需要先对当前投资项目实践层面的 ESG 表现情况进行调查。本书在基础设施建设投资规制领域对 ESG 进行拓展，有助于深化学术界对基础设施建设投资规制领域 ESG 表现的认识。

三、ESG 评估视角下投资项目外部性的理论初探

第一，本书以投资项目外部性为研究对象，尝试用 ESG 评估视角界定投资项目外部性的责任内涵，并以此为基础建构投资项目外部性的环境、社会、治理（ESG）三者结构关系框架。以基础设施建设为主的投资项目外部性 ESG 责任内涵界定为关注投资经济活动对不同利益相关者产生的影响，并采取相应措施以满足各利益相关者的预期效用。其中，环境责任是减少基础设施投资活动对自然环境的负外部性，社会责任是增强"以人为本"的社会正外部性，治理责任则调和不同资源提供主体之间的价值和利益冲突。

第二，建构投资项目外部性的 ESG 圈层结构。从全生命周期识别基础设施投资活动的利益相关者，并将其分为三类，基于"差序格局"理论，构建基础设施投资外部性的 ESG 圈层结构框架：首先，基于利益相关者的效用差异，为基础设施的外部性管理提供了环境、社会、治理（ESG）的结构化研究视角和框架；其次，划分了环境、社会、治理的边界，为基础设施投资外部性的 ESG 评价指标体系搭建提供理论基础；最后，描述了治理为基础，社会、环境为外溢效应的 ESG 差序结构。

四、投资项目 ESG 评估的框架与应用：以基础设施 REITs 为例

第一，项目层面的 ESG 评价是引导投资项目主体提升 ESG 责任意识和执行能力的一种有效机制。投资项目 ESG 评价的主要目的是让项目的各级管理者和利害相关者了解和掌握项目实施计划、潜在风险和执行情况，以便识别风险和问题，及时调控并总结经验。它通过制度上的红线划定伦理道德准则，为有效管理投资项目提供了标准化工具，是 ESG 投资理念在项目层面贯彻落实的关键路径。将 ESG 理念引入基础设施 REITs 投资项目，有

利于从源头树立责任投资理念,规范投资行为,提高投资质量,推动基础设施高质量发展。

第二,基础设施REITs投资项目的ESG评价贯穿项目全生命周期。基于利益相关者理论,基础设施REITs投资项目的利益相关者包括政府、投资者、运营方、承租方、社区公众等。REITs运营模式本身就体现了项目的ESG理念,通过公开披露信息,接受社会监督等方式,加强了与各利益相关者的沟通联系。对于基础设施REITs项目来说,加强对各利益相关者的持续关注,充分考虑各利益相关方诉求,将ESG理念嵌入项目全过程管理,通过ESG自评和外部机构ESG评价,可以在有效引导基础设施REITs项目追求经济效益的同时,注重社会责任和环境保护,实现项目的长期稳定发展,并推动国家经济的高质量发展。

第三,建构了一个投资项目的ESG评价框架,并以基础设施REITs投资项目作为案例进行实证检验。该框架由环境责任、社会责任和公司治理三个一级指标,以及资源节约、污染防治、生态保护、员工权益、产品责任、社区发展、股东权益、信息披露、风险管理九个二级指标构成。该框架能够较为全面地反映基础设施REITs投资项目的ESG表现。案例实证表明,本文构建的ESG评价框架具有较好的适用性,证实了不同基础设施REITs项目在ESG表现上存在差异。通过对中金普洛斯仓储物流REIT、建信中关村产业园REIT和华夏合肥高新创新产业园REIT的ESG评价,三个案例项目的ESG综合得分分别为4.22分、3.13分、3.68分,总体ESG表现较好,但分别在ESG的三个维度及具体指标方面各有优势和不足,还有进一步提升空间。评价结果可为项目管理者提供改进方向,为投资者提供决策参考。

第四,推动基础设施REITs投资项目ESG评价的关键在于完善顶层设计、明确评价主体、丰富评价对象、创新评价方法、规范评价主体信息披露。这需要政府主管部门主动作为,制定ESG信息披露规范和评价指引,鼓励第三方专业机构开展ESG评级,引导各类基础设施REITs项目开展ESG实践,并探索大数据、人工智能等新技术在ESG评价中的应用。

第二节 理论贡献

一、宏观层面

第一,分类框架的提出为复杂的ESG政策比较提供了一致性的基础。ESG政策的差异性大、认定标准不一、更新速度快一直是困扰ESG政策研究的难题。已有的ESG政策研究局限于单项政策或者某一类政策,难以进行国际比较,各类型的政策之间缺乏逻辑联系。这阻碍了ESG的发展,也阻碍了学术研究的深入。本文在G20国家政策文本统计分析的基础上提出的分类框架,在最大限度上保障了分类框架的适用性。价值表达协同性和监管工具强制性两个变量在绝大多数ESG政策上都能得到很好的适用,有助于跳出单项政策的研究,进行整体性政策的研究。因此,这一分类框架的提出,为今后ESG政策的国际比较研究奠定了一个很好的基础。

第二,"主体-议程"模型的提出为ESG政策模式的形成机理提供了理论解释。在ESG政策研究中,大量目光集中在ESG政策的实施效果上,但是忽略了ESG政策的形成机制。

在中国学习借鉴其他国家的经验时,我们不能简单地认为在一个国家有效的政策就能很好地适用于另一个国家。因此,我们有必要加深对 ESG 政策形成机制的理解。本文提出的"主体-议程"模型,能够较好地解释 ESG 政策模式的形成机制,有助于加深对于各国 ESG 政策模式与原有政策网络结构关系的认识。当我国学习借鉴其他国家的 ESG 政策时,就可以考虑从这两个视角出发,通过调整政策主体与政策议程的性质,来有效地减少政策迁移当中产生的困难和障碍,更好地将其与中国国情相结合。

第三,本书提供了基础设施建设投资规制中的 ESG 表现调查情况,为我国以公共投资为主导的基础设施建设领域引入国际流行投资理念提供了决策依据。一是发现规制政策和项目报告中均已有一定程度的有关 ESG 表现方面的内容,但三个维度之间存在丰富性和完备性等方面的差异,环境影响规制政策最完备;社会影响规制涉及安全评估、职业健康预评价等议题,其他议题未在文本中提及;项目治理规制政策数量最多,展现了我国自主的投资项目治理体系。进一步地,可行性研究报告中的环境影响责任目标和措施相对完善,社会影响责任目标和措施则因项目和所处情境而异,项目治理责任目标和措施更多体现合规性要求,缺乏项目管理人自主动机。

二、项目层面

本书在基础设施 REITs 投资项目的 ESG 评价领域提出了具有创新性的理论和实践贡献,具体体现在以下几个方面:

首先,创新性地将 ESG 评价应用于基础设施 REITs 投资项目领域。以往 ESG 评价主要针对企业层面,鲜有聚焦投资项目尤其是基础设施 REITs 项目的研究。本书首次将 ESG 评价理念从企业层面拓展到基础设施 REITs 项目层面,填补了该领域研究的空白。通过对基础设施 REITs 项目的 ESG 评价,本书为推动项目可持续发展提供了新的视角和工具。

其次,构建了适用于基础设施 REITs 项目的 ESG 评价框架。本书综合国内外 ESG 评价体系的最新发展,结合中国基础设施 REITs 项目的特点,界定了基础设施 REITs 投资项目 ESG 内涵,提出了一个包含环境责任(E)、社会责任(S)和项目治理(G)三个维度的评价框架。该框架不仅为评估基础设施 REITs 项目的 ESG 表现提供了系统化的方法,也为项目管理者和投资者提供了明确的指导和参考。

最后,提出了基于层次分析法和模糊综合评价法的 ESG 评价路径。通过层次分析法确定指标权重,运用模糊数学方法进行定性和定量指标的综合评价,形成了一套可操作性较强的 ESG 评价方法论,并实证检验了所构建的 ESG 评价框架的有效性和适用性。通过选取三个不同类型的基础设施 REITs 项目案例,对其开展 ESG 评价,证实了所构建评价框架和评价方法的可行性,也为后续研究积累了经验。

综上所述,本书从理论上拓展了 ESG 评价在基础设施 REITs 投资项目中的应用,丰富了项目评价的内涵,为推动基础设施 REITs 项目的可持续发展提供了新的研究视角和实践路径,对推动中国 ESG 评价体系建设和基础设施高质量发展具有一定理论和实践价值。

第三节 未来展望

一、实践层面

结合研究结论,关于基础设施建设投资规制的现代化发展及接轨国际标准,提出以下政策建议:一是完善我国基础设施建设投资自主治理体系。基础设施建设投资因具有很强的外溢效应和公共属性,需要在进一步完善政府规制体系的同时,突出自主性,不能单纯地以接轨国际资本市场为目标而进行ESG工具应用和改革。建议在接轨国际指标体系的同时,立足中国实情,自主完善符合中国实情的环境、社会和治理三个目标维度的规制框架和政策工具,着重完善社会影响和项目治理规制议题,让三者形成更加有机统一的治理体系。开展投资项目ESG评价需要依据指标体系、指标解释、分值配置和相关规范等内容,它是保障评价顺利开展的规则。GRI、IIRC、SASB等公认的国际组织已经制定了ESG报告披露框架和标准,虽然现在还与国家发展的内在要求存在一定的差异,但是可以作为有效参考。我国投资项目尤其是基础设施REITs项目需要在此基础上,结合国内投资项目实情,建立一套适应性更强的评价标准。

二是挖掘中国特色基础设施建设投资规制议题。由于各个国家经济运行和社会管理制度不同,相应的政府规制议题也会不同。例如,我国以党建为引领的社会责任履行和治理机制在基础设施建设投资规制领域起到重要作用,但无法反映到现行的国际主流ESG评级体系中。建议在对标世界共同议题的同时,坚持挖掘具有中国自身特色的规制议题和经验举措,让环境影响、社会影响和项目治理的规制体系更加中国化。规则通常具有公共性质,因而政府或公共机构往往是规则的制定者。根据层级划分,投资项目的环境、社会和治理(ESG)评估机制主要分为三个层级:首先,国家政府、国际组织和证券交易所等机构负责制定评估指导和相关法规;其次,第三方评估机构根据这些指导原则和法规构建评估指标体系,并对具体项目执行评估;最后,证券交易所或国内监管机构对评估结果进行审核、验证和公示。这些环节的基础在于确立ESG评估指导原则及相关法规。通过顶层设计,可以明确界定ESG评估中环境领域的评估范围和方法,构建一套标准化、操作性强的评估体系,这亦为第三方评估提供了基础。

三是调动多元主体共同参与基础设施建设投资。基础设施建设投资规制要充分调动多元主体的共同参与和深入探讨,包括地方政府、工程公司、投资机构、咨询机构、金融机构、项目管理机构等。建立共同交流平台,加强共同交流组织,有助于凝聚共识、形成合力,妥善应对基础设施建设投资规制风险。与此同时,建议在共同商讨过程中,着力发挥地方政府、研究机构、专家团体、社会组织等的话语作用。

四是基础设施REITs项目的ESG评价内容体现了ESG评价与经济评价相结合、综合评价与专项评价相结合的特点。投资项目ESG评价目的决定了评价方式应当是自我评价和第三方评价相结合,定性描述、定量计算和项目间定序排列相结合,以及定期评价和不定期抽查相结合。与过去的信息披露制度相比,ESG评估框架中的评价成果主要通过数据形式展现,这不仅使各利益相关方能够充分认识到项目在建设及运营阶段所面临的环境风险和其可持续发展的潜力,同时也有助于维护项目的商业秘密。此种评估方式的实施,在项目的透明度和保密性之间找到了平衡点,促进了信息的公开与保密双重目标的实现。

二、研究层面

第一,展望 ESG 政策领域今后的研究方向,包括如下几点:①从研究问题来看,本书着重从政策网络的视角探讨了政策模式选择原因的形成机制,今后研究可进一步讨论政策模式差异对政策结果的影响机制。②从研究样本来看,本书仅对四个国家进行了案例研究,今后可以扩展至其他国家,尤其是作为新兴经济体的国家,在不同条件下,对本书提出的理论框架进行检验与扩展。③从研究方法来看,本书主要采用定性的研究方法,基于归纳的逻辑得出结论。今后,可以通过定量的方法对本书提出的两个理论维度进行更加精准的测量或者加大样本的检验。④从研究层次来看,本书对 ESG 政策的考察仅限于国家层面,未对一些多边组织出台的 ESG 政策加以归纳,如欧盟所提出的 ESG 政策,在国际上也发挥了重大影响力,如何看待这些 ESG 政策,亦有较大的研究空间。

第二,展望 ESG 政策领域的现实发展,中国 ESG 投资在资本市场上已经从无人问津到无人不晓,政府部门对于 ESG 政策也予以更多的关注。这些因素的变化都推动了 ESG 政策议程地位上升。如在 2022—2025 年召开的全国两会上,就有多位政协委员提出了关于推动 ESG 信息披露强制化、推广上市公司 ESG 评价、完善金融基础设施建设等建议,国资委也新挂牌成立了社会责任局,对国有企业的社会责任进行监督管理。相信随着 ESG 日益成为全球可持续发展和国际金融市场的主流话题,进一步深化 ESG 政策研究,可为中国与世界在可持续领域对话共进贡献力量。

第三,期待基础设施投资 ESG 在未来呈现出更丰富、多元的研究成果,从以下三个方面为后续更为深入的研究提供线索:①基础设施投资外部性 ESG 圈层结构的定量实证。通过收集已有项目的相关数据,对环境、社会、治理三者之间的相关关系和作用机制进行定量研究,进一步修正和完善基础设施投资外部性的 ESG 理论框架。②基础设施投资外部性的 ESG 评价机制的定性研究。补充更多的访谈对象和访谈资料,并通过问卷数据的收集,研究基础设施立项申报、报建审批背后的行为机制和关注重点,深入分析现行政策体系的政策工具等内容特征,探索行之有效的基础设施项目 ESG 评价机制。③基础设施投资外部性的 ESG 评价指标体系建构与应用。基于行业或领域的分类,构建项目 ESG 评价指标体系,并通过案例应用探讨指标体系的准确性和科学性。

第四,本书围绕基础设施 REITs 项目 ESG 评价框架的构建与应用进行了探索,取得了一定研究成果,但仍存在一些不足,有待在未来研究中进一步完善,主要可以从以下几个方面进行:①开拓基础设施 REITs 项目 ESG 评价的深度和广度。本书受限于我国基础设施 REITs 发展时间尚短,仅选取了三个有代表性的案例进行实证分析,案例数量相对较少。未来,可以持续跟踪我国基础设施 REITs 市场发展动态,适时扩大案例选择范围,增强研究结论的稳健性。②拓展 ESG 评价框架的应用范围。本书仅以基础设施 REITs 项目为对象构建指标体系和评价框架,未来可以将 ESG 评价框架应用于更多类型的投资项目,如商业地产、工业项目等,深化 ESG 评价的指标体系,提升评价框架的专业性和普适性。③丰富 ESG 评价的数据来源和评价方法。随着 ESG 信息披露制度的完善和第三方评级的发展,未来可以综合运用问卷调查、访谈、大数据分析等更多定性定量研究方法,提升 ESG 评价的科学性和准确性。④加强国际比较研究,提炼中国智慧。本书主要基于中国国情进行,未来可以借鉴国外基础设施领域 ESG 评价的先进经验,总结提炼本土 ESG 评价实践的特色做法,为构建具有国际影响力和话语权的中国特色 ESG 评价体系贡献力量。

参 考 文 献

包国宪,王学军,2012.以公共价值为基础的政府绩效治理:源起、架构与研究问题[J].公共管理学报,9(2):89-97.

蔡晓慧,茹玉骢,2016.地方政府基础设施投资会抑制企业技术创新吗:基于中国制造业企业数据的经验研究[J].管理世界(11):32-52.

操群,许骞,2019.金融"环境、社会和治理"(ESG)体系构建研究[J].金融监管研究(4):95-111.

陈振明,2009.政府工具导论[M].北京:北京大学出版社.

崔国清,南云僧,2009.关于公共物品性质城市基础设施融资模式创新的探讨[J].经济学动态(3):4.

代佳欣,2017.城市公共资源配置的差序格局及其生成[J].经济问题探索(6):95-102.

丁煌,杨代福,2009.政策工具选择的视角、研究途径与模型建构[J].行政论坛,16(3):21-26.

丁荣贵,高航,张宁,2013.项目治理相关概念辨析[J].山东大学学报(哲学社会科学版)(2):138-148.

樊丽明,石绍宾,2006.公共品供给机制:作用边界变迁及影响因素[J].当代经济科学(1):63-68.

樊胜岳,陈玉玲,徐均,2013.基于公共价值的生态建设政策绩效评价及比较[J].公共管理学报,10(2):110-116.

范欣,宋冬林,赵新宇,2017.基础设施建设打破了国内市场分割吗?[J].经济研究,52(2):20-34.

费孝通,2019.乡土中国[M].上海:上海人民出版社.

甘琳,申立银,傅鸿源,2009.基于可持续发展的基础设施项目评价指标体系的研究[J].土木工程学报,42(11):133-138.

郭励弘,2003.中国投融资体制改革的回顾与前瞻[J].管理世界(11):28-36.

韩传峰,吴进林,韩迎春,2004.大型基础设施项目生态环境影响评价[J].自然灾害学报(2):106-111.

韩志峰,赵成峰,2023.投资项目管理:中国指南[M].北京:人民出版社:5-10.

何艳玲,2009."公共价值管理":一个新的公共行政学范式[J].政治学研究(6):62-68.

黄世忠,2021.支撑ESG的三大理论支柱[J].财会月刊(19):3-10.

姜晓萍,郭金云,2013.基于价值取向的公共服务绩效评价体系研究[J].行政论坛,20(6):8-13.

金立印,2006.企业社会责任运动测评指标体系实证研究:消费者视角[J].中国工业经济(6):114-120.

兰继斌,徐扬,霍良安,等,2006.模糊层次分析法权重研究[J].系统工程理论与实践(9):107-112.

李涵,唐丽淼,2015.交通基础设施投资、空间溢出效应与企业库存[J].管理世界(4):126-136.

李鸿辉,2008.农村基础设施的公共性与多元合作供给制度设计的探析[J].广东社会科学(6):42-47.

李井林,阳镇,陈劲,等,2021.ESG促进企业绩效的机制研究:基于企业创新的视角[J].科学学与科学技术管理,42(9):71-89.

李开孟,2009.我国投资项目可行性研究60年的回顾和展望[J].技术经济,28(9):66-72.

李雪灵,王尧,2021.基础设施投资管理中的REITs:现状、问题及应对策略[J].山东社会科学(10):77-83.

李振军,李晔,2009.我国基础设施领域国有经济垄断问题的再思考[J].华东经济管理,23(2):146-150.

廖茂林,许召元,胡翠,等,2018.基础设施投资是否还能促进经济增长:基于1994—2016年省际面板数据的实证检验[J].管理世界,34(5):63-73.

林伯强,2005.将环境影响因素纳入投资决策过程:方法与运用[J].金融研究(2):159-171.

林晓言,罗燊,朱志航,2015.区域质量与高速铁路社会效用:关于高速铁路建设时机的研究[J].中国软科学(4):76-85.

刘生龙,胡鞍钢,2010.基础设施的外部性在中国的检验:1988—2007[J].经济研究,45(3):4-15.

娄洪,2004.长期经济增长中的公共投资政策:包含一般拥挤性公共基础设施资本存量的动态经济增长模型[J]. 经济研究(3): 10.

马骏, 2015. 论构建中国绿色金融体系[J]. 金融论坛(5): 18-27.

孟俊娜, 符美清, 王然, 等, 2016. 基于云模型的基础设施项目可持续性评价[J]. 科技进步与对策, 33(16): 86-90.

牛鸿斌, 崔胜辉, 赵景柱, 2011. 政府环境责任审计本质与特征的探讨[J]. 审计研究(2): 29-32.

乔恒利, 2008. 基础设施性质与基础设施项目投融资模式关系研究[J]. 华东经济管理, 22(3): 74-78.

邱牧远, 殷红, 2019. 生态文明建设背景下企业ESG表现与融资成本[J]. 数量经济技术经济研究, 36(3): 108-123.

司孟慧, 许诗源, 胡晓静, 2022. 地方政府ESG信用评级体系研究: 基于可持续发展理念[J]. 征信, 40(6): 9-17.

宋科, 徐蕾, 李振, 等, 2022. ESG投资能够促进银行创造流动性吗: 兼论经济政策不确定性的调节效应[J]. 金融研究, (2): 61-79.

孙钰, 姜宁宁, 崔寅, 2019. 环境保护投资的经济、社会与环境效率研究: 基于三阶段数据包络分析(DEA)模型[J]. 科技管理研究, 39(21): 219-226.

孙钰, 王坤岩, 姚晓东, 2015. 基于DEA交叉效率模型的城市公共基础设施经济效益评价[J]. 中国软科学(1): 172-183.

孙立平, 1996. "关系"、社会关系与社会结构[J]. 社会学研究(5): 22-32.

孙中瑞, 周方方, 2012. 卓越绩效评价准则中社会责任的研究: 基于ISO26000的分析[J]. 标准科学(10): 26-29.

唐建新, 1998. 基础设施与经济增长: 兼论我国基础设施"瓶颈"约束产生的原因与对策[J]. 经济评论(2): 48-51.

唐跃军, 李维安, 2008. 公司和谐、利益相关者治理与公司业绩[J]. 中国工业经济(6): 86-98.

滕敏敏, 韩传峰, 刘兴华, 2014. 中国大型基础设施项目社会影响评价指标体系构建[J]. 中国人口·资源与环境, 24(9): 170-176.

田玉麒, 2015. 公共服务协同供给: 基本内涵、社会效用与影响因素[J]. 云南社会科学(3): 7-13.

汪涛, 高尚德, 李桂君, 2019. 基于元网络分析的重大基础设施建设项目风险评估框架与实证[J]. 中国管理科学, 27(7): 208-216.

王大地, 2021. ESG理论与实践[M]. 北京: 经济管理出版社.

王唤明, 江若尘, 2007. 利益相关者理论综述研究[J]. 经济问题探索(4): 11-14.

王进, 许玉洁, 2009. 大型工程项目利益相关者分类[J]. 铁道科学与工程学报, 6(5): 77-83.

王晓巍, 陈慧, 2011. 基于利益相关者的企业社会责任与企业价值关系研究[J]. 管理科学, 24(6): 29-37.

王学军, 牟田, 2022. 公私部门合作创造公共价值何以可能: 基于Z市医保基金监管创新的案例分析[J]. 南京社会科学(10): 63-72.

王学军, 王子琦, 2017. 政民互动、公共价值与政府绩效改进: 基于北上广政务微博的实证分析[J]. 公共管理学报, 14(3): 31-43.

王学军, 张弘, 2013. 公共价值的研究路径与前沿问题[J]. 公共管理学报, 10(2): 126-136.

王燕, 1998. 交通运输基础设施的准公共性与投资主体多元化[J]. 南开经济研究(1): 44-47.

温素彬, 王洁, 方苑, 2008. 绩效三棱镜: 利益相关者价值导向的绩效评价体系[J]. 财务与会计: 理财版(2): 70-72.

吴春梅, 翟军亮, 2014. 公共价值管理理论中的政府职能创新与启示[J]. 行政论坛, 21(1): 13-17.

肖挺, 2016. 中国城市交通基础设施建设对本地就业的影响[J]. 中国人口科学(4): 96-104.

徐曙娜, 2000. 政府与基础设施, 基础产业[J]. 财经研究, 26(3): 6.

徐雪高, 王志斌, 2022. 境外企业ESG信息披露的主要做法及启示[J]. 宏观经济管理(2): 83-90.

杨熠, 沈洪涛, 2008. 我国公司社会责任与财务业绩关系的实证研究[J]. 暨南学报: 哲学社会科学版, 30(6): 60-68.

杨永康,王文,2011.基于效用理论的领导部属关系实质研究[J].兰州学刊(12):189-191.

阎波,吴建南,刘佳,2011.基于利益相关者理论的政府绩效评估与问责[J].经济管理,33(7):174-181.

俞建拖,李文,2021.国际ESG投资政策法规与实践[M].第1版.北京:社会科学文献出版社.

张曾莲,邓文悦扬,2022.地方政府债务影响企业ESG的效应与路径研究[J].现代经济探讨(6):10-21.

张炼,2014."三角互证"在教育案例研究中的应用[J].教育与教学研究,29(10):111-114.

张睿,张勋,戴若尘,2018.基础设施与企业生产率:市场扩张与外资竞争的视角[J].管理世界,34(1):88-102.

张馨,袁星侯,2000.公益性·垄断性·收费性·竞争性:论公共基础设施投资多元化[J].厦门大学学报(哲学社会科学版),50(1):56-62.

张勋,王旭,万广华,等,2018.交通基础设施促进经济增长的一个综合框架[J].经济研究,53(1):50-64.

张兆国,梁志钢,尹开国,2012.利益相关者视角下企业社会责任问题研究[J].中国软科学(2):139-146.

张智慧,邓超宏,2003.建设项目施工阶段环境影响评价研究[J].土木工程学报(9):12-18.

郑兵云,杨宏丰,2021."一带一路"中国沿海城市港口效率评价:基于DEA博弈交叉效率-Tobit模型[J].数理统计与管理,40(3):502-514.

邹宇春,敖丹,李建栋,2012.中国城市居民的信任格局及社会资本影响:以广州为例[J].中国社会科学(5):131-148.

周君,2013.民生视角下城市基础设施可持续建设的评价方法与协同监管[J].城市发展研究,20(2):133-137.

朱建文,2005.IS-LM模型与我国财政政策的绩效和取向分析[J].经济问题探索(6):99-101.

AMBROSE B W,LEE D,PEEK J,2007. Comovement after joining an index: Spillovers of nonfundamental effects[J]. Real Estate Economics,35(1):57-90.

ANDERSON C W,1971. Comparative policy analysis: The design of measures[J]. Comparative Politics,4(1):117-131.

AUER B R,SCHUHMACHER F,2016. Do socially (ir) responsible investments pay? New evidence from international ESG data[J]. The Quarterly Review of Economics and Finance,59:51-62.

BALDINI M,DAL-MASO L,LIBERATORE G,et al.,2018. Role of country- and firm-level determinants in environmental, social, and governance disclosure[J]. Journal of Business Ethics,150(1):79-98.

BANSAL P,ROTH K,2000. Why companies go green: A model of ecological responsiveness[J]. Academy of Management Journal,43(4):717-736.

BARRO R J,1990. Government spending in a simple model of endogenous growth[J]. Journal of Political Economy,98(5):S103-S125.

BEMELMANS-VIDEC M L,RIST R C,VEDUNG E,2017. Policy instruments: Typologies and theories [M]//Carrots, Sticks and Sermons: Policy Instruments & Their Evaluation. New York: Routledge: 21-58.

BERG F,KOELBEL J F,RIGOBON R,2022. Aggregate confusion: The divergence of ESG ratings[J]. Review of Finance,26(6):1315-1344.

BERLE A A,1931. Corporate powers as powers in trust[J]. Harvard Law Review,44(7):1049-1074.

BESSEMBINDER H,KAHLE K M,MAXWELL W F,et al.,2013. Measuring abnormal bond performance [J]. The Review of Financial Studies,22(10):4219-4258.

BITEKTINE A,HAACK P,2015. The "Macro" and the "Micro" of legitimacy: Toward a multilevel theory of the legitimacy process[J]. The Academy of Management Review,40(1):49-75.

BOZEMAN B,2002. Public-value failure: When efficient markets may not do[J]. Public Administration Review,62(2):145-161.

BRAMMER S,PAVELIN S,2006. Corporate Reputation and social performance: The importance of fit[J]. Journal of Management Studies,43(3):435-455.

BRESSERS L,1998. The selection of policy instruments: A network-based perspective[J]. Journal of Public Policy,18(3): 213-239.

BROOKS C,OIKONOMOU I,2018. The effects of environmental,social and governance disclosures and performance on firm value: A review of the literature in accounting and finance[J]. British Accounting Review,50(1): 1-15.

BROUNEN D,PENG C,2018. The home bias and reduced opportunities to hedge housing risk: an example of behavioral finance in the property market[J]. Real Estate Economics,36(1): 21-51.

CARROLL A B,2016. Carroll's pyramid of CSR: Taking another look[J]. International Journal of Corporate Social Responsibility,1(1): 1-8.

CHEN K C,CHEN Z,WEI K,2017. Agency costs of free cash flow and the effect of shareholder monitoring on REITs[J]. Real Estate Economics,33(3): 482-500.

CLARK R C,DE SILVA D G,THORLEY S,2014. Overseas listed Chinese equities: the China discount [J]. China Economic Review,30(3): 492-517.

CLARKSON M B E,1995. A stakeholder framework for analyzing and evaluating corporate social performance[J]. Academy of Management Review,20(1): 92-117.

COX A,1999. Power,value and supply chain management[J]. European Journal of Purchasing & Supply Management,5(3-4): 167-175.

DUQUE-GRISALES E,AGUILERA-CARACUEL J,2021. Environmental,social and governance (ESG) scores and financial performance of multilatinas: moderating effects of geographic international diversification and financial slack[J]. Journal of Business Ethics,168(2): 315-334.

FATEMI A,GLAUM M,KAISER S,2018. ESG performance and firm value: The moderating role of disclosure[J]. Global Finance Journal,38: 45-64.

FENG Z,PRICE S M,SIRMANS C F,2011. An overview of equity real estate investment trusts (REITs): 1993—2009[J]. Journal of Real Estate Literature,19(2): 307-343.

FREEMAN R E,1984. Strategic management: A stakeholder approach[M]. Boston: Pitman.

FRIEDE G,BUSCH T,BASSEN A,2015. ESG and financial performance: Aggregated evidence from more than 2000 empirical studies[J]. Journal of Sustainable Finance & Investment,5(4): 210-233.

GILLAN S L,KOCH A,STARKS L T,2021. Firms and social responsibility: A review of ESG and CSR research in corporate finance[J]. Journal of Corporate Finance,66: 101889.

HALBRITTER G,DORFLEITNER G,2015. The wages of social responsibility: Where are they? A critical review of ESG investing[J]. Review of Financial Economics,26: 25-35.

HASLAM C,TSITSIANIS N,ANDERSSON T,2015. Accounting for business models: Increasing the visibility of stakeholders[J]. Journal of Business Models,3(1): 62-80.

HOOD C,1983. The tools of government[M]. London: The Macmillan Press Ltd.

HOWLETT M,2014. From the "Old" to the "New" policy design: Design thinking beyond markets and collaborative governance[J]. Policy Sciences,47(3): 187-207.

HOWLETT M,2009. Governance modes,policy regimes and operational plans: A multi-level nested model of policy instrument choice and policy design[J]. Policy Sciences,42(1): 73-89.

INDERST G,KAMINKER C,STEWART F,2012. Defining and measuring green investments: Implications for institutional investors' asset allocations[R]. OECD Working Papers on Finance, Insurance and Private Pensions,No. 24,OECD Publishing.

INDERST G,STEWART F,2014. Institutional investment in infrastructure in emerging markets and developing economies[M]. World Bank Publications.

JACOBS L R,2014. The contested politics of public value[J]. Public Administration Review,74(4): 480-494.

JONES T M,1980. Corporate social responsibility revisited,redefined[J]. California Management Review,22(3):59-67.

KRUEGER P,SAUTNER Z,STARKS L,2020. The importance of climate risks for institutional investors[J]. Review of Financial Studies,33(3):1067-1111.

LINDER S H,PETERS B G,1989. Instruments of government:Perceptions and contexts[J]. Journal of public policy,9(1):35-58.

MATTEN D,MOON J,2008. "Implicit" and "explicit" CSR:A conceptual framework for a comparative understanding of corporate social responsibility[J]. Academy of Management Review,33(2):404-424.

MAZURKIEWICZ P,2004. Corporate environment responsibility:Is a common CSR framework possible?[R]. Washington:World Bank.

MCGUIRE J B,SUNDGREN A,SCHNEEWEIS T,1988. Corporate social responsibility and firm financial performance[J]. Academy of Management Journal,31(4):854-872.

MITCHELL R K,AGLE B R,WOOD D J,1997. Toward a theory of stakeholder identification and salience:Defining the principle of who and what really counts[J]. Academy of Management Review,22(4):853-886.

MOORE M H,2014. Public value accounting:Establishing the philosophical basis[J]. Public Administration Review,74(4):465-477.

NEWELL G,LEE C M,KUPKE V,2016. The opportunity of China's SREITs for the real estate industry[J]. International Journal of Real Estate Studies,10(1):11-24.

OLANDER S,2007. Stakeholder impact analysis in construction project management[J]. Construction Management and Economics,25(3):277-287.

O'LEARY L,HAUMAN M,2020. Regulatory implications of ESG investment[J]. Journal of Financial Transformation,51:163-171.

OOI J T,NEWELL G,SING T F,2007. The role of property in the investment portfolio:Evidence on the mean-variance characteristics of property[J]. The Journal of Real Estate Finance and Economics,24(3):253-270.

ORLITZKY M,SCHMIDT F L,RYNES S L,2003. Corporate social and financial performance:A meta-analysis[J]. Organization studies,24(3):403-441.

O'ROURKE D,2014. The science of sustainable supply chains[J]. Science,344(6188):1124-1127.

PARK T,KIM B,KIM H,2013. Real option approach to sharing privatization risk in underground infrastructures[J]. Journal of Construction Engineering and Management,139(6):685-693.

PORTER M E,KRAMER M R,2006. Strategy and society:The link between competitive advantage and corporate social responsibility[J]. Harvard Business Review,84(12):78-92.

RUSSO A,PERRINI F,2010. Investigating stakeholder theory and social capital:CSR in large firms and SMEs[J]. Journal of Business Ethics,91(2):207-221.

SIRGY M J,2002. The psychology of quality-of-life theory and its application to marketing management[J]. Journal of Macromarketing,22(2):157-171.

VELTE P,2017. Does ESG performance have an impact on financial performance? Evidence from Germany[J]. Journal of Global Responsibility,8(2):169-178.

WAGENAAR H,1999. Value pluralism in public administration[J]. Administrative Theory & Praxis,21(4):441-449.